非通用语研究

（第二辑）

主　编／刘忠政

副主编／黄进财

四川大学出版社

SICHUAN UNIVERSITY PRESS

项目策划：刘　畅
责任编辑：刘　畅
责任校对：谢　鋆
封面设计：墨创文化
责任印制：王　炜

图书在版编目（CIP）数据

非通用语研究．第二辑 / 刘忠政主编．— 成都：
四川大学出版社，2022.4
　ISBN 978-7-5690-5271-8

　Ⅰ．①非… Ⅱ．①刘… Ⅲ．①外语教学—教学研究
Ⅳ．① H09

中国版本图书馆 CIP 数据核字（2021）第 279998 号

书　名	非通用语研究（第二辑）
	FEITONGYONGYU YANJIU (DI-ER JI)
主　　编	刘忠政
出　　版	四川大学出版社
地　　址	成都市一环路南一段 24 号（610065）
发　　行	四川大学出版社
书　　号	ISBN 978-7-5690-5271-8
印前制作	四川胜翔数码印务设计有限公司
印　　刷	四川盛图彩色印刷有限公司
成品尺寸	185mm×260mm
印　　张	16.5
字　　数	385 千字
版　　次	2022 年 4 月第 1 版
印　　次	2022 年 4 月第 1 次印刷
定　　价	98.00 元

◆ 读者邮购本书，请与本社发行科联系。
　电话：(028)85408408/(028)85401670/
　(028)86408023　邮政编码：610065
◆ 本社图书如有印装质量问题，请寄回出版社调换。
◆ 网址：http://press.scu.edu.cn

四川大学出版社
微信公众号

《非通用语研究》编委会

前　言

  四川外国语大学重庆非通用语学院是学校紧紧围绕习近平总书记对重庆提出的"两点"定位"两地""两高"目标和"四个扎实"要求，着眼于非通用语国际化人文特色于2018年9月成立的学院。学院践行"外语+"理念，实行"非通用语+通用语""非通用语+专业""非通用语+国别研究"的人才培养路径，推动教学科研复合、理论实践复合、产学研用复合，培养复合型、应用型、国际化非通用语精英人才。学院采用复语（非通用语+英语）、复专业［非通用语+外交学、新闻学（国际新闻）、法学（国际经济法）、国际经济与贸易或汉语国际教育］培养模式，实行"2+1+1"培养方式，让学生在第三学年有机会申请国家留学基金管理委员会项目资助，前往非通用语对象国交流学习。

  随着对外开放的持续实施，中国的海外利益与人员在世界逐步扩展，大量非通用语人才。鉴于此，相关高校纷纷组建非通用语专业，大力培养复合型非通用语人才。然而，国内非通用语研究尚处于起步阶段，专门的非通用语研究刊物，支撑非通用语学科专业建设、人才培养和学术研究，四川外国语大学据此创设《非通用语研究》集刊。

  《非通用语研究》包括非通用语语言研究、非通用语文学研究、非通用语翻译研究、非通用语区域国别研究、非通用语跨文化研究、非通用语教育教学研究等版块。

刘忠政

四川外国语大学重庆非通用语学院常务副院长

四川外国语大学西方语言文化学院院长

目　录

非通用语语言研究

韩国语与汉语否定语素对比研究
　　——以"不、无、未、非"为中心·····························魏雪娇 / 003
中韩关于口语负面评价表达的对照研究
　　——以"又"和'또'为例······························孙文学 / 022

非通用语文学研究

论《昆昌昆平》中的梦及其宗教元素······················段召阳 / 031
英雄史诗《列王纪》与伊朗民族精神的塑造····················赵　静 / 037

非通用语翻译研究

《离骚》泰译本翻译策略对比分析·····························赵银川 / 049
跨文化传播视角下重庆旅游外文翻译规范化研究
　　——以歌乐山国家森林公园韩语标识语为例····· 王翔宇 黄椀汐 冼籽莹 封蕾 / 058
《习近平谈治国理政》朝译本中俗语翻译中的形象塑造···············曹黎豪 / 066
目的论视角下文化负载词的归化翻译
　　——以《新西游记》（第八季）中文字幕为例···············朱文清 / 071
关于"习式语言"中形象比喻的翻译策略分析
　　——以《习近平谈治国理政》韩译本为例················黄芳芳 / 077
功能对等理论在古诗词中的运用
　　——以《习近平谈治国理政（第一卷）》韩译本为例··········王　倩 / 084

文言文的韩译翻译策略及技巧研究
　　——以《习近平谈治国理政（第二卷）》韩译本为例……………吴嘉敏 / 091
妙香山小记………………………………作者：朴齐家　译者：王丹丹 / 097
那边的风景可好
　　——致那天在那里的人…………………作者：沈甫宣　译者：黄金凤 / 108

非通用语区域国别研究

东盟区域一体化观念：在民族主义和地区主义之间……………韩呼和　余　雷 / 119
19世纪奥斯曼主义在土耳其的产生与发展………………………………吴　越 / 129
浅析波兰国家标志
　　——国徽、国旗、国歌、首都……………………………………黄钇娴 / 136

非通用语跨文化研究

韩国姓氏文化的溯源及其发展现状…………………………………全炳善 / 145
从"加齐"精神看现代土耳其多线作战的历史渊源…………………陈子芮 / 158
越南流行音乐文化的兴起与发展……………………李　凌　李瑞琦 / 165
女性视域下捷克电影《分道不扬镳》中的女性形象建构……………杨杏初 / 171
韩国饮食习俗中的糕文化研究………………………………………冯　倩 / 178

非通用语教育教学研究

《欧洲语言共同参考框架》对意大利语教学的启示……………陈英　Fabrizio Leto / 191
韩国高等教育中的慕课应用……………………………………………元善喜 / 199
高速视听读训练在口译教学中的应用………………………………冯月鑫 / 211
浅析音乐在葡萄牙语教学中的运用…………………………………卢佳琦 / 218
泰语口译课程的专题设置及语料选用………………………………蒙昭晓 / 225
国别区域研究中心强化非通用语学生实践与科研能力的途径探讨
　　——以成都大学为例………………………………………林艺佳　吴　浪 / 233
新冠疫情期间缅甸语专业本科生线上学习调查与思考…………………高　萍 / 240

非通用语语言研究

韩国语与汉语否定语素对比研究

——以"不、无、未、非"为中心

魏雪娇

（上海外国语大学 上海 201620）

摘要：中韩两国文化交流源远流长，一直来往密切。但因韩国语与汉语分属于不同的语系，两种语言否定语素的用法也各不相同。本论文以"21世纪世宗计划"和"北京大学中国语言学研究中心"权威语料库作为语料来源，旨在通过对词汇的数据统计分析，从形态、意义、分布等三个方面来剖析韩汉语否定语素"不、无、未、非"与词干结合现象的异同点。使韩中语言对比研究更加透彻、清晰，从而减少韩中两国学生的误用，为韩国语的教学提供更好的科学依据及研究方法。对韩国语和汉语否定语素的研究，在对比语言学和语言教育层面上，都具有非常重要的意义。

关键词：形态；意义；分布；结合现象；对比研究

一、前言

中韩两国文化交流源远流长，一直来往密切。但因韩国语与汉语分属于不同的语系，两种语言否定语素的用法也各不相同。对韩国语与汉语（以下简称"韩汉语"）否定语素的研究，在对比语言学和语言教育层面上，都具有非常重要的意义。

从前人研究来看，韩国对否定法的研究开始于对 [–지 않다（지 못하다）] 和 [아니（못）하다] 的异同研究上。随后，有최현배（1955）从成分否定角度的研究，也有김석득（1971）从与句法否定对比角度的研究。在对否定前缀的研究上，조현숙（1989）、박석문（1999）从与词干结合前后的词性变化上，对韩国语否定前缀"不、无、未、非、没"进行了考察。김순저（2007）则从语言教育的角度出发，考察了韩汉语"不、无、未、非、没"的特点，并进一步给出了教学方案。而류디（2008）并未提及汉语部分，只对韩国语否定前缀的含义及句法功能进行了考察。김혜령（2009）则考察了能产性较高的韩国语否定前缀"不、无、未、非、没"，并从语义的角度考察了其是否具有对立性。왕소소（2014）考察了韩国语"不、无、未、非、没"与后缀"–하다，–스럽다，–롭다，–적"的具体结合情况及用法。

汉语对否定语方面的研究多集中在纯汉语的研究上，或是汉语与英语、日语以及与少量韩国语的比较上。申京爱（2006）着眼于韩汉同形前缀"无、非、不、大、准"的研究上，并较为具体且全面地考察了其异同点。崔婷（2009）对现代汉语"非+X"的构成形式进行了研究，并同时与英语及韩国语的"非+X"进行了对比分析，找出其异同点。洪鈺昊（2012）则对"不"和"没"的误用现象进行了分析，并对其使用位置及意义特征进行了韩汉对比研究。金镇美（2013）考察了韩汉语使用频率较高的"不、没、别"，对其的否定表达进行了对比研究。金贤顺（2015）运用对比语言学的研究方法，以韩汉同形汉字前缀为中心，对比分析了与其结合的词干的属性问题。栾雅茜（2018）则通过形态和语义两大方面，对韩汉语表否定义的同形汉字前缀"不、无、非"进行了对比分析。

综合以上研究，中韩两国学者虽对"不、无、未、非"有一定的研究，但研究内容仍有不足。本文本着扩大语料、丰富研究的原则，以"21世纪世宗计划"和"北京大学中国语言学研究中心"权威语料库中抽出的三音节词语为研究对象进行对比研究，并以意义论作为理论依据，旨在从结构、意义、分布三个方面找出韩汉语否定语素"不、无、未、非"与词干结合的异同点，使韩汉语言对比研究更加透彻、清晰，尽可能地补充韩汉语"不、无、未、非"方面的相关知识。

为达上述目的，本文分为以下几个部分：首先，对韩汉语否定语素的研究范围进行界定；其次，根据NAVER韩国语词典和NAVER汉语词典，将与韩汉语否定语素"不、无、未、非"结合的词干分为抽象性词干、状态性词干、动作性词干和状态动作性词干，并从结构、意义、分布三方面分析韩国语和汉语"不、无、未、非"与词干的结合现象。最后，笔者对本文中对比研究后所得出的结论进行总结，并对今后的研究课题进行展望。

本文旨在通过对词汇的数据统计分析，来剖析韩汉语否定语素"不、无、未、非"与词干结合现象的异同点，以减少韩中两国学生对其的误用，为韩国语的教学提供更好的科学依据及研究方法。

二、韩汉语否定语素的界定

（一）韩国语否定语素的界定

韩国语句子中表示否定意义的方法有两种，一种是"句子否定"，另一种是"成分否定"。조현숙（1989）指出，由"아니（不）"和"못（不能）"对句子进行的否定叫作"句子否定"，而在只与名词搭配（词根）前面与"불①（不），무（无），미（未），비（非）"等否定前缀②结合的方法叫作"成分否定"。

我们以韩国《标准国语词典》为依据，对"불/不，무/无，미/未，비/非"进行了

---

① "不"作为否定语素时，在韩国语中可用"부/불"来表示。为便于书写，本文统一标记为"불"。

② 因"불/不，무/无，미/未，비/非"存在于韩国《标准国语词典》的97个汉字词前缀里，故将其视为否定前缀。

考察。具体内容如下。

1. 불–（不–）

"불–（不–）"本身具有否定意义，与其他词干结合，在韩国《标准国语词典》上解释为"不，不做"。

2. 무–（无–）

"무–（无–）"在词根前面表示否定的意义，韩国《标准国语词典》里解释为"没有"，与词根结合作名词。

3. 미–（未–）

根据韩国《标准国语词典》，"미–（未–）"在部分名词前有"没"的意思，"미–（未–）"只能与汉字词词根结合，常常在名词前面。

4. 비–（非–）

"비–（非–）"与词根结合后表示否定意义，韩国《标准国语词典》里解释："비–（非–）"是副词，有"没"的意思，在部分名词的前面作否定类前缀。

如上所述，我们不仅参照了词典中的分类，还将与"불/不，무/无，미/未，비/非"结合后的词干按照其动作性的有无分为状态性名词和动作性名词。即，根据结合后的词干是否具备状态性和动作性来分类。若与"불/不，무/无，미/未，비/非"结合后的词干不具备状态性和动作性，则归为［–状态性，–动作性］的抽象类词干；若结合后只具备状态性［+状态性，–动作性］，或只具备动作性［–状态性，+动作性］，则分别将其归为状态类词干或动作类词干。当然，若结合后的词干同时具备状态性和动作性，则归为［+状态性，+动作性］的状态动作类词干。具体内容将在第三节中进行阐述。

（二）汉语否定语素的界定

《现代汉语词典（第七版）》（以下简称《现汉》）中"不"的义项一是"用在动词、形容词和其他副词前面表示否定"，义项二是"加在名词或名词性词素前面，构成形容词"。义项一是"不"的副词用法，义项二是"不"的词缀用法。赵元任、吕叔湘、曾立英等认为"不"可以作词缀。

《现汉》对"无"的解释是没有（跟"有"相对）的意思。赵元任、吕叔湘等认为"无"可以作词缀。

《现汉》解释"未"作副词时，与"没"的意思相近，用于"已经"的反义词义。朱亚军（2001）从词缀的位置固定性、词汇意义的类属性、词汇的产生性、粘附性、语音的弱化性这五个标准①来界定，认为除"语音的弱化性"以外，"未"都符合词缀的标准。所以笔者认为"未"也是否定语素。

《现汉》对"非"的解释为，用在一些名词性成分的前面，"非"表示不属于某种范围。赵元任、吕叔湘、曾立英、陈光磊等认为"非"可以作词缀。

吕叔湘（1984）把"词缀"称为"语缀"。他认为，构词成分有词根和语缀，语缀可分为前缀、后缀和中缀。他强调了词缀四个方面的特点：意义虚化；有助于造词；不单用，位置固定；结合面较宽。他还提到了类前缀和类后缀的概念，认为词缀和类词缀间最大的区别在语义虚化上，后者在语义上没有完全虚化，保留了词根的词性。

本文主要参照吕叔湘（1984）对词缀界定的四个特点，对汉语"不、无、未、非"进行界定。具体内容如表1所示。

表1　汉语"不、无、未、非"的特点

	意义虚化	有助于造词	不单用，位置固定	结合面较宽
不	−	+	−	+
无	−	+	+	+
未	−	+	−	+
非	−	+	+	+

"+"表示具备相应的特点，"−"表示不具备相应的特点。同时，此表中四个特点的判定依据均来自笔者在"北京大学中国语言学研究中心"语料库中的统计结果所得。从统计结果来看，与汉语"不"结合且符合语义的词干为249284个，与"无"结合且符合语义的词干为9065个，与"未"结合且符合语义的词干为7582个，与"非"结合且符合语义的词干为16415个。

如表1所示，根据吕叔湘（1984）对词缀特点的描述，我们认为汉语"不、无、未、非"在语义上都没有完全虚化，仍保留了词根的词性。结合面都较宽，有助于造词。除"不、未②"可作为副词单用，位置不固定以外，其余的"无、非"都不能单用且位置较为固定。故我们将汉语"不、无、未、非"界定为否定类前缀或否定语素。

根据如上所述的标准及统计结果，笔者选定了韩汉语"불/不，무/无，미/未，비/非"作为本文的研究对象。笔者认为，"불/不，무/无，미/未，비/非"都属于汉字词，也作为否定前缀使用，但考虑到汉语"不、未"仍有副词的用法，故将韩汉语"불/不，무/无，미/未，비/非"视为否定语素的下位语素。

---

① 朱亚军：《现代汉语词缀的性质及其分类研究》，载《汉语学习》，2001年，第2期，第24–28页。

② "未，无也。"《小尔雅·广诂》中，"未"可单独使用，相当于"没有、不曾、尚未"。

三、韩汉语否定语素的对比研究

本节将主要从结构、意义和分布三个方面找出韩汉语否定语素"不、无、未、非"与词干结合的异同点，并主要以表格的形式展示与韩汉语否定语素"不、无、未、非"结合的词干的使用频率、语义以及分布等情况。另外，需要补充说明的是，这里所展示的"词干"并不是统计的全部数据，限于篇幅，本文仅展示使用频率在1.00%以上的词干。

（一）韩汉语否定语素的结构对比

1. 韩汉语否定语素"不"的结构对比
与韩国语否定语素"불-"和汉语"不"结合的词干按使用频率排序，具体内容如表2所示。

表2　韩汉语否定语素"불/不"与词干结合的使用频率表（频率≥1.00%的词干）

序号	韩国语'불-'				汉语"不"			
	词干	词性	次数	比例	词干	词性	次数	比例
1	가능（可能）	状态性	715	28.40%	知道	动作性	23953	9.60%
2	확실（确实）	状态性	150	5.90%	可能	状态性	12952	5.20%
3	필요（需要）	状态性	147	5.80%	容易	状态性	4902	2.00%
4	평등（平等）	状态性	136	5.40%	愿意	动作性	4503	1.80%
5	투명（透明）	状态性	130	5.10%	一样	状态性	4040	1.60%
6	안정（安定）	动作性	127	5.00%	清楚	状态性 动作性	3816	1.50%
7	완전（完全）	状态性	125	4.90%	需要	动作性	3699	1.50%
8	균형（均衡）	抽象性	119	4.70%	符合	动作性	3525	1.40%
9	공정（公正）	状态性	91	3.60%	存在	动作性	3336	1.30%
10	합리（合理）	状态性[①] 动作性	83	3.20%	喜欢	状态性 动作性	3255	1.30%
11	이익（利益）	抽象性	64	2.50%	同意	动作性	3233	1.30%
12	일치（一致）	动作性	59	2.30%	合理	状态性	3232	1.30%

---

① 虽有些词干既有状态性词性，又有动作性词性。但应用于具体的语境时，只表现出其中的一种词性。

续表2

韩国语 '불–'				汉语 "不"			
序号	词干	词性	次数	比例	词干	词性	次数	比例
13	분명（分明）	状态性	50	1.90%	一定	状态性	3217	1.30%
14	규칙（规则）	动作性	43	1.70%	允许	动作性	3035	1.20%
15	연속（连续）	动作性	37	1.50%	明白	状态性 动作性	3028	1.20%
16	친절（亲切）	状态性	36	1.40%	相信	动作性	2925	1.20%
17	충분（充分）	状态性	34	1.40%	合格	状态性	2782	1.10%
18	공평（公平）	状态性	33	1.30%	应该	动作性	2562	1.00%
19	확정（确定）	动作性	31	1.20%	平衡	状态性 动作性	2522	1.00%
20	경기（景气）	抽象性	27	1.10%	景气	状态性	2469	1.00%

从表1所示的排序及使用频率来看，在结构上，韩汉语否定语素"不"多与有状态性和动作性的词干结合。在与韩国语"불–"（不—）相结合的语句中，因"균형，이익，경기，가분"（均衡、利益、景气、可分）等不能与"–하다"结合，不具有实际意义，因此归为［–状态性、–动作性］的抽象类词干。而像"가능，확실，필요，평등，투명，완전，공정，분명，친절，충분，공평，성실（可能、确实、需要、平等、透明、完全、公正、明确、亲切、充分、公平、诚实）"等词干，因与"–하다"结合后成为形容词，因此属于［+状态性，–动作性］的状态类词干。像"안정，일치，규칙，연속，확정"（安定、一致、规则、连续、确定）与"–하다"结合后会成为动词，所以将其归属于［+动作性，–状态性］的动作类词干。最后，"합리"（合理）与"–하다"相结合，因兼具形容词和动词的性质，因此被分为［+状态性，+动作性］的状态动作类词干。但是与汉语的"不"相结合的词干中，因"可能、容易、一样、合理、一定、合格、景气"是形容词，所以将其归为［+状态性，–动作性］的状态类词干。同样，因"知道、愿意、需要、符合、存在、同意、允许、相信、应该"是动词，所以将其归属于［+动作性，–状态性］的动作类词干。"清楚、喜欢、明白、平衡"等词因同时具有形容词和动词的性质，因此被分为［+状态性，+动作性］的状态动作类词干。

2. 韩汉语否定语素"无"的结构对比

与韩国语否定语素"무–"和汉语"无"结合的词干按使用频率排序，具体内容如表3所示。

表3 韩汉语否定语素"무/无"与词干结合的使用频率表（频率≥1.00%的词干）

	韩国语'무–'				汉语"无"			
序号	词干	词性	次数	比例	词干	词性	次数	比例
1	의식（意识）	动作性	193	9.90%	条件	抽象性	1957	1.60%
2	관심（关心）	动作性	191	9.80%	党派	抽象性	1202	3.20%
3	의미（意义）	动作性	169	8.60%	公害	抽象性	918	0.10%
4	작정（打算）	动作性	129	6.60%	意义	抽象性	529	5.80%
5	질서（秩序）	抽象性	127	6.50%	意识	抽象性	475	5.20%
6	책임（责任）	抽象性	111	5.60%	限期	动作性	473	5.20%
7	소속（所属）	动作性	89	4.60%	所谓	状态性	456	5.00%
8	표정（表情）	动作性	80	4.10%	记名	动作性	437	4.80%
9	기력（力气）	抽象性	74	3.80%	污染	动作性	399	4.40%
10	차별（差别）	动作性	58	3.00%	障碍	动作性	326	3.60%
11	자비（慈悲）	状态性动作性	55	2.80%	国界	抽象性	240	2.60%
12	분별（区别）	动作性	51	2.60%	表情	动作性	210	2.30%
13	방비（防备）	动作性	44	2.30%	前例	抽象性	194	2.10%
14	한정（限定）	动作性	35	1.80%	限制	动作性	153	1.70%
15	면허（许可）	动作性	33	1.70%	差别	抽象性	88	1.00%

由表3可知，韩国语的"무"（无）虽多与动作类词干相结合，但汉语的"无"却多和抽象类词干相结合。例如，因"의식，관심，의미，작성，소속，표정，차별，분별，방비，한정，면허"（意识、关心、意义、打算、所属、表情、差别、区别、防备、限定、许可）与"–하다"结合后为动词，所以将其归为动词类词干。而像"자비"（慈悲）这样的词干，因与"–하다"结合后在不同的语境中，既有形容词的词性又有动词性的词性，因此将其归属于［+状态性，+动作性］的状态动作类词干。像"질서，책임，기력，조건，능력，승부，이자，정부"（秩序、责任、力气、条件、能力、胜负、利息、政府）因具有抽象性的性质，所以将其归属于［-动作性，-状态性］的抽象类词干。与此相反，与汉语的"无"结合的"条件、党派、公害、意义、意识、国界、前例、差别"因具有抽象性的性质，所以将其归属于［-动作性，-状态性］的抽象类词干。"所谓"因具有形容词词性，将其归为状态类词干。而"限期、记名、污染、障碍、表情、限制"因为动词，将其归为动词类词干。

3. 韩汉语否定语素“未”的结构对比

与韩国语否定语素“미-”和汉语“未”结合的词干按使用频率排序，具体内容如表4所示。

表4 韩汉语否定语素“미/未”与词干结合的使用频率表（频率≥1.00%的词干）

韩国语‘미-’					汉语“未”			
序号	词干	词性	次数	比例	词干	词性	次数	比例
1	성년（成年）	抽象性	57	6.80%	成年	动作性	3546	3.90%
2	공개（公开）	动词性	35	6.50%	完成	动作性	576	7.10%
3	성숙（成熟）	动词性	34	6.00%	取得	动作性	573	7.10%
4	완성（完成）	动词性	28	3.20%	解决	动作性	395	4.90%
5	분양（发放）	动作性	17	8.00%	发现	动作性	374	4.60%
6	분화（分化）	动作性	9	4.20%	出现	动词性	226	2.80%
7	확인（确认）	动词性	8	3.80%	公布	动作性	196	2.40%
8	등록（登录）	动词性	7	3.30%	公开	状态性 动词性	173	2.10%
9	발표（发表）	动作性	7	3.30%	成熟	状态性	150	1.90%
10	해결（解决）	动词性	7	3.30%	归类	动词性	149	1.80%

如上所述，韩汉语否定语素“未”与抽象类词干外、状态性类词干、动作类词干或状态动作类词干都可以结合。具体来看，在与韩国语“미-”结合的词干中，因“성년”（成年）不能与“-하다”结合，因此将其归属于［-状态性，-动作性］的抽象类词干。其余的“성숙，공개，완성，분양，분화，확인，등록，발표，해결”（成熟、公开、完成、发放、分化、确认、登录、发表、解决）等词，因与“-하다”结合后均为动词，所以将这些词归为［-状态性，+动作性］动作类词干。

而汉语中与“未”结合的词干，因“成熟”是形容词，将其归为［+状态性，-动作性］的状态类词干。其余的“成年、完成、取得、解决、发现、出现、公布、归类、履行、达成”等，由于是动词，所以将其归属于具有［-状态性，+动作性］的动作类词干。同时，因为“公开”兼具形容词和动词的性质，所以将其分为［+状态性，+动作性］的状态动作类词干。因此，从上文可知，与韩汉语否定语素“未”结合的词干，大多为动作类词干。

4. 韩汉语否定语素“非”的结构对比

与韩国语否定语素“비-”和汉语“非”结合的词干按使用频率排序，具体内容如表5所示。

表5　韩汉语否定语素"비/非"与词干结合的使用频率表（频率≥1.00%的词干）

韩国语 '비–'				汉语 "非"			
序号	词干	词性	次数	比例	词干	词性	次数	比例
1	정상（常规）	抽象性	193	9.90%	典型	状态性	1957	1.60%
2	현실（现实）	抽象性	191	9.80%	正式	状态性	1202	3.20%
3	공식（正式）	抽象性	169	8.60%	公有	动作性	918	0.10%
4	무장（武装）	动作性	129	6.60%	国有	状态性	529	5.80%
5	영리（营利）	状态性	127	6.50%	军事	抽象性	475	5.20%
6	효율（效率）	抽象性	111	5.60%	营利	动作性	473	5.20%
7	주류（主流）	抽象性	89	4.60%	理性	状态性	456	5.00%
8	인간（人类）	抽象性	80	4.10%	官方	抽象性	437	4.80%
9	포장（包装）	动作性	74	3.80%	金属	抽象性	399	4.40%
10	공개（公开）	动作性	58	3.00%	偶然	状态性	326	3.60%
11	과세（关税）	动作性	55	2.80%	农业	抽象性	240	2.60%
12	합리（合理）	状态性动作性	51	2.60%	公开	状态性动作性	210	2.30%
13	대칭（对称）	抽象性	44	2.30%	线性	抽象性	194	2.10%
14	민주（民主）	抽象性	35	1.80%	专利	抽象性	153	1.70%

　　从上面的排序及使用频率来看，与韩国语否定语素"비–"结合的词干大部分具有抽象类意义。例如，韩国语中的"정상, 현실, 공식, 효율, 주류, 인간, 민주, 이성, 논리, 도덕, 과학, 정규, 폭력"（正常、现实、官方、效率、主流、人类、民主、理性、逻辑、道德、科学、正规、暴力）因不能与"–하다"结合，因此将其归属于［–状态性，–动作性］的抽象类词干。其余的词干，如"무장, 포장, 공개, 과세, 생산, 실용, 상장, 협조"（武装、包装、公开、关税、生产、实用、上市、协助）因与"–하다"结合后均为动词，所以将这些词归为［–状态性，+动作性］的动作类词干。因为"합리"（合理）与"–하다"结合后兼具形容词和动词的性质，所以将其分为［+状态性，+动作性］的状态动作类词干。

　　在与汉语"非"相结合的词干中，因"军事、官方、金属、农业、线性、专利"等词既不是形容词也不是动词，所以将其归属于［–状态性、–动作性］的抽象类词干。"典型、正式、国有、理性、偶然"词干因词性为形容词，因此将其视为"+状态性、–动作性"的状态类词干。最后，"公有、营利"因词性为动词，将其视为"–状态性、+动作性"的动作类词干。同时，因"公开"兼具形容词和动词的性质，所以将其归为［+状态性、+动作性］的状态动作类词干。

（二）韩汉语否定语素的意义对比

本小节将主要从意义上，找出与韩汉语否定语素"不、无、未、非"结合的词干类别。按照词干的语义成分对其进行命名，并以举例的形式来进行详细论述。具体内容如表6所示。

表6　韩汉语否定语素"不"与词干结合的语义表

否定语素	韩国语	汉语
不	可能类词干* 公正类词干 经济类词干 确定类词干 标准类词干 说明类词干 其他	可能类词干 同意类词干 感情类词干 公正类词干 认知类词干 确定类词干 标准类词干 其他

* 表内词干的名称皆为笔者以词干的语义为依据进行命名。

首先是与韩汉语否定语素"不"均可结合的词干。从表6可知，韩汉语否定语素"不"均可与语义为"可能类、公正类、确定性、标准类"的词干结合。除此之外，韩国语的"불–（不—）"还可以与"经济类词干、说明类词干"结合。而与韩国语的"불–（不—）"相比，与汉语的"不"所结合的词干不仅在数量上要略多一些，而且在语义上也扩展为"同意类词干、感情类词干、认知类词干"等。

均可结合的词干分类如下。

（1）可能类词干。

가능（可能）：할 수 있거나 될 수 있음.（能做或能成。）[1]

可能：表示可以实现，能成为事实的属性，也许，或许。

（2）公正类词干。

공정（公正）：공평하고 올바름.（公平正确。）

균형（均衡）：어느 한쪽으로 기울거나 치우치지 아니하고 고른 상태.（不偏向任何一方，均匀的状态。）

평등（平等）：권리, 의무, 자격 등이 차별 없이 고르고 한결같음.（权利、义务、资格等没有差别，一视同仁。）

공평（公平）：어느 쪽으로도 치우치지 않고 고름.（不偏向哪一方，平均的状态。）

公平：处理事情合情合理，不偏袒哪一方面。

平衡：对立的两个方面、相关的几个方面在数量或质量上均等或大致均等。

（3）确定类词干。

---

① 以下词干的词义解释均来自韩国词典（네이버 사전）和汉语大辞典。

확실（确实）：틀림없이 그러하다.（准确无误，确定如此。）

분명（分明）：틀림없이 확실하게.（准确无误，确实。）

확정（确定）：일을 확실하게 정함.（事情已确定。）

필요（需要）：반드시 요구되는 바가 있음.（必有所求。）

一定：一经确定，固定不变，必然，表示坚决。

应该：表示情理上必然或必须如此。

（4）标准类词干。

합리（合理）：이론이나 이치에 합당함.（合乎伦理。）

일치（一致）：비교되는 대상들이 서로 어긋나지 아니하고 같거나 들어맞음.（比较的对象互相不矛盾，可相提并论。）

合格：符合标准。

合理：合乎道理或事理。

符合：（数量、形状、情节等）相合。

一样：同样，没有差别，表示相似。

从以上的举例中可以看出，与韩汉语否定语素"不"均可结合的"可能类词干、公正类词干、确定类词干、标准类词干"中，因分别含有"可能""公正、平等、均衡""确定、必然""标准、符合"等含义，故将词干归为以上四小类。

接着，是仅与韩国语的"불（不—）"结合的"经济类词干、说明类词干"的具体内容。

（1）经济类词干。

이익（利益）：①물질적으로나 정신적으로 보탬이 되는 것.（物质或精神上的帮助。）

②〈경제〉일정 기간의 총수입에서 그것을 위하여 들인 비용을 뺀 차액.（〈经济〉一段时间内所得的经济差额。）

경기（经济）：〈경제〉매매나 거래에 나타나는 호황·불황 따위의 경제 활동 상태.（〈经济〉买卖或交易中出现的景气或萧条的经济活动状态。）

（2）说明类词干。

투명（透明）：물 따위가 속까지 환히 비치도록 맑음.（映入水般透彻、明亮。）

친절（亲切）：대하는 태도가 매우 정겹고 고분고분함.또는 그런 태도.（对待的态度很亲切、和和气气。）

성실（诚实）：정성스럽고 참됨.（真诚、实在。）

从以上列举的实例中可以看出，仅与韩国语否定语素"不"结合的"经济类词干、说明类词干"，分别含有"利益、金额"，以及在介绍事物的性质或人物的性格时使用的"说明"类词语的含义。

最后是仅与汉语的"不"结合的"同意类词干、感情类词干、认知类词干"的具体内容。

（1）同意类词干。

同意：同心，一心；意旨相同，用意相同，表赞成。

允许：答应，同意。

（2）感情类词干。

喜欢：愉快，高兴，喜爱。

（3）认知类词干。

知道：晓得，对事物有所了解、认识。

清楚：了解，知道，明白，透彻有条理。

明白：清楚，明确，了解，知道。

从以上列举的实例中可以看出，仅与汉语的"不"结合的"同意类词干、感情类词干、认知类词干"，分别含有"同意、赞成""喜欢、喜爱""知道、了解"等含义。

接下来，让我们看一下韩汉语否定语素"无"与词干结合的情况。具体内容如表7所示。

表7 韩汉语否定语素"无"与词干结合的语义表

否定语素	韩国语	汉语
无	限定类词干 危害类词干 完成类词干 辨别类词干 说明类词干 允许类词干 经济类词干 其他	限定类词干 危害类词干 政治类词干 其他

从表7可知，韩汉语否定语素"无"均可与语义为"限定类、危害类"的词干结合。除此之外，韩国语的"무-/（无-）"还可以与"完成类词干、辨别类词干、说明类词干、允许类词干、经济类词干"结合。而与韩国语的"무-/（无-）"相比，与汉语的"无"所结合的词干在种类上较少，仅为"政治类词干"。

均可结合的词干分类如下。

（1）限定类词干。

한정（限定）：①수량이나 범위 따위를 제한하여 정함.또는 그런 한도.（限定数量或范围，或者限度。）

②<논리>어떤 개념이나 범위를 명확히 하거나 범위를 확실히 함.（明确概念或范围）

제한（限制）：일정한 한도를 정하거나 그 한도를 넘지 못하게 막음.또는 그렇게 정한 한계.（规定一定的限度或不能超过某限度，或者某种限制。）

国界：相邻国家领土的分界线。

前例：先前的示例。

限制：规定的范围，约束。

（2）危害类词干。

방비（防备）：적의 침입이나 피해를 막기 위하여 미리 지키고 대비함.또는 그
런 설비.（为防御敌人的入侵或迫害，提前应对的措施，或是防御
设备。）

公害：各种污染源对社会公共环境造成的污染或破坏，比喻对公众有害的事物。

污染：沾染上肮脏的东西；指废气、废水和废料等对自然生态环境的破坏；感染
传染。

障碍：阻碍，障碍物。

从以上举例中可以看出，与韩汉语否定语素"无"均可结合的"限定类词干、危
害类词干"中，因分别含有"界限、范围""迫害、污染"等义，故将词干归为以上
两小类。

接着，是仅与韩国语的"무–/（无–）"结合的"完成类词干、辨别类词干、说明
类词干、允许类词干、经济类词干"的具体内容。

（1）完成类词干。

작성（打算）：운동 경기 따위에서, 기록에 남길 만한 일을 이루어냄.（在运动竞
技之类的事情上，要做到能打破纪录留下纪录。）

（2）辨别类词干。

차별（差别）：둘 이상의 대상을 각각 등급이나 수준 따위의 차이를 두어서 구별
함.（对两个以上的对象，区分出各自的等级或水平。）

분별（区别）：서로 다른 일이나 사물을 구별하여 가름.（区分不同的事或
事物。）

（3）说明类词干。

자비（慈悲）：①남을 깊이 사랑하고 가엾게 여김.（深爱他人，怜悯他人。）
②<불교>중생에게 즐거움을 주고 괴로움을 없게 함.（<佛教>给众
生带来快乐，少些痛苦。）

（4）允许类词干。

면허（许可）：일반인에게는 허가되지 않는 특수한 행위를 특정한 사람에게 만허
가 하는 행정 처분.（只允许特定人群做某些特殊行为，不允许普
通人做。）

허가（允许）：행동이나 일을 하도록 허용함.（允许做某件事或某个行为。）

（5）经济类词干。

이자（利息）：남에게 돈을 빌려 쓴 대가로 치르는 일정한 비율의 돈.（向别人借
钱，作为代价，给予一定比例的钱。）

从以上列举的实例中可以看出，仅与韩国语否定语素"무/（无–）"结合的"完
成类词干、辨别类词干、说明类词干、允许类词干、经济类词干"，分别含有"达
成，区别、许可、经济"之义，以及在介绍事物的性质或人物的性格时使用的"说
明"类词语的含义。

最后是仅与汉语的"无"结合的"政治类词干"的具体内容。

政治类词干。

党派：派别，各政党或政党中各派别的统称。

记名：记载姓名，表明权利或责任的所在。

从以上列举的实例中可以看出，仅与汉语的"无"结合的"政治类词干"含有"政党、记载"的含义。

下面是与韩汉否定语素"未"结合的词干，具体内容如表8所示。

表8　韩汉语否定语素"未"与词干结合的语义表

否定语素	韩国语	汉语
未	完成类词干 公开类词干 确定类词干 其他	完成类词干 公开类词干 取得类词干 其他

从表8可知，韩汉语否定语素"未"均可与语义为"完成类、公开类"的词干结合。除此之外，韩国语的"미–/（未–）"还可以与"确定类词干"结合。与此相反，与汉语的"未"结合的词干为"取得类词干"。

均可结合的词干分类如下。

（1）完成类词干。

성년（成年）：민법에서, 법정 대리인의 동의 없이 법률 행위를 행사할 수 있는 나이.만 19세 이상이다.（在民法上，未经法定代理人同意可以行使法律行为的年龄。年满19周岁以上。）

성숙（成熟）：①생물의 발육이 완전히 이루어짐.（生物的生长阶段已完成。）
②몸과 마음이 자라서 어른스럽게 됨.（身心成熟，已成年。）
③경험이나 습관을 쌓아 익숙해짐.（积累经验或习性，已达到娴熟的状态。）

완성（完成）：완전히 다 이룸.（完全实现。）

成年：丰年；指人发育到已经成熟的年龄；指其他事物发展到成熟期。

完成：按照预定的目的结束事情。

成熟：植物的果实或谷物生长到可收获的程度；比喻人或事物发展到完善的程度。

达到：达成，得到。

（2）公开类词干。

공개（公开）：어떤 사실이나 사물, 내용 따위를 여러 사람에게 널리 터놓음.（将某些事实或事情，相关内容向大众公开。）

公布：（政府机关的法律、命令、文告，团体的通知事项）公开发布，使大家知道。

公开：不加隐蔽；使秘密成为公开的。

从以上举例中可以看出，与韩汉语否定语素"未"均可结合的"完成类词干、公开类词干"中，因分别含有"完成、成熟"和"公开、告知"等含义，故将词干归为以上两小类。

接着，是仅与韩国语的"미-/（未-）"结合的"确定类词干"的具体内容。

확정（确定）：①틀림없이 그러한가를 알아보거나 인정함.또는 그런 인정.（明确知道或承认某件事情，或有某种确认。）

②<법률>특정한 사실이나 법률관계의 존속, 폐지를 판단하여 인정함.（<法律>判断并承认某一特定事实或法律关系的存废问题。）

从以上列举的实例中可以看出，仅与韩国语否定语素"미/（未-）"结合的"确定类词干"含有"明确、确认"的含义。

最后是仅与汉语的"未"结合的"取得类词干"的具体内容。

取得：得到。

从以上列举的实例中，可以看出仅与汉语的"未"结合的"取得类词干"含有"得到"的含义。

最后，是与韩汉语否定语素"非"均可结合的词干。具体内容如表9所示。

表9　韩汉语否定语素"非"与词干结合的语义表

否定语素	韩国语	汉语
非	经济类词干 公开类词干 标准类词干 平衡类词干 专门性词干 其他	拥有类词干 性质类词干 经济类词干 公开类词干 专门类词干 其他

从表9可知，韩汉语否定语素"非"均可与语义为"经济类、公开类、专门类"的词干结合。除此之外，韩国语的"비-/（非-）"还可以与"标准类词干、平衡类词干"结合。而与汉语的"非"结合的词干还有"拥有类词干和性质类词干"。

均可结合的词干分类如下。

（1）经济类词干。

영리（营利）：재산상의 이익을 꾀함.또는 그 이익.（谋取财产上的利益，或某种利益。）

과세（关税）：세금을 정하여 그것을 내도록 의무를 지움.'세금 매김'으로 순화.（规定税金并承担缴纳的义务。以"定税金"来纯化。）

营利：谋取私利；谋取利润。赢利。

（2）公开类词干。

공개（公开）：어떤 사실이나 사물, 내용 따위를 여러 사람에게 널리 터놓음.（将某些事实或事情的相关内容向大众公开。）

公开：不加隐蔽；使秘密成为公开的。

（3）专门类词干。

민주（民主）：①주권이 국민에게 있음.（主权在人民手里。）

②<정치> 국민이 권력을 가지고 그 권력을 스스로 행사하는 제도.（<政治>人民拥有权力，自行行使权力的制度。）

공식（官方）：국가적이나 사회적으로 인정된 공적인 방식.（国家或社会认可的公共方式。）

전문（专门）：어떤 분야에 상당한 지식과 경험을 가지고 오직 그 분야만 연구하거나 맡음.（在某一领域具备相当多的知识和经验，只研究那个领域。）

과학（科学）：보편적인 진리나 법칙의 발견을 목적으로 한 체계적인 지식.넓은 뜻으로는 학을 이르고, 좁은 뜻으로는 자연 과학을 이른다.（以发现普遍真理或规律为目的的系统知识。广义上为科学，狭义上为自然科学。）

무장（武装）：전투에 필요한 장비를 갖춤.（具备战斗所需要的装备。）

军事：与军队或战争有关的事情。

农业：指栽培农作物和饲养牲畜的生产事业。

官方：政府方面。

专利：一项发明创造的首创者所拥有的受保护的独享权益。

从以上的举例可以看出中，与韩汉语否定语素"非"均可结合的"经济类词干、公开类词干、专门类词干"中，因分别含有"利益、营利""公开、告知"等含义，以及在某一领域上专门使用的专门类用语，故将词干归为以上三小类。

接着，是仅与韩国语的"비-/（非-）"结合的"标准类词干、平衡类词干"的具体内容。

（1）标准类词干。

합리（合理）：①이론이나 이치에 합당함.（合乎理论或道理。）

②<논리>논리적 원리나 법칙에 잘 부합함.（<伦理>合乎逻辑原理或法则。）

논리（伦理）：사물 속에 있는 이치.또는 사물끼리의 법칙적인 연관.（事物中的道理。或事物之间规律性的联系。）

도덕（道德）：사회의 구성원들이 양심, 사회적 여론, 관습 따위에 비추어 스스로 마땅히 지켜야 할 행.（社会成员凭良心、社会舆论、习惯等应该自觉遵守的行为。）

정규（正规）：①정식으로 된 규정이나 규범.（正式的规定或规范。）

②규정에 맞는 정상적인 상태.（符合规定的正常状态。）

（2）平衡类词干。

대칭（对称）：<미술> 균형을 위하여 중심선의 상하 또는 좌우를 같게 배치한 화면 구성.（<美术>为达到均衡的效果而将中心线的上下或左右均匀

排列而构成的画面。）

从以上列举的实例中可以看出，仅与韩国语否定语素"비–/（非–）"结合的"标准类词干、平衡类词干"含有"规定、法则""均衡"的含义。

最后是仅与汉语的"非"结合的"拥有类词干、性质类词干"的具体内容。

（1）拥有类词干。

公有：集体或全民所有。

国有：国家所有。

（2）性质类词干。

金属：具有光泽和延展性，容易导电、传热等性质的单质。

线性：是一种最基本、最常用的数据逻辑结构。

从以上列举的实例中，可以看出仅与汉语的"非"结合的"拥有类词干、性质类词干"含有"所有、性质"的含义。

（三）韩汉语否定语素的分布对比

本小节将主要从分布上找出与韩汉语否定语素"不、无、未、非"结合的相同词干。当然，韩汉语否定语素"不、无、未、非"与词干的结合也存在着排他性，也有仅能与各自否定语素结合的词干分布。但限于篇幅，本小节尚不赘述。具体内容如表10所示。

表10　与韩汉语否定语素"不、无、未、非"结合的相同词干

韩汉语"不"	韩汉语"无"	韩汉语"未"	韩汉语"非"
가능（可能）/可能 필요（需要）/需要 평등（平等）/平等 안정（安定）/稳定 완전（完全）/完全 균형（平衡）/平衡 합리（合理）/合理	의식（意识）/意识 의미（意义）/意义 표정（表情）/表情 차별（差别）/差别 제한（限制）/限制 조건（条件）/条件	성년（成年）/成年 성숙（成熟）/成熟 공개（公开）/公开 완성（完成）/完成	공식（官方）/官方 영리（营利）/营利 공개（公开）/公开 이성（理性）/理性

从表10可以看出，在分布方面韩汉语否定语素"不、无、未、非"都可以与很多意义相同的词干结合。例如，韩汉语否定语素"不"可以与"가능（可能）/可能、필요（需要）/需要、평등（平等）/平等、안정（安定）/稳定、완전（完全）/完全、균형（平衡）/平衡、합리（合理）/合理"相结合。韩汉语否定语素"无"可以才词干"의식（意识）/意识，의미（意义）/意义，표정（表情）/表情，차별（差别）/差别，제한（限制）/限制，조건（条件）/条件"相结合。韩汉语否定语素"未"可以与"성년（成年）/成年，성숙（成熟）/成熟，공개（公开）/公开，완성（完成）/完成"相结合。韩汉语否定语素"非"可以与"공식（官方）/官方，영리（营利）/营利，공개（公开）/公开，이성（理性）/理性"相结合。

四、结论

本文以意义论为依据，对比了韩汉语否定语素的结合方式。在对比之前对韩汉语的否定语素进行了界定。从吕叔湘对词缀的界定及笔者的统计结果来看，笔者认为"불/不，무/无，미/未，비/非"都属于汉字词，也可作为否定前缀使用，但考虑到汉语"不、未"仍有副词的用法，故最终将韩汉语"불/不，무/无，미/未，비/非"界定为否定语素。

通过统计和分类分析，我们了解到韩汉语否定语素"不、无、未、非"都能与抽象类、状态类、动作类、状态动作类词干相结合，但具体结合方式略有不同。鉴于此，我们主要从结构、意义和分布三个方面找出了韩汉语否定语素与词干结合的异同。从对比结果来看，首先在结构上，韩语否定语素"불/不"与四种类型的词干均可结合，"무/无"不能与状态类词干结合，"미/未"不能与状态类、状态动作类词干结合，"비/非"不能与状态类词干结合。汉语否定语素"不"除不能与抽象类词干结合以外，与其他三类词干都能结合；"无"不能与状态动作类词干结合；"未"除不能与抽象类词干结合以外，与其他三类词干都能结合；"非"与四种类型的词干均可结合。其次，在意义上，韩汉语否定语素"不"多与"可能类词干、公正类词干、标准类词干"结合，"无"多与"限制类词干、危害类词干"结合，"未"多与"完成类词干、公开类词干"结合，"非"多与"经济类词干、公开类词干、专门类词干"结合。最后，韩汉语否定语素"不、无、未、非"与词干的结合虽存在着排他性，但同时也存在可以结合的相同词干，这一点从分布方面的研究上可以得到论证。

当然，本文虽运用韩中权威语料库的统计数据，剖析了韩汉语否定语素"不、无、未、非"与词干结合现象的异同点，在一定程度上提供了一种教学方法，减少了韩中两国学生对其的误用。但笔者尚未对词典中出现的语料进行统计，这一点将在后续的研究中进行补充。

参考文献

崔婷，2009. 现代汉语"非+X"结构研究［D］. 延边：延边大学.

洪鉐昊，2012. 汉韩否定词对比研究［D］. 长沙：湖南师范大学.

金贤顺，2015. 中韩同形汉字前缀对比研究［J］. 天津中德职业技术学院学报（3）：68–72.

金镇美，2013. 汉语和韩语否定词对比分析［D］. 长春：吉林大学.

栾雅茜，2018. 韩汉同形汉字否定前缀对比［D］. 延边：延边大学.

吕叔湘，1984. 汉语语法论文集［M］. 北京：商务印书馆.

申京爱，2006. 韩汉语同形前缀对比［D］. 延边：延边大学.

魏雪娇，2014. 否定前缀"不"、"无"、"未"、"非"的结合现象［C］. 上海：华东师范大学（3）：96–102.

中国社会科学院语言研究所，2012. 现代汉语词典（第6版）［M］. 北京：商务印书馆.

朱亚军，2001. 现代汉语词缀的性质及其分类研究［J］. 汉语学习（2）：24–28.

김석득, 1971. 한국어 부정법에 대하여 [J]. 국어국문학 (53) : 369-380.

김순저, 2007. 중국인 학습자를 위한 한국어 부정 접두사 교육에 대한 연구 [D]. 부산: 신라대학교.

김혜령, 2009. '몰-, 무-, 미-, 불-, 비-'계 접두 파생어와 어기의 의미관계 [J]. 한국사전학 (14) : 111-139.

류디, 2008. 한·중 한자어 접두사 대조 연구 [D]. 서울: 경희대학교.

박석문, 1999. 한자어 부정 접두사의 결합 관계에 대하여 -- '불-, 무-, 미-, 몰-, 비-'를 대상으로 [J]. 반교 (泮矯) 어문연구 (10) : 3-38.

왕소소, 2014. 부정 접두 파생어의 형성과 용법: '몰-, 무-, 미-, 불-, 비-'를 중심으로 [D]. 서울: 서강대학교.

조현숙, 1989. 부정 접두사 '무-, 미-, 불-, 비-'의 성격 과 용법 [J]. 관악 (冠嶽) 어문연구 (14) : 30-37.

최현배, 1955. 우리 말본 [M]. 서울: 정음사.

中韩关于口语负面评价表达的对照研究

——以"又"和'또'为例

孙文学

（四川外国语大学 重庆 400031）

摘要： 在现实口语交际时的评价表达中存在一定负面评价的内容。本文通过批评话语分析及功能语言学的相关知识，以副词"又"和"또"为例，通过二者的词汇含义，其为查询中韩语言词典得知，及模态含义讨论中韩口语负面评价表达的相似点与不同点，为以后完善中韩口语负面评价表达体系打下基础。

关键词： 负面评价表达；"又"；"또"；对照研究

一、引言

评价是一种话语。评估表达时可以使用形容词和副词，它们具有诸如"好，有趣，不好和无聊"之类的属性含义。否定的评价表达可以使用贬义词，但是在语法研究中，副词的选择是一个更令人担忧的问题。下面简要阐述批评话语分析系统功能语言学中的评价体系以及"又"和"또"的词汇及情态含义。

二、批评话语分析

有很多学者对批评话语分析（Critical Discourse Analysis）有先行研究。高一虹在2009年提出，可以将批评话语分析看作语言和社会科学融合中新知识增长点的发展和增长的结果。正是由于这种"学科+学科"结合的特征，批评话语分析的界限也众说纷纭。van Dijk在2009年提出，这不是理论（theory）或方法（method），仅是一种简单的观点；Wodak在2009年提出这是一种体裁，而Chouliaraki和Fairclough在1999年提出它既是理论又是方法。然而在各种各样的属性限界中，学者们都对批评话语分析的一些共同特征表示认同。例如，它包含社会语言学、人类语言学、系统功能语言学、认知语言学、语料库语言学等学科的相关内容，可通过话语研究分析社会问题（性别歧视等）。批评话语分析有一套概念系统，其中包括"话语""批评"和"跨学科"这三个关键概念。

（一）话语

在批评话语分析中，"话语"一词有三层含义。（1）"话语"一词是指人们在社会生活中使用的包括书面语和口头语的语言；（2）"话语"一词是指人们如何使用这种语言以及掌握这些语言方法的规则；（3）"话语"一词是由所使用的特定语言和限制其使用的因素组成的整体，二者是截然不同但又相互关联的，从而构成了整个"话语"的概念。

（二）批评

赵芃、田海龙在2008年提出这种"批评"的含义集中在两个方面：（1）批评是探索话语与社会之间辩证关系的行为；（2）"批评"是一种社会实践，并且会导致变革。"批评"是探究话语与社会之间辩证关系的行为，有必要弄清批判性话语、分析、话语、权力与社会之间的关系。同时，批评是一种社会实践，将导致变革，而"批评"则是对话语的批评。分析不仅介绍语言，而且介绍社会实践，以解决社会问题。

（三）跨学科

批评话语分析基于对文本的语言学分析，所采用的语言学分析方法种类繁多，包括话语分析、会话分析、系统功能语言学、认知语言学、语料库语言学等。而且，批评话语分析在此基础上，还应从社会学、政治、历史、哲学角度解释在语言分析中发现的文本的特性。

三、系统功能语言学及评价体系

系统功能语言学不是"系统语法"和"功能语法"两种语法的组合，而是构成两个组成要素和语言理论的整体基础。系统功能语言学中语言被视为共同使用的一种资源，这是因为解释系统而不是结构的根本原因。系统语法或系统性语言学强调语言是系统间关系的基本系统，是由与意义相关的多个子系统构成的系统。我们可以一如既往地连续选择这个，这也是众所周知的"潜在重要性"。因为语言是一种符号，所以选择表达者想要的各语言的恰当表达，这一选择取决于上述语言被讨论的各方面，可以在语言的不同级别进行选择。简而言之，内容决定表单，并且表单必须由实体实施。

功能语法表明语言是社交互动的工具。系统功能语法有三大功能：概念功能（ideational function）、人际功能（interpersonal function）、语篇功能（textual function）。本篇所要研究的负面评价表达应该从人际功能（interpersonal function）的角度进行分析。人际功能主要由语气系统（mood）和情态系统（modality）决定。语言系统的形成是由人们决定的，以实现长期交流中的各种语义功能。同样，当人们在语言系统中进行选择时，其选择的结果也是由语言所实现的功能所决定的。语言构建现实的功能语法应基于日常语言形式，而日常语言形式是经验理论。

评价系统包括三大次系统：介入（engagement）、态度（attitude）、级差（graduation）。态度是指对受心理学影响的人类行为（behavior）、文本/过程（text/process）和现象（phenomena）的判断和感知。因此，该系统又可以分为三个子系统：情感系统、判断系统和审计系统。情感系统是整个态度系统的中心，它与判断系统和审计系统相连。

互动语言学研究的核心包括对话策略、上下文限制、对话推理等。这在进行评价研究中是非常有必要的。通过观察对话者在对话过程中的言语互动，可以推断出对话者当时所基于的社会意识概念。分析说话者为继续对话而采取的对话策略，有效地掌握其对话策略是沟通者沟通技巧的重要组成部分。互动语言学将对话策略作为探索语言与文化之间关系的核心，研究听众如何理解说话者表达的含义并做出恰当的评价表达或回应。

立场表达（Stance-taking）是话语交际中最常见的行为之一。Biber&Finegan在1988年最早提出"立场"这一概念，并将其定义为说话者或作者对信息的态度、情感、判断或者承诺的显性表达。立场表达可以通过不同的语言形式来实现。交际双方在一定的语境下，通过某种语言形式去表达其对于某一事物的态度、看法以及情感倾向，因此立场表达是存在于一个动态的言语交际过程中。方梅、乐耀在2017年提出"评价"（assessment）是话语立场表达的内容之一。从互动语言学角度来看，人们在日常言谈中，参与社会交际事件的同时也在对相关事件进行评价。近年来关于汉语立场表达的研究也成为国内外语言学研究的热点。Beman等在2002年提出了"话语立场"的分析框架，认为"话语立场"包含取向、态度和概括性三个相互联系的维度。朱军在2014年探讨了"x什么x"反问结构所具有的负面立场表达功能；方梅、乐耀在2017年系统论述了汉语立场表达的手段，以及负面评价立场的规约化表达等。因此，从互动语言学角度出发，学习语法的方式是以功能学派研究理念与观念为基础，即以功能语言学理论为基础的动态语言物质为基础，进化发展，进行功能语言学研究。目前对于立场表达的研究涉及学术论文写作、访谈、文学作品、演讲、汉英对比等方面。在人际互动中，受礼貌原则的制约，说话者或作者很少使用一些贬义的词汇去清晰地表明其负面、否定的评价，而常常使用一些间接的语言形式来表达其负面、否定的评价立场。有关否定的负面评价立场表达的研究也包括语气副词"居然""动不动""你看你""不是我说你"等构式，以及反问句、祈使句等各个语言句式。总的来说，目前国内外丰硕的研究成果，为立场表达研究奠定了基础。但对于韩语的相关内容较少，中韩对比内容更是相对匮乏。

四、"또"和"又"的词汇含义

首先，对副词"또"的词汇含义域的研究中，金善英（2003）认为其具有附加的含义，尹在鹤（2007）认为它指简单重复和增加，后来이후인（2015）认为其指重复，简单附加和让步。

在标准韩语词典中，使用以下示例描述了"또"的八种用法。

【例1】一遍又一遍的事。

또일이 생기다/또이기다/이번에도 똑같은 사고가 또났다./또그놈의 큰 소리./이런 일이 또일어나서는 안 된다.

发生另一件事/我再次获胜/这次我又一次发生了同样的事故/再次听到他的声音/这种情况不会再发生。

【例2】除此之外还有。

무엇이 또필요한가? /어제 먹은 오이소박이가 참 맛있던데 또없어?

你还需要什么？/昨天吃的黄瓜泡菜真好吃，还有吗？

【例3】尽管如此。

듣던 대로 그의 눈은 안개가 낀 듯 희부옜고 쉰 듯한 목소리였으나 그런 목소 리가 또그렇게 맑게 들릴 수가 없었다.

正如我所听到的，他的眼睛蒙眬而嘶哑，仿佛是雾蒙蒙的，但是这种声音却听不清楚。

【例4】（主要用于"-으면"之后或具有特定含义的疑问句）即便如此。

어른은 그 구멍으로 들어갈 수 없겠지만 어린애라면 또 모르겠다./누가 또 알아? 그 사람이 다시 올지./여름이라면 또 몰라도 겨울에 찬물로 목욕하다니.

大人不能进入那个洞，但是如果是小孩，我不知道/还有谁知道？这个人会再次来/如果是夏天，我不知道冬天是否洗个冷水澡。

【例5】不仅如此，还有更多。

그는 변호사이며 또국회의원이다.용기도 있고 또 슬기도 있다.

他是律师和国民议会议员。有勇气，也有智慧。

【例6】用于连接单词的词。

하루 또하루가 흐른다./그녀의 눈은 맑고 또그렇게 깨끗할 수가 없었다.

每天都会过去/她的眼睛很清晰，不能再那么干净。

【例7】（写在一个疑问代词前）（口语）表示惊奇含义的单词。

난 또무슨 일이라고./이건 또뭐야?

我还有什么/这又是什么？

【例8】（当同一个单词并排使用时，它与中间句子中的"무슨"一起使用）用于否认或怀疑前面单词的含义。

일은 또무슨 일.

什么样的工作。

在上述8种用法中，例6描述了"또"的句法特征，例7和例8描述了说话者"또"心理的模态含义。其余5个示例在很大程度上有重复，具有附加和让步的含义。例1中的"一遍又一遍的事"是重复，例2中"除此之外还有"和例5中"不仅如此还有更多"是附加，例4中"即便如此"和例3中"尽管如此"可以看出它的让步含义。

接下来，我们将重点研究副词"又"的代表性词典中的语义域。

在《现代汉语八百词》（吕叔湘，1980）中，"又"的含义分为三部分。①连续，与时间有关。②累积（积累），与时间无关。③代表语气。

《现代汉语词典（第7版）》对"又"的六种用法进行了描述。①重复和连续；②几种情况或属性同时存在（同时指示情况）；③补充和添加；④将小数加到整数；⑤对抗（矛盾的情况）；⑥在否定或讽刺的句子中，表示强烈违反。这六种用法在当代中国语言艺术中也有描述"现代汉语虚词例释"（北京大学中文系，1995·1997，《韩国语言艺术》，1996，1508–1512）。①重复和连续同类行为；②与"是"一起使用时，各种情况或属性是同时出现的；③对抗（矛盾的情况）；④与"一"相连表示"另"；⑤以"形容词+而+又+形容词"的形式表示程度严重（对应于"非常，极其"）；⑥与"不，不是"相连说明原因，并表示严重违反。

《实用现代汉语语法》（刘月华，潘文娱，2004）描述了四种用法。①重复同质行为；②两种情况或属性是同时的；③动作的连续；④语气（对立，否定和反义词，重复使用形容词或动词来表示严重程度）。

在上述研究结果中，与"语气"或"强语调"相关的用法是"우"的词汇含义派生的模态含义中揭示的一部分。对于其他含义，"重复和延续"旨在将两种含义分开以与韩语"또"形成对比。这是因为"连续"的含义很难用韩语的"또"分为一个独立的含义域。"同时"和"补充与添加"将包含在"附加"含义中一起处理。因此，中文中的"又"可大致分为重复、连续、附加和对立含义。

韩语"또"和中文"又"中的"重复""附加"是两种语言的通用含义，韩语的"让步"和中文的"继续"和"对立"的特殊含义各自存在于两种语言中。

五、"또"和"又"的模态含义

1. 朝鲜语中的"또"和中文中的"又"用来表达消极的心理，如由于在互动交流情况下另一方的重复行为而引起说话者的不满、谴责和仇恨。

【例9】뭘 또 생각을 해요? 그만 좀 생각해요.

【例10】你又给大家添麻烦了/就知道你又是来骗吃骗喝的/我又什么地方得罪你了？

例9显示了在问题中使用韩语"또"时说话者的不满，例10显示了汉语单词"又"表现出负面心理的情况，如由于另一方的重复行为而引起的不满或谴责，出现负面心理。

2. 在韩语中，"또"主要以"난+또-"的形式使用，表示说话者在对方状态感

到惊讶或安心。

【例11】ⅰ.수봉：（울먹이며）하씨, 제발 받아요.좀 받아!

（이때 신호음 끈기며 받는 소리에）

수봉：（！！！）누나?！（안도하며）누나! 어디예요!

아! 난 또 진짜 무슨 일 나는 줄 알았잖아요!（<더블유> 15회，2016）

ⅱ.수봉：（혼이 나간 듯）어제 밤부터 계속 안 보이세요.연락도 안 되고요!

연주：（순간 놀랐다가 별 거 아닌 말에）난 또…어디서 또 밤새 술 푸 시는 거 아냐?（<더블유> 1회，2016）

例11中ⅰ是这样一种情况，当姐姐接听电话时，会纠正说话者关于姐姐可能发生的事情的现有信息。此时，说话者使用惯用语"난 또~"来表达惊讶和放心的感觉。例11中ⅱ用惯用语"난 또"表达了一种释怀的感觉，即呈现出放心的心理。

3. 中文中的"又"用于否定或反义词句子中，表示强烈的语气。

【例12】그가 어떻게 알았지? 내가 알려주지도 않았는데.

ⅰ.他怎么会知道的? 我又没告诉他。

그가 어린애도 아니고 엄하게 할 필요가 없다.

ⅱ.他又不是孩子，用不着管得那么严。

그와 말해도 소용이 없어.그가 일의 전 과정을 모르니까.

ⅲ.他又不了解事情的全部经过，跟他说也是白说。

例12是在否定句中使用"又"的情况。例12里ⅰ中的前一句话描述了"그가 알고 있다"这个问题。这个例句的前提是"내가 알려 주 지 않으면 그는 알 수 없다"。句子中非必需的"又"的使用是为了找出这一前提，并强调相反的结果，即"내가 알려 주지 않았는 데도 불구하고 그가 알고 있다"。例12ⅱ和ⅲ里如果删除副词"又"，则这两个句子很容易被理解成因果关系。换句话说，"그가 아이가 아니기 때문에 엄하게 할 필요가 없다""그가 일의 전 과정을 모르기 때문에 그와 말해도 소용이 없다"说话者使用副词"又"强调说话者选择的结果或说话者将要采取的行动或论据的正确性，即"엄하게 할 필요가 없다"和"그와 말해도 소용이 없다"的论点。

【例13】눈이 내리는 게 무슨 상관이야? 우리 평소대로 공부할 거야.

ⅰ.下雪又有什么关系? 咱们照常学习。

지나간 일을 다시 꺼낼 필요가 있겠니?

ⅱ.过去的旧事又何必再提?

例13是在反语中使用"又"的情况。如果将例13中的反语语句替换为陈述句，则如例14所示。

【例14】눈이 내려도 상관이 없어.우린 평소대로 운동할 거야.

ⅰ.下雪又没有关系，咱们照常学习。

지나간 일은 다시 꺼낼 필요가 없다.

ⅱ.过去的旧事又没有必要再提。

在例14中的一般陈述句中，ⅰ中的副词"又"强调说话者选择"평소대로 공부할 것"，而与"눈이 내리는 상황"无关。ⅱ强调了说话者的主张，即限于"지나간 일"

而"다시 꺼낼 필요가 없다"。换句话说，可以看到不论命题的前提如何，或者说话人将要采取的行动或论据的正确性。

六、结语

随着科技的飞速发展，线上交流渐渐成为人际交往的主要方式。但是面对面口语表达仍然是人的必备技巧之一，交流过程中的一些隐含负面评价分析也显得尤为重要。在人际互动中，受礼貌原则的制约，说话者或作者很少使用一些贬义的词汇去清晰地表明其负面、否定的评价，而常常使用一些间接的语言形式来表达其否定的评价立场。但目前对于中韩负面评价表达的对照研究相对较少，还没有一个完整总结概括性的文字描述。在评价表达研究中需要用到评价系统或批评话语分析的相关知识，以便于在日常人际交往的过程中能够更好地进行沟通交流。

参考文献

方梅，2017. 负面评价表达的规约化 [J]. 中国语文（2）：131–147+254.

方梅，乐耀，2017. 规约化与立场表达 [M]. 北京：北京大学出版社.

陆亚，2021. 网络新闻标题中的否定评价立场表达 [J]. 齐鲁师范学院学报，36（2）：143–150.

田海龙，2014. 批评话语分析：阐释、思考、应用 [M]. 天津：南开大学出版社.

张瑞华，李顺然，2020. 国内基于语料库的批评话语分析研究综述 [J]. 当代外语研究（06）：101–110+5.

朱军，2014. 反问格式"X什么X"的立场表达功能考察 [J]. 汉语学习（03）.

Liying，2017. 한국어 '또' 와 중국어 '又' 의 대조 연구 [J]. 코기토（83），206–232.

非通用语文学研究

论《昆昌昆平》中的梦及其宗教元素

段召阳①
（云南师范大学 650031）

摘要：《昆昌昆平》是泰国古典文学的瑰宝，被誉为泰国"平律格伦诗之冠"，是大城王朝中期至曼谷王朝初期泰国社会的真实写照，也是当时社会的百科全书。作品对人物的爱憎褒贬，对事件的品评论说，基本上反映了大城王朝中期直到曼谷王朝初期人民群众的道德观和价值观。《昆昌昆平》中有关梦的描写多达14例，故事中的主人公在不同时间、不同场景做了不同类型的梦，所做之梦最终在现实中都一一应验。虽然这些梦是小说中人物对现实的预示，但实际上是泰国人长期受宗教思想影响的产物。《昆昌昆平》梦中所呈现的宗教信仰观念，从多个角度、多个层次显示了泰国人的宗教意识和思想观念。

关键词：《昆昌昆平》；梦；宗教；信仰

《昆昌昆平》唱本被誉为泰国"平律格伦诗之冠"，是泰国古典文学的瑰宝。这部作品脱胎于民间故事，是大城王朝中期至曼谷王朝初期泰国社会的真实写照，是当时社会生活的百科全书，基本反映了当时人民群众的道德观和价值观。在《昆昌昆平》中有关梦的描写多达14例，故事中的主人公在不同时间做了各种不同类型的梦，故事情节的发展都是以梦的形式来预示，最终得以在现实中应验。梦产生于什么？或许产生于身体的不适，或之前的某种经历，或诸神的指示，抑或是一种预兆。《昆昌昆平》中梦的产生和解读，都是来自泰国人一直以来受各种宗教影响的结果。

梦与文学、宗教都有相当密切的联系，梦常常赋予文学作品以丰富的想象力和独特的梦幻魅力。古往今来，梦与文学就结下了不解之缘。梦是文学中最具表现力的艺术手段之一，在文学创作中具有丰富的表现形式和重要价值。梦境的虚幻缥缈，使文学作品具有了神秘的色彩，同时也强化了文学的审美内涵。《昆昌昆平》中大量的梦的场景丰富了人物形象，创造了故事情节，推动了故事发展的进程，展现了大城王朝中期至曼谷王朝初期泰国人的宗教意识和思想观念。

---

① 段召阳，女，云南师范大学，副教授，硕士，从事泰语语言文学研究。

《昆昌昆平》中梦所呈现出来的宗教信仰观念，从多个角度、多个层次显示了泰国人的宗教意识和思想观念。国内外关于《昆昌昆平》的研究卷帙浩繁，多集中在对作品中人物形象分析、人物对比和文学作品对比等方面，而忽略了《昆昌昆平》中梦与宗教之间关系的研究。笔者拟从《昆昌昆平》中的梦为切入点，探究宗教对泰国人宗教意识和思想观念的影响。

一、《昆昌昆平》之梦中的佛教信仰元素

大约在公元前3世纪，佛教从印度传入泰国境内。佛教传入泰国后，先是在泰国的孟人中传播发展。可以说孟人是泰国传播佛教的先驱，形成了自己的佛教文化[1]，但孟人信奉的是大乘佛教。直到1238年，泰人建立素可泰王朝之后，确立小乘佛教为国教，并一直延续至今。受佛教思想影响的泰国文学作品有《三界经》《帕罗赋》《昆昌昆平》等，诞生于泰国大城王朝后期至曼谷王朝初期（17世纪初—19世纪初）的《昆昌昆平》是泰国文学与佛教思想结合的典范。

《昆昌昆平》主要写富豪昆昌、武将昆平和美丽的女子婉通之间的三角爱情与婚姻悲剧。昆平是作者美化的正面人物，他妈妈通巴喜怀上他时梦见因陀罗神送她一颗镶嵌有巨大宝石的戒指，戒指上的宝石璀璨明亮，可见昆平一出生就自带光辉，是一个光彩照人的形象。受佛教思想的影响，泰国人认为，因陀罗神是佛教万神的首神，被他赠予戒指以代表保护之神毗湿奴转世。后来，昆平出生后，正如脱胎转世的毗湿奴一样，成长为一个武艺高强，精通各种法术，能上天入地，且刀枪不入，还能驱使鬼神、战无不胜的将军。昆平首次获得胜利是在保卫大城王朝安宁的战争中，被封爵位为"昆平"，成为北碧府的地方长官。后来他又在与清迈王国的战争中获得胜利，可谓战绩辉煌，照应了他作为保护之神的地位，也顺应了泰国人万物皆有定数的佛教思想观念。

昆昌是个反面人物，是地狱中的牲畜脱离苦海而托生为人的。[2]昆昌的妈妈贴通在怀上昆昌时梦见秃鹫叼着腐臭的公象向自己飞来，昆昌的爸爸解梦说贴通怀了个儿子，他自带财富，但是一个秃头。后来昆昌果真一生秃顶，但是自他出生后，他们家变得更加富有，就算他们家遭强盗抢过之后，依然是素攀府最富有的人家。故事中对昆昌的描述是："胸上长毛，头发秃光，浑身漆黑，又矮又丑。"[3]他生下来的时候连他妈都嫌他丑，不肯给他喂奶，后来专门给他找了奶娘。贴通见昆昌长得奇丑无比，还调皮捣蛋，嘴里常念叨道："这一定是我的报应啊！"因果报应是佛教思想的重要观念。佛教教义主张因果报应，万事皆有因果，每个人的善恶最终都会有善果或者恶果的报应。昆昌不仅相貌丑陋，心灵也很肮脏，为了得到娘萍（婉通），使用各种卑

---

① 姜永仁、傅增有：《东南亚宗教与神话》，北京：国际文化出版公司，2012年，第173-174页。
② 栾文华：《泰国文学史》，北京：社会科学文献出版社，1998年，第98页。
③ 栾文华：《泰国文学史》，北京：社会科学文献出版社，1998年，第98页。

鄙的手段。昆昌心胸狭窄发现娘萍所生之子帕莱安非自己的亲骨肉，就欲将其杀死。他生时所做的一切，用一生来偿还。《昆昌昆平》故事中昆昌的结局，正对应了佛教的因果报应观念。

婉通（原名娘萍）是《昆昌昆平》中的悲剧人物，她妈妈喜巴占怀孕时梦见能工巧匠之神送她一枚戒指，预示她将得到一个貌美如花、心灵手巧的女儿，但是后来寺庙的方丈算命后认为娘萍命中会有二夫，因其名与命相克，后改名为婉通。但是，婉通虽然改了名，只是治好当时的病，却没有改变其命运。在婉通被处死前，她梦见自己在森林里迷路了，当她找到出口时，前面却坐着一只猛虎，她欲出来，猛虎跳起来把她抓回去，不许她离开森林。婉通一生被昆昌和昆平抢来夺去，自己缺乏坚定立场，最后被帕潘瓦萨国王认定其心属两个男人，道德败坏，扰乱朝纲，下令处死。故事中婉通和昆平的儿子帕莱安欲救婉通，但是昆平占卜后对帕莱安说："婉通的命该如此。"《昆昌昆平》对婉通命运的安排，是宿命论思想对泰国人影响的结果。

在泰国古人的思想观念中，人们的富贵贫贱、吉凶祸福，以及死生寿夭、穷通得失，无一不取决于冥冥之中非人类自身所能把握的一种力量，即命运是也。时至今天，泰国人在面对相似的困惑时，全都可归结为万事皆由业报、命运自有定数的佛教思想之中。

在《昆昌昆平》中除了婉通的命运安排可归结为宿命论外，其他众多人物的描写，作者也以犀利的眼光透视人物的灵魂，无常、因果报应这种宿世思想涵盖了作品中所有人物对自己命运的解析。《昆昌昆平》的作者借用梦境表达宿命论的佛教观念，同时也表现出了大城王朝中期到曼谷王朝初期泰国人佛教信仰的真实状态，如《昆昌昆平》故事中昆平的爸爸昆格莱蓬拉派在被国王帕潘瓦萨处死前，昆格莱蓬拉派的妻子通巴喜梦见自己的牙齿掉落。昆拉孟因塔拉被清迈王派去跟昆平打仗前，昆拉孟因塔拉的妻子也梦见自己的牙齿掉落，结果昆拉孟因塔拉被昆平砍死在象背之上。关于梦见牙齿掉落预示家里的将会有人会死去的梦释，不仅泰国人相信，中国老百姓也深信不疑。弗洛伊德在《梦的解析》中提道："'梦是神圣的'这一古老观点仍未绝迹。某些思想家仍在争论梦是否具有预卜未来的力量，这是因为从心理学角度所做的解释无法应对日积月累的海量材料。"①

泰国人认为，梦是一种对未来发生的事情的预示。在《昆昌昆平》中有三个关于"莲花"的梦，都预示做梦的人将会得到自己的心上人。大家都知道，泰国人去寺庙都喜欢手持一朵或数朵未开的莲花，用莲花敬献佛祖，不仅是因为莲花是一种漂亮的花，花期长，还可能是因为莲花代表求佛人的心，心即心肝宝贝之意，如娘萍（后改名婉通）梦见莲花后就与多年未见的帕莱构（后改名昆平）在寺庙邂逅。西玛拉梦见莲花后就与帕莱安相遇，并且二人一见钟情。而帕莱安在遇见西玛拉之前也梦见一个如莲花般的美女，这位美女就是他深爱的西玛拉。《周公解梦》对梦见莲花也解释为渴望得到爱人，和泰国的梦释如出一辙。

在古代，人们认为梦与他们笃信的一个超自然世界有关系，梦带来的是神灵或魔

---

① 西格蒙德·弗洛伊德：《梦的解析》，方厚升译. 济南：山东文艺出版社，2019年，第22页。

鬼的启示。此外，他们还相信，对梦者来说，梦是有重要意义的，通常是预告一件将要发生的事情。[①]同样，帕莱春蓬在离家出走前，她的奶奶通巴喜梦见一只老虎猛烈地撕咬她的后背，她醒来后就找不到帕莱春蓬了。通巴喜梦中的老虎暗指嫉妒心强的清迈公主萨珐，她因嫉妒丈夫帕莱安对西玛拉的爱超过对自己的爱，就找巫师施法使帕莱安无故殴打西玛拉，当弟弟帕莱春蓬去劝阻时，反被哥哥帕莱安殴打，因此，帕莱春蓬一气之下选择离家出走。这个梦对于梦者来说不仅是一种神灵提前告知梦者的预兆。萨法嫉妒西玛拉、帕莱安毒打西玛拉、帕莱春蓬劝架被打、帕莱春蓬离家出走等因果关系，更是传达了一种万事皆有因果的佛教观念。

二、《昆昌昆平》之梦中的原始信仰元素

泰国人的原始宗教是多种神仙崇拜和原始拜物教，主要是自然崇拜和鬼神信仰。[②]在泰国，不仅乡下农民和山区少数民族，就连曼谷等大城市中的泰国人也普遍信奉鬼神。英国著名的人类学家和宗教学家泰勒认为，东南亚的先民在祖先崇拜、实物崇拜和自然崇拜之前，已有万物有灵崇拜。因此，万物有灵信仰是一切宗教的源泉。泰国人的鬼神信仰是从万物有灵信仰中衍生而来的，他们相信人类的世界与鬼神的世界是相互交错且密不可分的。鬼神无处不在，小到家庭、村寨，大到勐（城镇），以及所有的田地、河流、森林、山川，都有鬼神存在，由于鬼神无处不在，因此世间万物都充斥着灵魂。[③]

在素可泰时期，泰国人对灵魂和鬼神的信仰就十分普遍，他们认为鬼神是一种超自然的力量，同时，他们还认为，鬼神分为"善神""凶神"还有"恶鬼"等，人们无法看到鬼神的真面目，但是能见到它显灵。在泰国人的传统观念中，认为每个地方都有神灵的保护，因此就对其产生了崇拜和信任，并且希望从神灵那里得到护佑和帮助，使自己生活的地方安定泰和，以实现安居乐业、无病无灾的愿望。[④]鬼神信仰是泰国人民原始信仰内容之一。《昆昌昆平》中的鬼蜮，被描绘成一种灵物，是昆平所豢养的，每次当昆平及其家人在被坏人陷害的时候，鬼蜮都会在关键时刻告诉昆平及其家人坏人在其背后所做的坏事，如当昆平和婉通的儿子帕莱安被昆昌带到森林里被昆昌用树枝压住准备将其害死的时候，在《昆昌昆平》中是这样描述的，作为灵物的鬼蜮"跑进"了婉通的梦里，带婉通看到了这一幕，并且知道了昆昌害帕莱安，所以她悄悄把帕莱安送走。鬼蜮在关键时候出现，告诉其主人背后的真相，起到保护养鬼蜮者及其家人的作用，因此，泰国人非常崇拜鬼神。

① 西格蒙德·弗洛伊德：《梦的解析》，方厚升译. 济南：山东文艺出版社，2019年，第9页。
② 姜永仁、傅增有：《东南亚宗教与神话》，北京：国际文化出版公司，2012年，第168页。
③ 郑筱筠：《世界佛教通史（第十二卷）：斯里兰卡与东南亚佛教（从佛教传入至公元20世纪）》，北京：中国社会科学出版社，2015年，第219页。
④ 达奈·猜育塔：《泰国人文与文明发展（一）》，欧殿萨都出版社，2000年，第115页。

三、《昆昌昆平》之梦中的婆罗门教信仰元素

泰族先民对婆罗门教的信仰由来已久，婆罗门教大概于公元前3世纪传入泰国，公元5世纪后，婆罗门教在泰国达到鼎盛，13世纪后式微。1238年，素可泰王朝建立以后，虽然小乘佛教取代大乘佛教和婆罗门教被尊为国教，但婆罗门教并未被抛弃。由于素可泰王朝建立之前，泰族一直在柬埔寨高棉人的统治之下，而柬埔寨又是最先接受从印度传来的婆罗门教的民族，所以婆罗门教在那里的影响深远。在阿瑜陀耶王朝时期，泰国两次出兵柬埔寨，攻陷吴哥城后，泰国军队将大批柬埔寨居民掠掳到泰国，其中包括许多婆罗门教徒和柬埔寨宫廷中的婆罗门祭司。这使婆罗门教对泰国文化以及王室产生了重大影响。[①]婆罗门教"君权神授"的观念被泰国封建统治者完全接受，并用婆罗门教诸神来为王室命名或封号，还将宫廷用语泰语改为婆罗门教使用的梵语。与此同时，婆罗门教对泰国民间的影响也很大，对泰国平民百姓的生育、结婚等习俗均有重大影响。因此，在《昆昌昆平》叙事长诗中，婆罗门教对泰国社会和泰国民众影响的痕迹很重。

古代梦信仰的基础是灵梦为神向人传达谕示的途径，梦的发信者是神。[②]如在《昆昌昆平》中，昆平准备去监狱解救他在监狱里的35个狱友并让他们跟他一起出征攻打清迈之前，其中一个叫帕泰拉的狱友在头一天晚上做了一个奇怪的梦。他梦见一个打扮漂亮、挽着发髻、两眉间点着发粉，一只手拿着海螺，脖子上挂着七根项链，耳朵上坠着耳环，身披搭帕，下身穿黄色亚麻裹裙（又叫托蒂）的婆罗门神飞到城里，然后打开自己所在的监狱的大门向他走来，并用圣水洒在了他的头上。这时，帕泰拉身上的所有刑具全部自动解开不见了，之后那个婆罗门神又将圣水洒向监狱里其他被关起来的泰国和老挝的狱友，他们身上的刑具也一下全部不见了，之后，婆罗门神消失了。这个梦中所描述的婆罗门神，从他的打扮装束以及手持海螺等特征来看，就是被泰国人尊为保护之神的毗湿奴（Viṣṇu）。

毗湿奴，佛教称为那罗延天，印度教三相神之一，是"维护"之神。在吠陀时代原来是吠陀太阳神之一，在印度教时代升格为维持宇宙秩序的主神。在印度教造像中，毗湿奴通常是王者衣冠，肤色绀青，佩戴宝石、圣线粗大的花环，四臂手持法螺贝、妙见神轮、伽陀神锤、神弓或宝剑（他的武器有时以拟人化的形象出现）、莲花，他有时坐在莲花上，有时躺在一条千头蛇身上，有时骑在一只大鹏鸟迦楼罗上。毗湿奴性格温和，对信仰虔诚的信徒施予恩惠，而且常化身成各种形象，拯救危难的世界。在《昆昌昆平》中，昆平妈妈怀上他时，梦见因陀罗神送给她一枚镶有璀璨明亮的钻石的戒指，释梦为昆平是毗湿奴转世，正好和帕泰拉的梦境形成前后呼应。后来，正如帕泰拉的梦境所预示，通过昆平向国王请求后，帕泰拉等35名犯人被释放，

---

① 姜永仁、傅增有：《东南亚宗教与神话》，北京：国际文化出版公司，2012年，第172页。

② พระมหาสุรเดช สุรสกฺโก（อินทรศักดิ์），อิทธิพลของพระพุทธศาสนาที่มีต่อวรรณคดีไทย：ศึกษาเฉพาะกรณี เสภาเรื่องขุนช้าง ขุนแผน，มหาจุฬาลงกรณราชวิทยาลัย，2539，67.

并协同昆平一起出征清迈。

四、结语

宗教的神秘性作为一种奢华装饰，历来被文学作品所选用。这些宗教思想反映了作者及其文学作品中人物的思想观念和价值倾向。同时，文学作品所反映的宗教意识也丰富了文学作品的思想内涵。在宗教境界中，人对生的疑惑和对死的恐怖，对人生境况所感到的担忧与焦虑，统统都消失殆尽。[①]在《昆昌昆平》中处处浸染着宗教色彩，作者巧妙地借用梦的形式来宣传宗教思想和价值观念，使其潜移默化地影响泰国普通民众。梦境的离奇和虚幻特征表达了宗教信仰，使作品具有超乎寻常的想象力。梦不仅仅是一种信息交流，还是一种审美活动、一种想象游戏，这种游戏本身就是一种价值。[②]梦境中蕴含的宗教理念对作品生成、审美意蕴、价值取向等方面有着相当深刻的影响。梦，虚幻缥缈。梦境的离奇和虚幻，使作品具有神秘的梦幻色彩，符合文学的审美意识。梦境不但增添了神秘性、梦幻性，而且也符合文学的审美情趣，是文学创作中不可或缺的点缀。本文以《昆昌昆平》中的梦境来分析泰国人的宗教意识，把一个个活色生香、富有宗教色彩的泰国民众展现在我们的面前，同时向我们展示了泰国大城王朝中期至曼谷王朝初期人民群众的面貌和信仰，使我们对泰国大城王朝中期至曼谷王朝初期人民群众的宗教、传统信仰有了更深刻的认识。

参考文献

曹浏，2009. 东西方文学作品中梦的运用及其比较研究初探［J］. 安徽文学（12）.

弗洛伊德，2019. 梦的解析［M］，方厚升，译. 济南：山东文艺出版社.

何明基，1996. 宗教超越与艺术超越之比较［J］. 湖北大学学报：哲学社会科学版（1）.

姜永仁，傅增有，2012. 东南亚宗教与神话［M］. 北京：国际文化出版公司.

栾文华，1998. 泰国文学史［M］. 北京：社会科学文献出版社.

郑筱筠，2015. 世界佛教通史（第十二卷）：斯里兰卡与东南亚佛教（从佛教传入至公元20世纪）［M］. 北京：中国社会科学出版社.

---

① 何明基：《宗教超越与艺术超越之比较》，载《湖北大学学报》（哲学社会科学版）1996年，第1期，第21页。

② 曹浏：《东西方文学作品中梦的运用及其比较研究初探》，载《安徽文学》，2009（12）。

英雄史诗《列王纪》
与伊朗民族精神的塑造

赵 静

（上海外国语大学 上海 201600）

摘要：波斯英雄史诗《列王纪》被誉为"波斯人的《古兰经》"，自成书以来，书中所传达的思想始终对伊朗人的认知与行为产生着深远影响。本文力图通过分析《列王纪》的创作及其具体内容，分析本书是如何塑造伊朗民族精神的。文章从历史、文化、语言和宗教四个角度出发，分别论述了《列王纪》对波斯君主和英雄形象的塑造、对琐罗亚斯德文化传统的传承、对波斯语的推崇以及对什叶派信仰的吸纳，并进一步阐述了《列王纪》所传达的思想对伊朗当今内政外交产生的影响。本文发现，《列王纪》对伊朗民族精神的塑造是一个由文化到认同、再到意识并最终抵达精神塑造的过程。

关键词：菲尔多西；《列王纪》；伊朗民族精神；民族意识；民族身份认同；民族文化

"民族精神是一种特定的文化现象，是一个民族共同的思想品格、价值取向和道德规范的综合体现，是被高度综合和概括了的一个民族共同的精神品质和风貌。"民族精神在一个民族的发展中，起到积极作用，它直接寓于民族意识之中。民族意识直接体现在一个民族的风俗习惯、语言风貌、行为方式和性格情感所表现出来的不同于其他民族的特性之中。[1]伊朗民族精神则是指"伊朗各民族在生存和发展过程中所形成的具有共性和主导意义的，维系本民族生存和推动本民族发展的共同心理素质，是波斯民族文化的主体精神，是整个波斯民族文化的灵魂"，其核心是虔诚自信、不畏磨难和宽容和谐。[2]

要理解伊朗人的民族精神就要理解伊朗民族的文化，包括其物质文明、精神文明

---

[1] 张曙光：《民族信念与文化特征——民族精神的理论研究》，北京：人民出版社，2009年第2页. 李定国：《谈民族主义与民族精神的区别》，载《文艺生活》，2009年第11期，第54页。

[2] 韩继伟、孙金光：《从历史文化视角解读伊朗民族精神》载《黔西南民族师范高等专科学校学报》，2009年第4期，第6–11页。

和制度文明。伊斯兰教传入前，伊朗人的特性可归纳为波斯性，波斯帝国的王权统治传统与萨珊时期的官方宗教—琐罗亚斯德教的教义是波斯性之所在。公元7世纪，伊斯兰教传入伊朗后逐渐为人们所接受，随后，什叶派与苏非神秘主义得到了多数蒙古统治者的支持，出于共同的政治与宗教利益诉求，这两股势力逐渐趋同，共同发展，一起构成了伊朗人的伊斯兰性[①]，这是伊斯兰文化和伊朗人身份认同中的重要组成部分。波斯性是伊朗文化之根，伊斯兰性是伊朗文化之脉，这是伊朗文化传统的双重性之所在，前者以波斯的传统历史文化为核心，勾勒出一个强大的民族，以唤醒伊朗人的民族意识。后者则强调从伊斯兰教中寻找动力，通过宗教复兴实现民族复兴。[②]伊朗文化之根脉的生长过程就是伊朗文化的物质文明、精神文明与制度文明成形并发展的过程。

纵观伊朗的文学作品，能溯源伊朗文化传统之所在，能推动伊朗人形成共同的民族身份认同，能阐释伊朗民族意识与民族精神的作品当属波斯著名诗人菲尔多西（940—1020）耗时三十余年创作而成的长篇英雄与民族史诗——《列王纪》，该诗长达6万联。在一千多年的传承中，《列王纪》从形式到内容不断塑造着伊朗人共同的身份认同，成为伊朗人民族精神和集体精神取之不竭的源泉，始终对伊朗民族注入强大的精神力量。[③]

一、菲尔多西与《列王纪》

菲尔多西在书中将波斯人作为一个整体，将这个民族群体在长期共同的生产生活中所形成的对自身接近的看法或观念加以概括和提炼，成书后通过广泛的传播，书中所传达的观念被波斯人普遍接受，成为波斯民族共同的认识和理想，成为他们的民族意识。《列王纪》一书正是通过这个"由下而上"，又"由上而下"的过程，直接推动波斯乃至伊朗民族形成了共同的民族意识，并进而提升为民族精神。[④]

菲尔多西于11世纪初创作《列王纪》时，伊朗正处于爱国主义高涨的年代，面对盛极一时的波斯帝国被外来入侵者统治的现实，波斯人心中的亡国哀痛尚未平息。萨曼王朝等众多伊朗地方政权的统治者所倡导的波斯文化复兴浪潮愈演愈烈，冲击着阿拉伯人在伊朗的统治地位。在这种波斯民族饱尝苦难又不甘忍受的政治气氛中，作者在书中用悲剧主义诗句来表达心中的悲苦与愤慨。在菲尔多西的陵园中，有一块石板上雕刻着他

---

① Naṣer Jadidi: Taṣavof va tashayo' az vāgerāi tā hamgerāi〔J〕. Faṣlnāme-ye elmi-pažuheshi pažuheshnāme-ye tārikh,shomāre-ye 42,1395:95-110; Amād Afrugh: Hoviyat-e Irani va hoquq farhangi. Tehran:Sherkat-e Afsat，1387：30.

② 吕海军:《伊朗民族主义思潮研究》，西安：西北大学论文，2016年。

③ Ali Reza Azghandi, Abdul Mehdi Mostakin: Naqsh-e Shāhnāme-ye Ferdowsi dar takvin-e hoviyat o naḥve-ye negaresh-e beyn-al melali-ye ensān-e Irani. Faṣlnāme-ye pažuhesh hā-ye rāhbordi-ye siyāsat, sāl-e dovom, shomāre-ye 7，1392：10-32.

④ 张曙光:《民族信念与文化特征——民族精神的理论研究》，北京：人民出版社，2009年，第4页。

的著名诗句"如果没有伊朗，要这躯体有何用"，这就是他创作的目的之所在。①

伊朗学者阿迪布·布鲁曼迪在第二届《列王纪》讨论会上发言称："菲尔多西把曼苏里的散文体《王书》改写成诗歌的动机肯定是出于对伊朗的热爱，志在维护伊朗民族，重振伊朗人的民族尊严和自信……《列王纪》一经问世，立即在伊朗人心中产生了影响，这也正是菲尔多西的根本目的，他给予这个因遭受失败而对自己的光荣历史一无所知的民族以鼓舞，使伊朗各族人民团结起来。"②

《列王纪》一书结构宏伟、人物众多，囊括了伊斯兰教传入前至伊斯兰教传入初期在伊朗流传的民间神话传说、勇士故事和历史故事，从文明之初写到了公元651年萨珊王朝被阿拉伯人所灭，历史跨度长达4000余年，记载了50位国王的生平事迹。书中主要记述了传说中伊朗庇什达德王朝、凯扬王朝和萨珊王朝历史上诸帝王的文治武功与众英雄的丰功伟绩，再现了各历史时期伊朗人民的劳动生活、社会斗争和精神风貌，被认为是古代波斯人政治、文化与生活的百科全书和民族发展的历史画卷，被誉为"波斯人的《古兰经》"③。

从规模与范围两个角度来看，《列王纪》都可与波斯帝国的都城——波斯波利斯一同作为伊朗民族身份的象征。波斯波利斯用石头让伊朗人看到了帝国的繁荣并努力将其延续下去。《列王纪》则是通过文字记载了独特的伊朗文化及其不朽性。④《列王纪》问世后，伊朗历代王朝的宫廷和达官贵人的府邸都有专门负责朗诵《列王纪》的说书人，他们遍布城乡节日集会或茶馆酒肆，诵读《列王纪》成了一种专门的职业和艺术。此外，从伊利汗王朝开始，遍布伊朗各大城市画院的细密画画师们也纷纷以《列王纪》中的故事为原型进行艺术创作，这种图文并茂的形式更使书中的故事和民族独立精神深入人心。⑤

接下来笔者将从四个方面具体论述菲尔多西是如果通过《列王纪》一书来让伊朗人身份认同、塑造伊朗人民族意识与民族精神的。

（一）塑造波斯君王和英雄形象，唤醒伊朗人灵魂

《列王纪》弘扬了伊朗民族的英雄主义和爱国主义精神，书中关于众多人物形象和国家兴衰荣辱的历史性总结成为鼓舞和激励伊朗人民抵御外侮、反抗侵略的强大思

---

① Sandra Mackey.The Iranians Persia, Islam and the Soul of a Nation［M］.USA：Penguin Group，1998：61-65.

② 张鸿年：《波斯文学介绍（上）》，载《国外文学》，1982年，第3期，第49-75页。

③ 于桂丽：《语言的播种者——波斯古典文学的奠基人》，载《延河》，2019年，第9期，第185-188页；Ali Reza Azghandi，Abdul Mehdi Mostakin：Naqsh-e Shāhnāme-ye Ferdowsi dar takvin-e hoviyat o naḥve-ye negaresh-e beyn-al melali-ye ensān-e Irani. Faṣlnāme-ye pažuhesh hā-ye rāhbordi-ye siyāsat, sāl-e dovom, shomāre-ye 7, 1392：10-32.

④ Sandra Mackey：*The Iranians Persia, Islam and the Soul of a Nation*，New York：Penguin Group，1998，pp. 61-65.

⑤ 穆宏燕：《波斯文学作品中细密画插图的隐含叙事》，北京：北京大学东方文学暑期学校学习资料，2020年。

想动力。[①]菲尔多西在《列王纪》中，没有特意区分神话、传说与真实的历史，而是将伊朗民间史作为整体进行记述。他主要记述了诸位波斯国王与英雄的传奇事迹，歌颂了伊朗民族的荣誉、勇敢、智慧与爱国等优秀品质，在君权神授原则的指导下，波斯国王与英雄正是由于具备这些品质才能赢得民众的支持。他们为了捍卫伊朗民族的主权与领土完整与外敌殊死搏斗，作者通过记述一场场宏大的战争，使众多具有英雄主义、正义感、民族荣誉感的国王和英雄的形象跃然纸上。[②]对此，张鸿年评价道："《列王纪》是一部充满战斗精神的作品。"[③]

在《列王纪》一书中，作者号召人们反对侵略，抵御外敌，保卫祖国，因此，波斯人在面对外族入侵时，都借用书中记载的国王与勇士的故事来唤醒、激发和弘扬民族精神。这个作用在阿拉伯人入侵并统治伊朗时期表现得最为明显，书中记载的英勇事迹唤醒了处于异族统治与压迫之下的伊朗人内心深处的灵魂，使处于伊斯兰世界中的伊朗人再次找回了共同的民族身份认同，直到现在，大多伊朗人依然引用其诗句来表达对阿拉伯人的憎恶。[④]蒙古人入侵并统治伊朗后，《列王纪》中记载的故事又被人们用来谴责蒙古统治者。

在历史上，人们会为出征抵御外族入侵者的战士们朗诵《列王纪》中的章节为他们壮行。直至现在，在很多重要场合，人们也以诵读书中的诗句开场，足见其作为"波斯人的《古兰经》"的地位何等重要。正如诗人在下列诗句中表示的那样，每个人面对外敌都应为保卫祖国而英勇献身：

> 我们与伊朗休戚相关，为救伊朗人人誓将决一死战。
>
> 为了保卫这片国土和后世儿孙，妻子儿女和骨肉亲人，
>
> 我们都愿拼将一死，拼将一死也不拱手让给敌人。
>
> 勇士呵，你若是光荣地献出生命，强似苟活世上作敌人的附庸。[⑤]

当然，在不同的历史背景下，人们对《列王纪》中的故事进行了不同角度的解读，目的不同，侧重点就不同。其中，有些是为了满足当时统治者的统治需要，有些是为了达到艺术效果，有些则是在表达艺术家们的内在心理。例如，蒙古统治时期执掌法尔斯地区政权的因珠家族[⑥]就十分热衷于赞助设拉子画院绘制《列王纪》插图，他

---

① 于桂丽：《语言的播种者—波斯古典文学的奠基人》，载《延河》，2019年，第9期，第185-188页。

② Sandra Mackey：*The Iranians Persia, Islam and the Soul of a Nation*，New York：Penguin Group，1998，pp.61-65；韩文慧：《叙事视域下的同质文化诉求——英雄史诗〈列王纪〉与〈玛纳斯〉比较研究》，西安：陕西师范大学论文，2013年。

③ 张鸿年：《波斯文学介绍（上）》，载《国外文学》，1982年，第3期，第49-75页。

④ Sandra Mackey，*The Iranians Persia，Islam and the Soul of a Nation*，New York：Penguin Group，1998，pp.61-65.

⑤ 张鸿年：《波斯文学介绍（上）》，载《国外文学》，1982年，第3期，第49-75页。

⑥ 因珠地方王朝（1319—1355），掌控法尔斯地区，虽受蒙古统治，但在政治上具有一定独立性，采用"软对抗"策略，即通过坚持与弘扬波斯文化传统来抵抗蒙古的统治。

们希望用当地深厚的波斯传统文化来抵抗外来文化。这一时期最著名的一幅细密画描绘的是波斯英雄伊斯凡迪亚尔勇闯土兰在第六关遭遇暴风雪后受到造物主庇护而成功突围的故事。[1]考虑到蒙古人来自寒冷的北境，因此为了隐喻蒙古人，暴风雪在插画中成为十分常见的艺术元素。这一时期的艺术家们热衷于对这个故事进行艺术再创作，就是为了传达出即使是处于蒙古人的统治之下，不屈的波斯民族依然会在神的佑助下夺回伊朗的合法统治权。

《列王纪》通过塑造完美的波斯君王与英雄形象，宣扬了波斯君主统治的合法性与伊朗文化的不朽性，统一了波斯民族的身份认同，唤醒了伊朗人内心深处的灵魂，在团结伊朗人抵御外侮方面发挥了重要作用。这就解释了为何伊朗在不断遭受阿拉伯人、蒙古人、突厥人等外来入侵者的统治之后，波斯文化依然能复兴并以强大的包容性兼收并蓄，以更加丰富的形式与内涵将伊朗文化之根脉延续下来。

（二）传承琐罗亚斯德教文化，构建双重文化传统

关于《列王纪》与琐罗亚斯德教文化之间的关系，张鸿年评价道："整部《列王纪》就是伊朗传统民族精神的颂歌，从头到尾都充满了琐罗亚斯德教的思想。"[2] 伊朗著名学者也表示："如果要用一个词来回答伊朗人的身份认同是什么这一问题，我会回答是笃信宗教和政教结合，这是琐罗亚斯德教经典——《阿维斯塔》中的历史哲学之所在。"[3]作为伊斯兰教传入前伊朗文化的核心，琐罗亚斯德教文化元素常出现在多部波斯语史诗中。以《列王纪》为典型代表，这些作品都着力重现伊朗古代文明，帮助在伊斯兰时代传承古代伊朗的文化传统。因此，《列王纪》不仅收录了古波斯神话传说和历史故事，还继承和发扬了琐罗亚斯德文化传统。

首先，《列王纪》中出现了很多琐罗亚斯德教的专用名词。例如，菲尔多西在开篇中对造物主的称呼是"耶兹丹"或"胡达万德"，这是琐罗亚斯德教神祇的统称。《古兰经》对真主的称谓"安拉"则从未出现。[4]诸位波斯国王与勇士在出征或面临失败时，都会虔诚地祈求造物主耶兹丹的庇护。考虑到《列王纪》成书时伊斯兰教传入伊朗已300多年，阿拉伯语也在伊朗通用，书中从未出现"安拉"这一称谓定是作者的有意而为。

其次，《列王纪》神话传说部分的三位重要的国王贾姆希德、佐哈克与法里东的原型均可溯源至《阿维斯塔》。例如，贾姆希德在《阿维斯塔》中名为Yīma，是人类文明之初的伟大首领，其事迹在巴列维语写成的琐罗亚斯德教文献《创世纪》

① 穆宏燕：《波斯文学作品中细密画插图的隐含叙事》，北京：北京大学东方文学暑期学校学习资料，2020年。
② 张鸿年：《列王纪研究》，北京：北京大学出版社，2009年，第71页
③ Amād Afrugh：Hoviyat-e Irani va hoquq farhangi. Tehran: Sherkat-e Afsat，1387：42.
④ 张鸿年：《列王纪研究》，北京：北京大学出版社，2009年，第68页。

（Bundahishn）和《丹伽尔特》（Denkard）中早有记载。[①]

再次，《阿维斯塔》等琐罗亚斯德教的经典文献中所传达的基本神学理论"善恶二元"论、"灵光"说、"三善"以及带有神秘色彩的"祥瑞"观念等，在《列王纪》的字里行间，尤其是在劝谕性的内容里都被直接或间接地表露出来。例如，记载琐罗亚斯德教道德规范的《博佐尔格梅赫尔劝谕书》（Andarzn ā ma–yi Buzurgmihr）中的123段被菲尔多西转写为《列王纪》中的178联诗句，其中包括"善言、善思、善行"的道德规范和"善恶二元"论等核心教义，推崇劝善惩恶。[②]例如，在书中第139章，卡乌斯国王依靠英雄鲁斯塔姆打败了魔鬼，伊朗成为一方乐土，"如今善良与正义占了上风，魔鬼的日子到此已经告终"[③]。"善恶二元"思想已通过作者之笔出现在字里行间。此外，"灵光"说宣扬君权神授，据此原则，菲尔多西笔下的众位即位的国王头上就有神光佑助，而一旦这些国王开始骄横昏庸、无视造物主，他们身上的神光就会消失，这也就代表着他们不仅失去了造物主的庇佑，还失去了臣民的拥护。这些宗教哲学思想通过《列王纪》的传承与发扬，对波斯人的审美、道德、文化观念以及政治思想等方面都产生了不容忽视的影响。

最后，菲尔多西在《列王纪》中表达了对琐罗亚斯德教崇尚理智与知识的高度认同。[④]张鸿年认为，《列王纪》坚持民族文化传统的一个明显表现就是歌颂和赞扬知识与理智，强调掌握知识和崇尚理智是实践"三善"的条件。[⑤]诗人吟诵道："理智是君王之冠，理智增加高贵者的尊严，理智是永燃不熄之火，理智是生活的不竭的源泉。"[⑥]诗人在《列王纪》中曾多次表达了自己对理智与知识的高度尊重。经过《列王纪》等波斯语史诗的传承，琐罗亚斯德教崇尚理智的传统在伊朗保持了长久的生命力，甚至影响了萨法维时期艾赫巴里派与乌苏里派两大教法学派关于教法学家有无创制权的争论。最终，主张教法学家有创制权的乌苏里派获胜。这使得什叶派乌里玛阶层中的穆智台希德的权威地位得以正式确立，为此后乌里玛干预政治铺平了道路。[⑦]据此，我们可以说由《列王纪》等民族史诗传承下来的琐罗亚斯德教对理智的推崇以及善恶斗争的思想间接促成了当今伊朗教法学家参政的政治制度，为伊朗建立政教合一的神权政府奠定了基础。[⑧]

《列王纪》承认善恶之间永恒的斗争，强调笃信宗教与崇尚理智都是人类应履行

---

① 龚方震、晏可佳：《祆教史》，上海：上海社会科学院出版社，1998年，第6–14页；刘英军：《琐罗亚斯德教文化在波斯语史诗中的传承》，载《世界宗教文化》，2019年，第6期，第65–72页。

② 刘英军：《琐罗亚斯德教文化在波斯语史诗中的传承》，载《世界宗教文化》，2019年，第6期，第65–72页。

③ 菲尔多西：《列王纪全集（一）》，张鸿年、宋丕芳译，长沙：湖南文艺出版社，2001年，第572页。

④ Tīmūr Qādirī, "Akhlāq-I īrānī bi Ravāyat-i Mutūn-i Pahlvī", Mutāli'āt-i īrānī 3, 2003, p.129.

⑤ 张鸿年：《列王纪研究》，北京：北京大学出版社，2009年，第70–71页。

⑥ 菲尔多西：《列王纪全集（三）》，张鸿年、宋丕芳译，长沙：湖南文艺出版社，2001年，第367页。

⑦ 金宜久：《伊斯兰教史》，南京：江苏人民出版社，2008年，第328–329页。

⑧ Amād Afrugh: Hoviyat-e Irani va hoquq farhangi. Tehran: Sherkat-e Afsat, 1387：34.

的义务，这两大主张在本书中得到了调和与统一。①在伊朗文化中，人的慎行与明智始终应基于笃信宗教和理性，二者缺一不可，伊朗人的民族性就立足于这两个基础之上。②在当今的国际关系领域，《列王纪》中所传达的这两种思想对伊朗人的对外交往产生了深刻影响，直接影响了伊朗人对其他国家所持的看法及其做法。伊朗在当今国际交往中，始终强调自己所处于"无辜者"的位置与正义的一方。其次，《列王纪》中记载的波斯英雄明智应战的故事对当今伊朗采取的智慧型外交战略产生了深远影响，这是伊朗民族在历史发展进程中形成的智慧积淀，帮助塑造了伊朗民族在国际社会中的独特身份。③

综上所述，《列王纪》在保留琐罗亚斯德教文化底蕴的同时，还塑造了伊斯兰文化，对伊朗在伊斯兰时期保持独特的文化特征、重塑伊朗民族性、推动伊朗—伊斯兰双重文化的形成起了重要作用。

（三）复兴波斯语，用语言守护民族身份

> 我三十年笔耕不辍，用波斯语拯救了祖国。
>
> ——菲尔多西

语言是民族认同与文明认同的基石。伊朗是为数不多的经过阿拉伯人入侵之后还保留下自己语言的国家之一。④阿拉伯人入侵伊朗之前，波斯人用自己的语言记载了众位统治者的执政事迹与古老的信仰，因此，波斯语和宗教一同被认作伊朗民族身份之中最基础的部分。而阿拉伯人统治伊朗后，伊朗人遭遇了严重的身份危机，对此，他们选择通过波斯文化与波斯语来守护自己的民族身份。

阿拉伯人统治伊朗时期，有许多地方王朝在伊朗高原相继建立，这些地方统治者大多致力于复兴波斯语和波斯文学，尤以萨曼王朝为主。在政府的支持与众多诗人的努力下，到9世纪时，达里波斯语兴起并成为新的书面用语，伊朗人开始用达里波斯语来重述历史，一批承载着前伊斯兰时期伊朗人集体记忆的波斯语史诗相继问世。

一方面，菲尔多西在书中尽量使用波斯语。据统计，在这本书中，阿拉伯语词汇少于百分之四，诗人此举对波斯语的发展做出了不可忽视的贡献。同时，菲尔多西不仅限于使用现成的波斯语词汇，而是在创作过程中对其进行艺术加工。这对确立波斯语的历史地位以及波斯语作为文学语言的形成与发展都是一大贡献。⑤

---

① Ashraf Khusravī, Sayyid Kāzim Mūsavī: "Khirad-varzī va Dīn-dārī Asās-i Huviyyat-i īrānī dar Shāhnāma", Kāvishnāma Zabān va Adabiyāt-i Fārsī, 2008, 16, p.124.

② Ashraf Khusravī, Sayyid Kāzim Mūsavī: "Khirad-varzī va Dīn-dārī Asās-i Huviyyat-i īrānī dar Shāhnāma", Kāvishnāma Zabān va Adabiyāt-i Fārsī, 2008, 16, p.124.

③ Ali Reza Azghandi, Abdul Mehdi Mostakin: Naqsh-e Shāhnāme-ye Ferdowsi dar takvin-e hoviyat o naḥve-ye negaresh-e beyn-al melali-ye ensān-e Irani. Faṣlnāme-ye pažuhesh hā-ye rāhbordi-ye siyāsat, sāl-e dovom, shomāre-ye 7, 1392: 10–32.

④ Amād Afrugh: Hoviyat-e Irani va hoquq farhangi. Tehran: Sherkat-e Afsat, 1387: 37–47.

⑤ 张鸿年：《波斯文学介绍（上）》，载《国外文学》，1982年，第3期，第49–75页。

另一方面，菲尔多西将人们的口头创作和巴列维语文献中的《萨姆故事》《鲁斯塔姆故事》《帝王传》等英雄故事进行了艺术加工。改编后的故事情节更加连贯，人物情节也更丰满与生动。这为后世诗人和作家的创作提供了大量素材，《列王纪》成为波斯语叙事诗的源头。借此，新兴的波斯语的地位得以巩固和提高，打破了阿拉伯语独霸文坛的局面。

诗人对自己在语言上的贡献可见其著名诗句：

谁要是有理智，见识和信仰，在我死后，会把我热情赞扬，

不，我是不死的，我将获得永生，我已把语言的种子播撒到大地上。[①]

（四）结合波斯文化与什叶派信仰，团结宗教身份

菲尔多西在《列王纪》中始终围绕"永恒的斗争"展开叙述，这一斗争的核心实质上就是前伊斯兰时期伊朗人的身份认同与阿拉伯穆斯林的宗教信仰之间产生的文化冲突。[②]面对这一冲突，作者在通过波斯语为伊朗人创造一个新的身份认同的同时，转而将伊斯兰教与阿拉伯人分离开，努力把什叶派信仰与波斯文化结合起来，在团结当时伊朗人的身份认同上发挥了重要作用，再次为伊朗人的宗教与政治传说赋予了生命力，正是这一文化与宗教的结合使伊朗人建立了情感与美学意义上的民族主义，到16世纪萨法维时期，什叶派获得了正统地位，伊朗人的身份认同得以重生。[③]在此基础上，当今的伊朗得以作为一个什叶派神权国家屹立于世界民族之林。

二、结语

《列王纪》对伊朗民族精神的塑造是一个逐渐深入的过程，是从溯源并发扬民族文化传统，到团结伊朗人产生民族身份认同，再到塑造伊朗民族意识，并最终塑造民族精神的过程。首先，菲尔多西在《列王纪》中传承与发扬了琐罗亚斯德文化，帮助构建了伊朗—伊斯兰双重文化传统，使得伊朗文化之根脉得以延续。其次，菲尔多西在创作时，坚持使用波斯语，巩固了民族身份认同的基石。同时，作为一名什叶派信徒，菲尔多西将伊斯兰教与阿拉伯人分离，将什叶派信仰与波斯文化结合起来，通过共同的宗教信仰将伊朗民族团结起来。根据伦敦经济学院社会学教授安东尼·D.史密斯对"民族认同"这一概念的阐述，菲尔多西在《列王纪》中记述的传说与历史故事使伊朗人心中拥有了共同的神话与历史记忆，为阿拉伯人入侵前的波斯诸王朝的统

① 张鸿年：《波斯文学介绍（上）》，载《国外文学》，1982年，第3期，第49–75页。
② Sandra Mackey：*The Iranians Persia*，*Islam and the Soul of a Nation*，New York：Penguin Group，1998，pp.61–65.
③ Sandra Mackey：*The Iranians Persia*，*Islam and the Soul of a Nation*，New York：Penguin Group，1998，pp.61–65；Amād Afrugh：Hoviyat-e Irani va hoquq farhangi. Tehran: Sherkat-e Afsat，1387：37–47.

治赋予了合法性，巩固了共同的文化传统，在他们心中植入了保卫本民族历史领土的观念。《列王纪》使伊朗人形成了对自身的民族身份、历史身份与文化身份的整体认同，进一步阐述和加强了伊朗民族在风俗习惯、语言风貌、行为方式和性格情感等方面所表现出来的特性，塑造了伊朗民族以虔诚自信、不畏磨难和宽容和谐为核心的民族精神。

伊朗学者穆尔塔扎评价道，在《列王纪》中，诸如语言、历史、宗教信仰等多种元素都与神话联结起来，这一组合是如此有效，以至于时至今日，《列王纪》仍作为伊朗民族性的一个坚实支柱存留下来。[①]在伊朗历史上，每次伊朗民族面对外族入侵、遭遇身份危机时，都会用《列王纪》来做出应对。虽然现代意义上的民族精神在该书创作时还未形成，但书中所传达的民族精神蕴含了伊朗人在伊斯兰世界中对自己独特民族身份的认同。时至今日，书中记述的故事仍然影响着伊朗人在与其他民族或者本民族相处时的想法与做法，书中所传达的"善恶二元"思想以及对理智的推崇仍然影响着伊朗在国际社会中的自我定位及其采取的灵活外交政策。《列王纪》是对伊朗民族主义与国家主义的颂歌，承载了伊朗各民族对国家的承诺，蕴含了伊朗民族在国际社会中的独特性，在这股强大精神力量的支撑下，伊斯兰革命后的伊朗面对西方一些国家的制裁与孤立，对内推行抵抗型经济，对外奉行独立自主和不结盟的外交政策，在政治、经济、外交、社会、科学以及文化教育等各个领域都取得了辉煌成就。

参考文献

程彤，2019．历史视域下的伊朗文化构建［J］．新丝路学刊（1）：30–41．

菲尔多西，2001．列王纪全集［M］．张鸿年，宋丕芳，译．长沙：湖南文艺出版社．

龚方震，晏可佳，1998．祆教史［M］．上海：上海社会科学院出版社．

韩继伟，孙金光，2009．从历史文化视角解读伊朗民族精神［J］．黔西南民族师范高等专科学校学报（04）：6–11．

韩文慧，2013．叙事视域下的同质文化诉求——英雄史诗《列王纪》与《玛纳斯》比较研究［D］．西安：陕西师范大学．

金宜久，2008．伊斯兰教史［M］．南京：江苏人民出版社．

李定国，2009．谈民族主义与民族精神的区别［J］．文艺生活（11）：54．

刘慧，2011．民族身份认同对伊朗核政策的影响［J］．阿拉伯世界研究（4）：33–39．

刘英军，2019．琐罗亚斯德教文化在波斯语史诗中的传承［J］．世界宗教文化（6）：65–72．

吕海军，2016．伊朗民族主义思潮研究［D］．西安：西北大学．

穆宏燕，2020．波斯文学作品中细密画插图的隐含叙事［R］．北京：北京大学东方文学暑期学校．

史密斯，2018．民族认同［M］．王娟，译．南京：译林出版社．

于桂丽，2019．语言的播种者——波斯古典文学的奠基人［J］．延河（9）：185–188．

张鸿年，1982．波斯文学介绍［J］．国外文学（03）：49–75．

---

① Murtazā Manshādī，"Payvand-i Ustūra va Siyāsat dar Shāhnāma：Talāsh barāy Bāz-tawlīd-i Huviyyat-i Millī-yi īrāniyān"，Mutāli'āt-i Millī，2010，41，p.55.

张鸿年，2009. 列王纪研究［M］. 北京：北京大学出版社.

张曙光，2009. 民族信念与文化特征——民族精神的理论研究［M］. 北京：人民出版社.

KHUSRAVĪ A, MŪSAVĪ S K.Khirad-varzī va Dīn-dārī Asās-i Huviyyat-i īrānī dar Shāhnāma ［J］. Kāvishnāma Zabān va Adabiyāt-i Fārsī, 2008, 16：124.

MACKEY S.The Iranians Persia, Islam and the Soul of a Nation ［M］.New York：Penguin Group, 1998.

MANSHĀDĪ M.Payvand-i Ustūra va Siyāsat dar Shāhnāma：Talāsh barāy Bāz-tawlīd-i Huviyyat-i Millī-yi īrāniyān ［J］.Mutāli' āt-i Millī, 2010, 41：55.

QĀDIRĪ T.Akhlāq-I īrānī bi Ravāyat-i Mutūn-i Pahlvī ［J］.Mutāli' āt-i īrānī, 2003, 3：129.

AFRUGH A, 1387. Hoviyat–e Irani va hoquq farhangi ［M］. Tehran：Sherkat–e Afsat.

AZGHANDI A R, MOSTAKIN A M, 1392. Naqsh-e Shāhnāme-ye Ferdowsi dar takvin-e hoviyat o naḥve-ye negaresh-e beyn-al melali-ye ensān-e Irani ［J］. Faṣlnāme-ye pažuhesh hā-ye rāhbordi-ye siyāsat, sāl-e dovom, shomāre-ye 7：10–32.

BAHMAN, 1388. Ma'ẓami.Majmu'e-ye maqālāt-e homāyesh-e goftemān-e Irāniyān （hoviyat-e Irāni） ［C］. Tehran：Enteshārāt-e beyn-al melali-ye alhadi.

JADIDI N, 1395. Taṣavof va tashayo' az vāgerāi tā hamgerāi ［J］. Faṣlnāme-ye elmi-pažuheshi pažuheshnāme-ye tārikh, shomāre-ye 42：95–110.

非通用语翻译研究

《离骚》泰译本翻译策略对比分析①

赵银川

（四川外国语大学东方语言文化学院 重庆 400031）

摘要：《离骚》作为中国浪漫主义抒情诗的典范，千百年来一直是中华民族的骄傲。作为文化元典，《离骚》泰文译本具有很大的翻译研究价值。目前仅有的两个《离骚》泰文译本无论从译文形式、语言或是风格上都大相径庭。笔者认为，不同译者有不同的翻译目的，这些目的制约着译者的翻译策略，译者采用何种翻译策略将直接影响译作。本文以目的翻译论为视角，从译者的学术背景和翻译目的入手，分析比较两个译本的翻译策略，最终指出译者的翻译动机决定其翻译策略的选择。

关键词：《离骚》泰译本；译者；翻译目的；翻译策略

一、引言

翻译在一个国家或民族对外传播知识和文化的过程中扮演着重要的角色，尤其在当前"中国文化走出去"战略的背景下，翻译所起到的作用就更加凸显，中国经典的译介无疑是"中国文化走出去"的重要组成部分。由此，典籍翻译研究日益受到翻译界的普遍关注。随着中泰关系的深入发展，中泰文化交流日益频繁，中国经典也不断被译介到泰国，对中国经典泰译的分析和研究也应当受到相应的重视。对典籍的泰译进行分析和研究，对于弘扬中华文化的对外传播，推动中国经典著作在泰国的译介和接受度，或是为今后相关的研究提供参考都是十分有益的。

和其他中国经典著作一样，作为中国抒情诗典范的《离骚》也被翻译为多个国家的文字，如英语、法语、日语、俄语、德语等，也包括泰语。《离骚》的两个泰文译本均为全译本，一本收录在书名为《中国韵文纂译 诗经 楚辞》中，由黄荣光翻译和编写，出版于1969年（以下称黄译本），40多年间该本书历经5次再版，最近一次再版是

① 本文系四川外国语大学青年项目《"楚辞"在泰国的翻译与传播》的阶段性成果，项目编号：Sisu201647。

在2011年；另一本收录在书名为《中国文学史》中，由素帕·猜瓦纳潘翻译和编写，出版于2006年（以下称猜译本）。目前仅有的这两个《离骚》泰文译本，问世时间相隔37年之久。值得研究的是，这两本《离骚》泰译文无论从译文形式、语言或是风格上都大相径庭。笔者认为，不同译者有不同的翻译目的，这些目的与译者翻译《离骚》的策略有密切联系，译者采用何种翻译策略将直接影响到译作。下面，笔者从译者的学术背景和翻译目的入手，分析比较两个译本的翻译策略，指出由于翻译目的不同，译者所采取的翻译策略也不同。

二、《离骚》译者的学术背景和翻译目的

（一）黄荣光

《诗经》泰译本"译者介绍"中写道："Yong Ingkawet为华裔，中文名字黄荣光，祖籍广东，曾和中国的多位秀才学习过中文。"[①]黄荣光先生出生于1904年，于1987年去世，享年83岁，其父为中国人，母亲为泰国人。小时候父亲就教他诵读《千字文》，到他12岁时母亲便教他读中文版的《三国演义》。1939年，35岁的他考入泰国国立法政大学，毕业后就一直在教育部工作，同时在朱拉隆功大学以及泰国其他几所大学教授中国文学。"黄荣光先生精通中国文学，精通泰语以至达到可以用泰语创作古典诗歌的地步，而且还精通英语。"[②]黄荣光先生于1964年开始着手翻译中国诗词，并立志要翻译从西周时期到元朝末年期间的所有著名诗词，到1982年，他翻译完晋朝时期的诗歌，并给译作取名为《中国韵文纂译·第一册》。遗憾的是，晋朝以后的诗词他翻译完一部分后便于1987年2月17日去世了，其诗词译作总共达251首。

黄荣光先生长达23年翻译生涯出产的作品，尽管全部汇编在《中国韵文纂译·第一册》[③]中，但如果分开出版的话，可以分为14册，现列举如下：

（1）《诗经：中国诗歌的第一簇花》

（2）《楚辞：中国南方的美丽之花》

（3）《从秦始皇到三国》

（4）《赋：语言艺术的诗集》

（5）《乐府：从民歌到宫廷曲》

（6）《西汉诗》

（7）《东汉诗》

（8）《三国著名诗人曹操 曹丕 曹植与三国诗词》

（9）《竹林七贤和曹魏诗人》

---

① ยง อิงคเวทย์.2335. ชือจิง. กรุงเทพฯ: ยินหยาง หน้า 3.

② ยง อิงคเวทย์.ง อิงคเวทย์.2335. ชือจิง. กรุงเทพฯ: ยินหยาง 9.ยง อิงคเวทย์.1992. ชือจิง. กรุงเทพฯ: ยินหยาง หน้า 9.

③ ยง อิงคเวทย์. 2532. วิวัฒนาการกวีนิพนธ์จีน ชือจิง อู่ฉือ. กรุงเทพฯ :มูลนิธิเสฐียร โกเศศ–นาคะประทีป หน้า 5–8.

（10）《西晋诗集》

（11）《著名诗人陶渊明与东晋诗集》

（12）《李白 杜甫 白居易：中国诗人的瑰宝》

（13）《唐代著名诗人》

（14）《词：抒情诗集》

黄荣光翻译的诗集，涵盖了从春秋时期到晋朝时期的诗歌。通过翻译，黄荣光把大量的中国诗歌传播到泰国。关于翻译目的，黄荣光在其著作《中国韵文纂译 诗经 楚辞》的前言中写道："我编写《中国韵文纂译》这本书的动力在于希望把中国文学中的一些诗歌介绍给泰国同胞，并为攻读比较文学专业的学生提供参考用书。"①

黄荣光的这番话无疑给其为何翻译中国诗歌做了最好的解释。第一，介绍中国诗歌给泰国人；第二，为比较文学专业的学生提供参考资料。该目的将直接影响其对包括《离骚》在内的诗歌原著的解读：一方面是对原诗中的每一个词语的解读，另一方面则是对诗人寄托在诗歌中情感的解读和分析，这些将直接关系译文的质量。

（二）素帕·猜瓦纳潘

素帕·猜瓦纳潘笔名为颂·素湾，出生在碧武里府，泰国国立法政大学政治学学士，幼年时就开始学习中文，中文水平突出，能够用中文写作和翻译，曾担任多家中文报纸的驻泰记者，曾在泰国华侨崇圣大学教授中国文学史。素帕对中国哲学极其感兴趣，在泰国国立法政大学读书期间便开始写书，翻译一些中泰文作品，其译著既有中国文学方面的，又有中国哲学方面的，笔者目前所能够搜集到的作品有以下几部：

（1）《中国文学史》

（2）《中国哲学：从孔子到毛泽东》

（3）《不败101言：为生命创造灵感》

笔者通过对素帕·猜瓦纳潘的采访得知：在泰国华侨崇圣大学教授中国文学史期间，素帕·猜瓦纳潘感到学校有关中国文学史方面的资料匮乏，加之学生的中文水平有限，有必要搜集更多的相关资料来辅助教学。这些促使他编写出较为详细、系统且适合中文初学者的中国文学史资料。由此可见，素帕翻译《离骚》以及其他收录在《中国文学史》一书中的文学作品的目的——为中文初学者提供学习资料。

---

① ง อิงคเวทย์.2335. ชื่อจิง. กรุงเทพฯ: ยินหยาง หน้า 8.

三、《离骚》泰译本翻译策略对比分析

（一）黄荣光译本的主要特点

1.注释详尽

任何翻阅过《中国韵文纂译 诗经 楚辞》的读者，无一不为这一卷浩瀚的译著和黄荣光先生严谨治学的态度深深折服。该书中，黄荣光先生不仅翻译了《诗经》中的48首诗，《楚辞》中的3篇文章，而且还较为详细地介绍了春秋战国时期的社会背景，这无疑使目的语读者更容易理解《诗经》和《楚辞》中的诗歌。《中国韵文纂译 诗经 楚辞》一书中的每一篇译文都分为五个部分，其编排顺序为："诗歌大意""诗歌原文""诗歌韵律图""译文和注解"。关于《楚辞》的部分，该书对"楚辞"做了详细的背景介绍，分为三个章节："战国形势简介""粽子典故和屈原的生平"及"屈原的作品"。在"屈原的作品"章节中，黄荣光先生对《离骚》的诗歌特点做了十分详细的介绍，如画出了《离骚》的韵律图，阐述了《离骚》的创作手法和语体风格等。仅《离骚》一首诗，就可分为三个部分：原文、译文和注释。译者把《离骚》原文放在译文的左侧，同时把译文分为93小首，每小首4行（最后一首有5行），并给每一小首编上序号。最难能可贵的是，译者还将整首诗分为14小节，并在每一小节的开头加注该小节的大意。《离骚》总共373行，2490字，是中国最长的诗歌，译者如此编排译文不仅能让懂中文的读者可以与原文对比，而且还给需要做比较研究的人提供了对比的便利。黄译版《离骚》的另一大特点就是注释：注释很长，内容完整系统，而且就一些重要的专有词汇，译者还表了自己的看法。笔者认为，黄译版《离骚》注释可以分为四个部分：《离骚》各小节内容提要（译者将《离骚》分为14小节），难理解的字词句的注解，花草等植物学名的注解，历史、典故及神话人物的注解。例如，译文第1小节注解的大意为："屈原开篇先自叙身世，他有帝王血统，是楚国国王的后代，为自身的品德和超凡的智力而自豪，始终秉承美德、有抱负、热爱美好、佩戴美丽的饰物，佩戴香草。然而，他也为还未塑造良好的品行就先老去而担忧，于是用坚毅来勉励自身。"[1]此种注解的方法，能让从未阅读过《离骚》原文的泰国读者很容易就抓住了内容大意，并能激发其继续阅读的欲望。

各小节的内容提要只是注释的一小部分，黄译本的注释还体现在对诗中历史人物作注上。笔者试举一例，《离骚》中的诗句"夏桀之长达兮"，黄译本对"夏桀"一词做了注释："夏桀，夏朝的最后一位统治者，名桀，沉迷于饮酒和荒淫之事，最后为商朝的第一位统治者商汤所征服，流放到南巢。"[2]不难看出，虽然原文只有短短6个字，但是黄译本的注解却十分详尽。此类注解在黄译本中还有很多，充分反映了译

---

① ยง อิงคเวทย์. 2532. วิวัฒนาการกวีนิพนธ์จีน ซือจิง ฉู่ฉือ. กรุงเทพฯ :มูลนิธิเสฐียรโกเศศ—นาคะประทีป หน้า 177.

② ยง อิงคเวทย์. 2532. วิวัฒนาการกวีนิพนธ์จีน ซือจิง ฉู่ฉือ. กรุงเทพฯ :มูลนิธิเสฐียรโกเศศ—นาคะประทีป หน้า 188.

者想尽可能地使目的语读者最大限度地读懂译文的意图。黄译本如此详尽的注解对比较文学的研究者而言是十分有价值的，是译文中不可或缺的一部分。特别是那些即便是中国读者也难以理解的词汇，如历史人物、神话、典故和各类专有词汇，如花草植物名称的寓意、古代天文地理名称等，堪称是注释详尽的学术型翻译。然而，黄译本过多的注解也会带来两个问题：第一，过多过长的注解会在一定程度上降低译文的可读性；第二，由于黄译本注解已经成了译本不可或缺的一部分，所以黄译本离开注解是十分费解的，尤其是植物名、人名、天文地理名。

无论怎样，像《离骚》这样长篇的浪漫主义政治抒情诗作，加上黄荣光先生耗尽半生的精力翻译，其泰文译本要是没能附上大量的注解是十分令人遗憾的。黄译本的注解无论对于中国古诗词泰译还是一般的比较文学研究而言都是一大贡献，对于泰语读者而言，整部《中国韵文纂译》实际上相当于一部关于中国古代诗词的百科全书，它为泰国的汉学界和普通的泰语读者提供了珍贵的参考资料，也为中国古诗词在泰国的传播起到了积极的作用。事实上，这刚好印证了黄荣光先生"为比较文学研究提供参考资料"的翻译目的。

2.直译策略，译文紧贴原文句式

黄译本是黄荣光庞大的著作《中国韵文纂译》一书中的一篇，研究黄荣光译的《离骚》，足以窥见其翻译整个中国古韵文的原则和策略。泰国著名的中国文学翻译家通贴·那扎依曾经称赞黄荣光先生翻译的中国古诗词十分讲究，译文最大限度地保留了原诗词的韵味。从黄译本来看，译者主要采用直译法，有些地方甚至是字对字地翻译，模仿原文句式和行文的词序，在译文中有一些词能和原文完全对应。由此可见，译者的标准是尽可能传达原文的意义，注重保留原诗的形式。请看下列从黄译本摘录的例句：

【例1】昔三后之纯粹兮，固众芳之所在。

สามผ่านเผ้าเบาราณท่านบริสุทธิ์เอย จึงเป็นชุมนุมกลุ่มบุปผา.[1]

【例2】指九天以为正兮

ขอเก้าฟ้าอารักษ์ประจักษ์ตาเอย.[2]

【例3】余既滋兰之九畹兮

ฉันเลี้ยงกล้วยไม้ไว้เก้าแปลงเอย.[3]

【例4】朝吾将济于白水兮

เราจะข้ามน้ำขาวเข้าพรุ่งนี้เอย.[4]

【例5】思九州之博大兮

คิดชินะปฐพีเก้าแคว้นเอย.[5]

① ยง อิงคเวทย์. 2532. วิวัฒนาการกวีนิพนธ์จีน ชื่อจิง ฉู่ฉือ. กรุงเทพฯ :มูลนิธิเสฐียรโกเศศ–นาคะประทีป หน้า 177.

② ยง อิงคเวทย์. 2532. วิวัฒนาการกวีนิพนธ์จีน ชื่อจิง ฉู่ฉือ. กรุงเทพฯ :มูลนิธิเสฐียรโกเศศ–นาคะประทีป หน้า 179.

③ ยง อิงคเวทย์. 2532. วิวัฒนาการกวีนิพนธ์จีน ชื่อจิง ฉู่ฉือ. กรุงเทพฯ :มูลนิธิเสฐียรโกเศศ–นาคะประทีป หน้า 170.

④ ยง อิงคเวทย์. 2532. วิวัฒนาการกวีนิพนธ์จีน ชื่อจิง ฉู่ฉือ. กรุงเทพฯ :มูลนิธิเสฐียรโกเศศ–นาคะประทีป หน้า 190.

⑤ ยง อิงคเวทย์. 2532. วิวัฒนาการกวีนิพนธ์จีน ชื่อจิง ฉู่ฉือ. กรุงเทพฯ :มูลนิธิเสฐียรโกเศศ–นาคะประทีป หน้า 194.

通过对比，所有黑体字的泰语几乎与中文原文相对应。总体上看，译文完整地再现了原文的意义，但是译文读者认为由于译者过分追求直译策略反而使译文难以读懂。直译法是译者为了最大限度地使译文保留原文的形式而采用的翻译策略之一，同时也正是译者在文中大量作注的原因之一，因为没有注解的话，黄荣光采用的直译法翻译的译文必然是令读者费解的十分。由此，注解和直译法息息相关，注释成了译文不可或缺的一部分，同时是译者注重传达原文的意义和形式所采用的翻译途径。

3.模仿原文句式

黄译本不仅注重与原文词对词地对应，还尽可能地使译文句法与原文对应。请看下列例句：

【例6】朝搴阰之木兰兮，夕揽洲之宿莽。

เช้าเข้าดงดอยสอยจำปาเอย เย็นเก็บดอกหญ้าบนทีปนที.[①]

原文句式为：名词+动词+名词+介词+名词+（兮）/名词+动词+名词+介词+名词

译文句式为：名词+动词+名词+动词+名词+（**เอย**）/名词+动词+名词+介词+名词

【例7】朝发轫于苍梧兮，夕余至乎县圃。

เช้าเผดิมเริ่มทางจากชางอู่เอย เย็นมาเยียนเซียนผู่สุรไศล.[②]

原文句式：名词+动词+介词+名词+（兮）/名词+代词+动词+名词。

译文句式：名词+动词+名词+介词+名词+（**เอย**）/名词+动词+名词。

通过上述比较，不难发现黄译本的句式与原文句式非常接近，又一次验证了译者始终坚持着最大限度地再现原文形式的翻译原则。

（二）素帕·猜瓦纳潘译本的主要特点

1.注释极少

猜译本与黄译本形成鲜明的对比。黄译本在译文旁边附上了中文原文，并有十分详尽的注解，可以说黄译本是百科全书式的工具书，是专攻比较文学学习者的教科书。与之相比，猜译本却显得简练。首先，猜译本省去了《离骚》原文；其次，全书注解十分少见，全文中的注解只对少数几个历史人物做了简单介绍。虽然猜译本中也有关于屈原生平及其作品的介绍，但是没有黄译本那么详细。

2.高度归化的翻译

无论从译文语言还是翻译策略来看，猜译本可谓独树一帜。总的来说，猜译本可称作归化翻译策略的典型。这主要体现在以下几个方面。

第一，猜译本尽量采用目的语读者熟悉的词汇和句式，一些《离骚》原文中难以理解的诗句，一经素帕翻译，就变得十分易理解和清楚。请看猜译本中的例句。

---

① ยง อิงคเวทย์. 2532. วิวัฒนาการกวีนิพนธ์จีน ชื่อจิง ฉู่ฉือ. กรุงเทพฯ :มูลนิธิเสฐียรโกเศศ–นาคะประทีป หน้า 177.

② ยง อิงคเวทย์. 2532. วิวัฒนาการกวีนิพนธ์จีน ชื่อจิง ฉู่ฉือ. กรุงเทพฯ:มูลนิธิเสฐียรโกเศศ–นาคะประทีป หน้า 189.

【例8】摄提贞于孟陬兮，惟庚寅吾以降。

ฉันกำเนิดในวันฤกษ์งาม ขึ้นเจ็ดค่ำเดือนอ้ายปีขาล.[①]

不难看出，素帕采用的是意译的策略，这样有利于让目的语读者马上就能读懂，尽管"**วันฤกษ์งาม**"的意思既不是"摄提"也不是"孟陬"。

第二，为了让译文易于理解，猜译本始终以目的语读者为归依。猜译本大量使用释译、增译或扩译的翻译策略。试分析下列例句。

【例9】朝搴阰之木兰兮，夕揽洲之宿莽。

ฉันยึดมั่นคุณธรรมเหมือนต้นมู่หลันแม้สิ้นไร้เปลือกก็ยังยืนหยัดอยู่ได้

เหมือนต้นหญ้าหอมสูหมังแม้เหมันต์หนาวเหน็บก็ยังทนทานอยู่ได้.[②]

以上两句，黄译本译文为：

เช้าเข้าดงดอยสอยจำปาเอย

เย็นเก็บดอกหญ้าบนทีปนที.[③]

必须承认，黄译本更接近原文的句式，而且完整地传达了原文的含义，但是没有向读者传达"木兰"和"宿莽"的蕴含之义，实际上，这两个词象征着美德，用来比喻屈原高尚的德行，而猜译本虽然没有直接翻译出上述两个词，但是更清楚明确地传达了其中的蕴义。

第三，猜译本总在译文中加入第一人称"我"，即便是在原文没有的情况下。这源于译者通过追求完整传达原文的意义从而达到有利于目的语读者易于读懂的翻译策略之一。请看下列译文。

【例10】跪伏衽以陈辞兮，耿吾既得此中正。驷玉虬以乘鹥兮，溘埃风余上征。

ฉันคุกเข่าลงบนปลายเสื่อคลุมพลางเอื้อนเอ่ยวาจา

ฉันจิตใจปลอดโปร่งไม่สับสนเพราะได้รู้สัจธรรม

ฉันขับขี่รถหงส์เทียมอาชาองอาจดุจมังกรหยก

รีบเหินลมสู่สรวงสวรรค์.[④]

以上例句，黄译本译文为：

สันถัดพัสตร์นมัสการขานถ้อยสรรพเอย

ค่อยซาบซับอุเบกขาพาเศร้าศูนย์

เทียมมังกรร่อนหงส์ทรงจำรูญเอย

วายุพุนแรงดันฉันครรไล.[⑤]

通过对比可以发现，第一人称"吾"（我），原文只有一个，黄译本有一个，而猜译本则有三个。事实上，猜译本在文中加入第一人称的情况并不少见，这样比起按原文翻译，猜译本就变得更容易理解。

第四，猜译本高度归化的策略还体现在对含有深刻寓意的词语的翻译上。

---

① สุภัทร ชัยวัฒนพันธุ์.2549.ประวัติวรรณคดีจีน.กรุงเทพฯ:สุขภาพใจ หน้า 173.

② สุภัทร ชัยวัฒนพันธุ์.2549.ประวัติวรรณคดีจีน.กรุงเทพฯ:สุขภาพใจ หน้า 74.

③ ยง อิงคเวทย์. 2532. วิวัฒนาการกวีนิพนธ์จีน ซือจิง ฉู่ฉือ. กรุงเทพฯ:มูลนิธิเสฐียรโกเศศ–นาคะประทีป หน้า 177.

④ สุภัทร ชัยวัฒนพันธุ์.2549.ประวัติวรรณคดีจีน.กรุงเทพฯ:สุขภาพใจ หน้า 83.

⑤ ยง อิงคเวทย์. 2532. วิวัฒนาการกวีนิพนธ์จีน ซือจิง ฉู่ฉือ. กรุงเทพฯ :มูลนิธิเสฐียรโกเศศ-นาคะประทีป หน้า 189.

【例11】恐美人之迟暮。

พานเป็นห่วงองค์ราชันท่านจะแก่เฒ่าโรยรา.①

【例12】固众芳之所在。

จึงมีคนดีห้อมล้อมอย่างล้นหลามดังเป็นที่ชุมนุมสุคนธชาติ.②

【例13】恐皇舆之败绩。

ฉันห่วงแต่มาตุภูมิจะล่มสลาย.③

【例14】夫唯灵修之故也。

ฉันทำทุกอย่างก็เพราะความจงรักภักดีต่อท้าวไท.④

笔者发现没有哪个句子是从原文直译过来的，在《离骚》中有许多词语是含有深刻寓意的。以上例句中，"美人"指楚怀王，"众芳"指贤士，"皇舆"指国家，"灵修"同样也暗指楚怀王。《离骚》是屈原极具浪漫主义风格的一首诗歌，采用比喻手法是其一大特色，这里的"美人"比喻屈原追随的君主，"众芳"比喻具有崇高品德的贤士，"皇舆"比喻楚国王室，"灵修"本义是妻子对丈夫的昵称，这里是屈原对楚怀王的称呼。由此，这些词语不仅是《离骚》浪漫主义创作手法的体现，更富含深刻寓意。猜译本在这些词的翻译上采用了意译法，虽能传达其含义，但是没有让读者更深层次地感受到《离骚》这部伟大诗作的内在价值。然而，不得不承认，猜译本这种意译的方式在很大程度上降低了读者的阅读障碍。

四、总结

翻译是一种有目的的行为。以赖斯、费米尔和诺德为代表的功能翻译理论认为："翻译和任何人类行为一样，是一种复杂的、有目的的行为。"⑤费米尔在功能翻译理论基础之上加以发展的目的论明确指出："翻译是一种有目的或目标的行为，译者的目的限制了其所采用的翻译方法，决定了译文在目的语中的接受状况。"⑥换言之，译者采用何种翻译策略是由译者的翻译目的决定的。

黄荣光称得上是一位泰国的汉学家，其中国古诗词译著多达14部，总共251首，涵盖了从周朝到宋代的中国诗歌，他耗费23年的时间来翻译和编写的著作起名为《中国韵文纂译·第一册》在一定程度上起到了向泰国传播中国古典文学文化的作用，这与黄荣光向泰国同胞介绍中国优秀文学作品的初衷是相符合的，黄荣光的另一个翻译目的则是为比较文学专业的学生提供教材，确切地说黄荣光的译本主要针对两类人：

① สุภัทร ชัยวัฒนพันธุ์.2549.ประวัติวรรณคดีจีน.กรุงเทพฯ:สุขภาพใจ หน้า 74.

② สุภัทร ชัยวัฒนพันธุ์.2549.ประวัติวรรณคดีจีน.กรุงเทพฯ:สุขภาพใจ หน้า 75.

③ สุภัทร ชัยวัฒนพันธุ์.2549.ประวัติวรรณคดีจีน.กรุงเทพฯ:สุขภาพใจ หน้า 75.

④ สุภัทร ชัยวัฒนพันธุ์.2549.ประวัติวรรณคดีจีน.กรุงเทพฯ:สุขภาพใจ หน้า 76.

⑤ Christiane Nord. Translating as A Purposeful Activity: Functionalist Approaches. Shanghai: Shanghai Foreign Language Education Press, 2001, p.11.

⑥ Hans J.Vermeer. "Skopos and Commission inTranslational Action", in Lawrence Venuti ed. The Translation Studies Reader. London/New York : Routledge, 2000, p.221.

一是普通读者，二是专业人士。唯有明白目标读者群，才会明白黄荣光在翻译过程中所采取的一系列策略，如译文以直译为主，重在传达原文诗句的意思，在译文形式上尽量贴近原文，附上《离骚》的原文，在译文下方提供详尽的注释，等等。素帕翻译《离骚》的目的与其编写《中国文学史》的目的一样，即为中文初学者提供参考资料，其目标读者为具有汉语初级水平的人，因此素帕的译文以意译的翻译策略为主导，以目标语境为归依，比如把《离骚》这首富有韵律的诗体翻译为自由诗体，使用泰语读者熟悉的词汇和句式，省去原文中具有特殊寓意的词语，尽可能地使译文易于理解，尽量消除读者阅读异域文学的障碍。

参考文献

ยง อิงคเวทย์, 2532. วิวัฒนาการกวีนิพนธ์จีน ชือจิง ฉู่ฉือ. กรุงเทพฯ :มูลนิธิเสฐียรโกเศศ-นาคะประทีป.

ยง อิงคเวทย์, 2335. ชือจิง. กรุงเทพฯ: ยินหยาง.

สุภัทร ชัยวัฒนพันธุ์, 2549.ประวัติวรรณคดีจีน.กรุงเทพฯ:สุขภาพใจ.

VERMEER H J, 2000. Skopos and Commission in Translational Action［M］//VENUTI L. The Translation Studies Reader. London and New York：Routledge.

NORD C，2001.Translating as a Purposeful Activity：Functionalist Approaches Explained［M］. Shanghai：Shanghai Foreign Language Education Press.

跨文化传播视角下
重庆旅游外文翻译规范化研究

——以歌乐山国家森林公园韩语标识语为例①

王翔宇 黄椀汐 冼籽莹 封蕾

（四川外国语大学 重庆 400031）

摘要：旅游业对重庆的经济发展和文化传播具有推动作用。作为对外宣传的重要组成部分，景点外文翻译在翻译领域的地位也越来越显著。景点翻译中的标识语翻译不仅是景区服务的重要组成部分，也是中国文化对外宣传和介绍的一个重要途径。重庆与韩国有着深厚的历史渊源，每年有大量韩国游客赴渝旅游，但重庆景区的韩语标识语翻译则存在诸多不足。本文将以歌乐山国家森林公园为例，通过调查分析，并结合相应的理论，找出该景点韩语标识语翻译存在的问题，进而推进重庆市旅游景点韩语标识语翻译规范化。

关键字：跨文化传播；韩语标识语；翻译

一、引言

随着"一带一路"倡议的推进，重庆市作为西部大开发的战略支点、长江经济带和"一带一路"联结点，占据着重要的地位。作为一个地区发展的重要组成部分，旅游业能够推动该地区的经济发展和文化传播。近年来，重庆市政府大力推动文化旅游融合发展，加快建设国际知名文化旅游目的地，努力展现"山水之城、美丽之地"的独特魅力，让各方游客来重庆"行千里、致广大"。②

作为对外宣传的重要组成部分，景点外文翻译在翻译领域的地位也越来越显著。

---

① 本项目为四川外国语大学研究生科研创新项目。

② 《重庆加快建设国际知名文化旅游目的地》，https://www.mct.gov.cn/whzx/qgwhxxlb/cq/201912/t20191230_849976.htm，检索时间：2021年3月20日。

从某种角度来说，景点翻译得当与否会在很大程度上影响我国文化的传播，甚至会影响我国在世界的形象。

由于此前关于重庆景点的翻译研究数量很少，以韩国游客的旅游需求为目的的研究更是少之又少。除开重庆自身所具有的旅游要素，韩国和重庆之间的历史渊源更是吸引韩国游客来渝旅行的关键因素，如明玉珍墓、大韩民国临时政府、韩国光复军司令部旧址等很多景点都与韩国有着或间接或直接的关联。据中国旅游研究院发布的大数据报告，韩国在前十大入境外国客源国中排名第二，而在重庆入境旅游市场排名第一。随着韩国综艺"越线的家伙们"的播出，在新冠肺炎疫情逐渐缓解后，预计会有更多的韩国游客前往重庆，寻找民族的踪迹。

因此，为了提高重庆的国际知名度和形象，获得外国游客或投资者的认可和喜爱，有必要进一步做好旅游景点的翻译工作。在旅游翻译当中，景点标识语翻译承担着为外国游客提供正确的景点信息的责任。它可以帮助外国游客了解中国各景点的特色和中国历史文化的渊源。

本文将以歌乐山国家森林公园为例，通过调查分析，并结合相应的理论，找出该景点韩语标识语翻译存在的问题，进而推进重庆市旅游景点韩语标识语翻译规范化。

二、跨文化传播与应用翻译功能论

作为人类传播活动的重要组成部分，跨文化传播是人与人、族群与族群、国家与国家之间必不可少的活动，推动了人类文化的发展和变迁。[1]爱德华·霍尔在《无声的语言》一书中说道："文化即交流。"在交流过程中所遇到的首要问题就是语言文字的互换，即转译问题。翻译作为一种语际交流活动，是把一种文化中的语言代码转换成另一种文化中的对应语言代码。实质上，翻译就是一种跨文化交流活动。[2]

但不可否认的是，翻译过程中经常会出现这种情况：在源语和目的语之间不存在用于表达某种思想或概念的词汇，或者相似的词汇因为文化的不同而产生不同的意思。在这种情况下，贾文波提出要对原文的形式和结构进行适当的"归化"处理，突出奈达的功能对等理论，在正确传达原文信息的前提下，注重表达文本的交际意图和译文在译语环境中的交际功能，适当采用归化性手段使译文具有可读性。[3]但同时也会出现有原文和译文功能不一致的情况，这时可以考虑诺德提倡的以翻译目的论为主的"异功能工具翻译"法，使译文"取得近似源语文本的功能效果"[4]。

因此，在进行韩语标识语翻译时要考虑韩国游客在语言、文化、认知等方面与我们的相似点与不同点，依据文化语境进行灵活变通，采取不同的翻译策略，让韩语译

---

① 孙迎春：《跨文化传播学》，北京：北京大学出版社，2020年，第13页。
② 辛红：《从跨文化交流的角度研究翻译中的几个问题》，载《聊城师范学院学报》（哲学社会科学版），2000年，第5期，第109–111，127页。
③ 贾文波：《应用翻译功能论》，北京：中译出版社，2012年，第4页。
④ 贾文波：《应用翻译功能论》，北京：中译出版社，2012年，第8页。

文不仅能够准确传达原文信息，又符合韩国人的语言风格习惯。韩语标识语不只是为了让游客欣赏美丽的景色，还要帮助游客了解景色背后的文化价值。

三、歌乐山韩语标识语翻译现状及存在的问题

在对歌乐山国家森林公园进行实地考察之后，笔者将此景点区域内所有的韩语标识语进行收集、整理和分析，发现翻译效果远远不尽人意。不仅如此，笔者在对歌乐山国家森林公园的景点翻译研究进行前期准备的过程中，发现景区内很多警示语、标示语和景点介绍语的韩语译文都是通过"百度翻译"这个翻译软件进行翻译的，而且翻译的文本有着典型的"中国式韩语"的特点。

通过调查分析，歌乐山国家森林公园韩语标识语中存在的问题可以归纳如下。

（一）格式错误

1. 隔写错误

隔写是韩语书写中极其重要的一部分，它不仅便于阅读，也代表着一种语法结构。

【例1】爱护环境

译文：환경 을 애호 하다

应该改为환경을 애호하다，但这句话作为标示语通常翻译为환경 보호。

【例2】同心岛

译文：동심 도

改译：동심도

【例3】仙乐峰

译文：선악 봉

改译：선악봉

除了句子内部的隔写之外，标点符号后面也需要隔写。但是歌乐山韩语标识语中有大量的逗号和句号后面不曾空格。

此外，韩语文本段落的首行需要缩进一格，但该景点所有介绍语的首行都未缩进。

2. 标点符号错误

【例4】……凭吊。

译文：……추모하다..

除去句子本身的语法错误，该句句末使用了两个句号。这个错误可能是翻译过程中的误写，也可能是制作标识牌的过程中的误添，无论如何都是由于不严谨的工作而导致的。

甚至有的译文在句中出现了"~"，在此便不一一列举。

（二）内容错误

从译文内容来看，错误可以分为以下几类。

1. 译文前后不一致
该景区的很多标识语不止出现过一次，但译文却不尽相同。
【例5】请勿攀爬
译文1：기어오르지 마시오
译文2：붙잡고 기어오르다 마시오
译文1正确，译文2不正确，可以将所有"请勿攀爬"的韩语警示语都改为译文1。
【例6】马蹄井
译文1：마제정
译文2：말발굽 우물
"马蹄井"属于有着中国特色的景点名称，因此用汉字词来翻译，能让韩国游客感受到中国韵味，可以将所有翻译都统一改为译文1。

2. 词汇错误
韩语词汇包括汉字词、固有词和外来词。词汇使用错误通常是在翻译时根据汉语进行一对一直接翻译，导致出现词义偏差或使用了韩语中不存在的表达。[1]
【例7】观光索道
译文：관광 청구
청구是"请求"的意思，因此这里应该改为관광 삭도。
【例8】导游全景图
译文：가이드 파노라마
가이드是外来词，来自英语guide，在韩语中一般指的是导游或者观光小册子；파노라마也是外来词，来自英语panorama，虽然有"全景"的意思，但这个单词指的是实地景观，并非平面的导游图。这两个词语用得都不妥当，因此建议改译成안내도，也比较符合韩国人的用词习惯。
【例9】观景塔
译文：픽처 탑
픽처同样也是外来词，来自英语picture，并非"观景"的意思，因此可以改译为전망탑。
【例10】巴国故事
译文：파국 이야기
파국是汉字词，其本身有着"破产、败局、悲剧"等意思，如果直接写作파국 이

---

① 张丽丽：《绍兴景区对外公示语翻译现状调查与规范化研究——以韩语翻译为例》，载《智库代》，2019年，第10期，第244–245，249页。

야기，则很容易让游客误以为是"破产故事"，这样所表达的意思就和原文大相径庭了。可以改译为파나라 이야기。

3. 语法错误

韩语的语法是通过连接词和语尾来体现的，如果语法使用错误，不仅不能准确地传达原文的意思，还会让游客产生不愉快的情绪。

【例11】请勿踩踏

译文：밝는다 마시오

"请勿……"对应韩语语法应该是"–지 마시오"，因此应改译成밟지 마시오。

【例12】当心台阶

译文：계단을 조심해라

"해라"在韩语中表示一种不尊敬的语气，因此在警示语中使用"조심해라"这种表达会让游客非常不舒服，应该改译成계단 주의。

【例13】进入林区 严禁烟火

译文：삼림 지구에 들어서는, 불을 엄금한다

들어서는语法使用混乱，让人摸不着头脑，应该改译成삼림지역 화기금지。

【例14】注意安全

译文：안전에 주의하다

动词不能直接作为结尾，必须要加上语尾，比如变成주의한다。但是，안전에 주의한다作为警示语，虽然语法语义没有问题，却并不符合韩国人的用语习惯，应该改译成안전 주의。

另外，景点韩语介绍语中有大量的句子都直接以名词或名词组为结尾，这样会对韩语读者造成很大的理解障碍，因此介绍语译文要采用说明文的风格、陈述句型，准确简洁地表达出这些景点的特色和历史缘由。

4. 逐字翻译

翻译可以字字对照翻译，但如果完全不考虑词汇、语法，往往会使译文变得难以理解。

【例15】人人有责

译文：아끼고 환경 각자 책임이 있다

这句译文是典型的逐字翻译，应该改译成사람마다 환경을 보호하는 책임이 있다。

【例16】绿草萋萋　请勿践踏

译文：풀이 우거져, 밟지 말고 밟지 마시오

这句译文并不能真正表达"绿草萋萋"的含义，可以改译为잔디밭에 밟지 마시오，表达的意思就是"请勿践踏草坪"。

【例17】歌乐山国家森林公园

译文：노래 낙산시 국가 삼림 공원

歌乐山是地名，不能逐字翻译，应该改译为가락산 국가 삼림 공원。

【例18】云顶风光

译文：구름 위의 풍경

作为景点的名字，翻译应该简洁明了，应改译为"운정 풍광"。

5. 胡译

由于歌乐山的景点介绍语大多数都是机器翻译，因此几乎每一句都是语义逻辑混乱，不知所云。

【例19】喻克由烈士墓

译文：납득시켜 그램 by 열사의 묘

改译：유극유 열사묘

【例20】巴文化雕塑长廊

译文：계단을 조심해라

原文和译文完全是两个意思，应该改译为파문화 조각 장랑。

【例21】飞越丛林

译文：관광객 센터

"飞越丛林"是一种冒险游戏，但译文是"游客中心"的意思，两者完全不一样。应该改译为정글 뛰어넘。

【例22】云锦宾馆一号楼

译文：운집하다 호텔 한 층

운집하다是动词，表示"云集"，而非"云锦"。酒店的名称可以直接音译，因为确保酒店名的准确性才是主要目的，因此可以改译成윈진 호텔 1번 빌딩。

【例23】多日以来对考试的忧虑与担心荡然无存，最后骆臣骧成为状元。此处泉水因此而得名"聪明泉"。

译文：여러 날 동안 시험에 대한 우려 걱정 과 게 될 마지막 낙 臣骧 장원.이 곳은 샘물이 때문에 명명 됐 을 '똑똑한 샘'.

改译：여러날 동안 시험에 대한 우려와 걱정이 사라졌다. 결국 낙신양이 장원으로 되였다. 이 샘물은 이로 하여"총명천 (사람을 똑똑해지게 하는 샘물) '이라는 이름을 얻게 되였다'.

【例24】全国第一座大型巴文化雕塑广场，建成于1991年，由美术家孙海星创作，分为三大部分。

译文：전국 첫 번째 채의 대형 바 문화 조각 광장, 이룩되다 1991년, by미술가孙海星 창작 나누어진다 세 대부분.

改译：미술가 손해성이 창작한 전국 최초의 대형 파문화 조각 광장은 1991년에 건설되었으며 세 부분으로 나뉜다.

【例25】相传古代蜀国丞相李冰率次子二郎治水……从此，留下了这口马蹄井。昔日，井水清澈，终年不枯，云顶寺中的僧人和居士都积水饮用。

译文：그리고 고대 諸葛亮）정승 李冰 율 차남 본론으로 들어갑시다 치수……이

때부터 남긴 이 입 말발굽 우물.옛날, 우물물은 맑다, 일년 내내 안 마르다, 구름 꼭대기 사원중 승려 과 거사 다 물 마실.

改译: 전해지는 바에 의하면 고대 촉나라 승상 이빙 (李冰) 은 차남 이랑을 거느려 치수하면서……이로부터 마제정을 남기게 되었다. 옛날에는 우물물이 맑고 일년 내내 마르지 않아 운정사의 스님들과 거사들이 모두 우물물을 마셨다.

（三）文化内容翻译不当

翻译不只局限于语言信息的转换[①]，与中文标识语不同，韩语标识语面对的是韩国游客，很多韩国游客对于中国历史文化背景知识存在缺失，因此韩语标识语翻译中必须要注意文化内容的翻译问题。

【例26】光绪年间，四川举子骆臣骧进京赶考。

译文: 광서 년간, 쓰촨 성 아이를 낳다 臣骧상경 시험 보러 가다.

很多韩国游客对于中国历史朝代并不是十分了解，因此翻译时，可以在"光绪年间"后面加上注释，和韩国朝代进行对照，从而让韩国游客更易于理解。"举子"一词是文化负载词，可以添加注释来说明，弥补文化的不对应，消除理解障碍。

改译: 청대 광서 연간 (약 조선 고종 때), 사천의 거자 (고대 과거에 응시하는 선비) 낙신양 (駱臣驤) 은 북경에 시험을 보러갔다.

【例27】歌乐山国家森林公园位于沙坪坝区中部，总面积3000亩。

译文: 노래 낙산시 국가 삼림 공원 에 사바 지구 중부, 총 면적3000여 묘의.

韩国游客对中国特有的面积单位可能不了解，换算成国际单位进行注释便于理解。

改译: 가락산 국가 삼림 공원은 사평바구 (沙坪壩區) 중부에 위치하며 총 면적이 3000 여 묘 (약 200만 평방미터) 이다.

【例28】古刹云顶寺，原名二郎庙……寺建于明朝宪宗成化年间（1465—1477），距今已有500多年的历史。

译文: 고찰 原名二郎 구름 꼭대기 절, 사찰……절 建于 명나라 宪宗 성화 동안 (1465—1477) 지금으로부터 500년 역사.

对于专有名词，虽然直接用汉字词翻译会使译文更有原文特色，但是很多汉字词并非为韩国大众所熟知，因此需要对汉字进行注释。不过需要注意的是韩国人接触的汉字是繁体字，所以注释时应用繁体字。

改译: 고찰 운정사의 본명은 이랑묘 (二郎廟) 이다……운정사는 명나라 헌종 (憲宗) 성화 (成化) 년간 (1465–1477) 에 건립되었으며, 지금으로부터 이미 500여 년의 역사를 가지고 있다.

[①] 曹昊:《环巢湖景区韩语公示语文化缺省问题分析》，载《合肥学院学报》，2017年，第3期，第76—78页。

四、结论

威廉·瑟厄波德指出，开展国际旅游的主要目的是使人身临其境体验其文化，以了解人与文化。来华旅游的韩国游客对中国的文化充满好奇，文化游是他们的核心目的。这就使得旅游景点外文翻译一直以来都是翻译界研究的热点。在这一背景下，重庆旅游景点韩语翻译规范化迫在眉睫。

首先，相关部门可以制定景点翻译规范化条例，为重庆域内的景点翻译提供统一的翻译标准，以推动重庆旅游业更好地发展。

再者，可以推进产学研一体化。景区联合高校提供翻译基地，由高校韩语专业学生担任重庆旅游景点韩语标识语翻译工作，再聘请高校韩语教师和自身韩语翻译专家对翻译内容进行校对，对翻译工作进行指导。在印刷标识牌时，由韩语专业学生进行监督校对，避免因错印、漏印造成后续错误。

同时，还可以建立健全公共监督系统，充分发挥大众监督的作用。例如，在景区内部设置韩语标识语翻译意见箱，接受中韩游客的意见反馈与建议，并督促相关部门对误译之处进行及时修正。

总之，标识语的外文翻译不仅是景区服务的重要组成部分，也是中国文化对外宣传和对外传播的重要途径。在跨文化传播的背景下，只有准确翻译，才能利于区域文化走出去，推广城市的旅游品牌，最终增强文化自信，更好地将中国文化向世界传播。

参考文献

曹昊，2017. 环巢湖景区韩语公示语文化缺省问题分析［J］. 合肥学院学报（3）：76-78.

贾文波，2012. 应用翻译功能论［M］. 北京：中译出版社.

林苹，肖梦，2015. 中韩旅游文本翻译规范化研究——以山东半岛旅游景点标示语为例［J］. 牡丹江教育学院学报（02）：35-36.

刘军，2019. 汉韩公示语翻译现状及对策探究——以九华山风景区韩语公示语误译现象为例［J］. 池州学院学报，33（02）：96-98.

龙帆，刘淋，2019. 新时代下长沙旅游景区韩语语言环境建设现状调查研究［J］. 才智（04）：198-199.

罗颖，许刚，冯伟，2020. 跨文化翻译视角下的旅游景区语言景观调查研究——以无锡市为例［J］. 海外英语（05）：126-127.

孙迎春，2020. 北京：跨文化传播学［M］. 北京大学出版社.

张丽丽，2019. 绍兴景区对外公示语翻译现状调查与规范化研究——以韩语翻译为例［J］. 智库代（10）：244-245+249.

周杨，2020. 五台山景区韩文公示语翻译研究［J］. 忻州师范学院学报，36（06）：8-11.

《习近平谈治国理政》朝译本中俗语翻译中的形象塑造

曹黎豪

（四川外国语大学 重庆 400031）

摘要：在《习近平谈治国理政》一书中，习近平总书记使用了很多老百姓耳熟能详的俗语。在这本书的朝鲜语译本中，译者运用了精妙的翻译手法，将这样一大国领导人的形象生动地展示给了译文的读者。本文以《习近平谈治国理政》朝译本中的俗语翻译为着眼点，研究翻译方法对俗语在人物形象刻画上产生的效果。

关键词：《习近平谈治国理政》；俗语；朝译；人物形象

《习近平谈治国理政》一书发行于2014年，现已出版了21个语种、24个版本。该书阐释了中国的发展道路、发展前景、内外政策等，向世界展示了一个生动有力的大国形象。同时，该书中收录的习近平总书记语录展示了一个亲民淳朴、学识渊博、才华横溢、实事求是、言语生动、斗志坚定的大国领导人形象。《习近平谈治国理政》中，习近平总书记使用了很多耳熟能详的俗语。该书的朝鲜语翻译要求体现少数民族语言翻译的最高水平，因而该书的朝译本的一个重点就是，如何在准确翻译这些俗语的同时，将一大国领导人的形象生动展示给译文的读者。

一、俗语的翻译难点

俗语是指在老百姓间口口相传的语言单位，通俗易懂，形象凝练。俗语在民间广泛流传，是中国民族丰富文化中不可或缺的部分，值得我们学习继承。同时，俗语中蕴含着丰富的民族特色，展示了中华民族深厚的历史底蕴，展示了古往今来中国无数劳动人民的勤劳与智慧。

俗语的应用可以丰富讲话者的形象，将附着在俗语上的印象与特征赋予俗语的使用者。因而，在人物讲话的俗语翻译中不仅要照顾到俗语中包含的历史积淀和民族语言特色，照顾到译文读者对俗语内容的理解，照顾到原文赋予的政治背景含义，更要照顾到译文对原话者形象的再塑造。

二、《习近平谈治国理政》朝译本俗语翻译对领导人形象的塑造

在《习近平谈治国理政》中，习近平总书记使用了非常多的俗语，穿插在各个段落之中，在凝练概括了中心思想的同时又活泼了讲话的气氛，如"说一千道一万""酒逢知己千杯少"等。这些俗语，将一位大国领导人风采立体地呈现给了众多读者，让读者在感叹习近平总书记语言魅力的同时，也不禁对中华人民共和国这一和平而幸福的国家产生无限憧憬。在"走出去"战略的引导下，这些话语在向全世界人民展示了一个亲民淳朴、学识渊博、才华横溢、实事求是、言语生动、斗志坚定的中国国家领导人形象。

在《习近平谈治国理政》朝译本的翻译中，如何在保留原文风貌的同时，将上述形象深刻地表现出来，是一个关键性难题。

（一）亲民淳朴

【例1】

原文：党的十八大精神，说一千道一万，归结为一点，就是坚持和发展中国特色社会主义。

译文：18차 당대회 정신은 천만번을 언급하여도 중국특색의 사회주의를 견지하고 발전시켜야 한다는 데 귀결됩니다.

【例2】

原文：要原原本本把党的政策落实好，大家拧成一股绳，心往一处想，劲往一处使，汗往一处流，一定要想方设法尽快让乡亲们过上好日子。

译文：당의 정책을 성실하게 잘 실행하고 모두가 한마음한뜻으로 하나로 뭉쳐 백방으로 노력함으로써 대중들이 하루빨리 잘살 수 있도록 해야 합니다.

例1中的俗语是一句在老百姓日常生活对话中极为常见的句子，习近平总书记表达的意思是不论通过再多的形式、再多的方法去叙述，党的十八大精神归结到一点，就是坚持和发展中国特色社会主义。这句俗语的应用，亲切而朴实，直接点明重点，起画龙点睛的作用。译者用直译的翻译手法将其中的"千"和"万"译为"천만번"，在将原文思路清晰展示给译文读者的同时，又将总书记亲切干练的形象完整地表现了出来。

例2是一句在劳动人民中间时常使用的呼吁类口号，意在鼓励大家同心协力，齐心向前。习近平总书记有着丰富的劳动阅历，对这些口号自然是耳熟于心。而其中通俗易懂的比喻、充满共鸣的鼓励，更是对基层工作人员发挥着莫大的激励作用，让大家看到了总书记的亲切与朴实。朝译本中使用了意译的翻译手法，以"한마음한뜻""하나""백방"展示了总书记希望大家能够八方使力、共聚一心的殷切希望，

淳朴而自然。

（二）学识渊博

【例3】

原文：雄关漫道真如铁；人间正道是沧桑；长风破浪会有时。

译文：험요한 요새 철벽 같던 시기；벽해가 상전됨은 세상의 정도；거센 바람이 물결 가르는 그날.

【例4】

原文："一花独放不是春，百花齐放春满园。"如果世界上只有一种花朵，就算这种花朵再美，那也是单调的。不论是中华文明，还是世界上存在的其他文明，都是人类文明创造的成果。

"一花独放不是春，百花齐放春满园。"世界各国联系紧密、利益交融，要互通有无、优势互补，在追求本国利益时兼顾他国合理关切，在谋求自身发展中促进各国共同发展，不断扩大共同利益汇合点。

"一花独放不是春，百花齐放春满园。"各国经济，相同则共进，相闭则各退。

译文："한송이 꽃이 피었다고 봄이 온 것이 아니라 온갖 꽃이 만발해야 비로소 봄기운이 완연한 것입니다." 가령 이 세상에 한가지 꽃밖에 없다면 그 꽃이 제아무리 아름답다 하더라도 단조로운 것입니다.중화문명은 물론 세계에 존재하는 기타 모든 문명도 다 인류가 창조해낸 성과입니다.

"한송이 꽃이 피었다고 봄이 온 것이 아니라 온갖 꽃이 만발해야 비로소 봄기운이 완연한 것입이다" 는 말이 있습니다.세계 각국간의 밀접한 련계와 리익융합을 실현하기 위해서는 유무상통하고 우세로 상호 보와하며 자국의 리익을 추구하는 동시에 기타 국가의 합리적인 관심사안을 고루 돌보아야 하며 자국의 발전을 도모하는 과정에 각국과의 공돌발전을 도모하여 공동리익의 합류점을 끊임없이 확대하여야 할 것입니다.

"한송이 꽃이 피었다고 봄이 온 것이 아니라 온갖 꽃이 만발해야 비로소 봄기운이 완연한 것입니다" 각국의 경제는 교류가 이루어지면 함께 발전하고 교류가 이루어지지 못하면 모두 퇴보하게 됩니다.

例3中的三句话分别是毛泽东和李白的诗词，形象地对中华民族的昨天、今天和明天进行了描绘，可以说深刻而准确。尽管都是大家平日里朗朗上口的俗语，但三句诗词的连用已属不易，要用到点上更是难上加难，这从侧面显示了习近平总书记深厚的文学功底，译文翻译优美而自然。

例4中的"一花独放不是春，百花齐放春满园"出自《古今贤文》，在日常生活中也能时常见到，习近平总书记在许多次讲话中也都引用过这句话，不断强调世界上各文明间的交流与合作的重要性。译文使用了直译的手法，将这句律诗的意义直接翻译出来，又并未失去其文学底蕴，呈现出了习近平总书记学识渊博的形象。

（三）才华横溢

【例5】

原文：但是，茶和酒并不是不可兼容的，既可以酒逢知己千杯少，也可以品茶品味品人生。

译文：그렇다고 차와 술이 서로 대립된다는 것은 아닙니다.중국인도 "친한 벗을 만나면 천잔도 모자랄 정도로 술을 마실 수 있고"벨지끄인도 차를 마시면서 차맛은 물론 인생의 맛도 느낄 수 있습니다.

人常说茶中有百味，人生也是如此，例5中的"酒逢知己千杯少"和"品茶品味品人生"在寻常百姓的生活中，特别是休闲和节假时期随时都能听到。习近平总书记将两者合在一句，强调了中欧关系向前发展的可能性与重要性。朝译本中均使用直译手法，将二者的内涵完整地展示给了译文读者。

（四）实事求是

【例6】

原文："鞋子合不合脚，自己穿了才知道。"一个国家的发展道路合不合适，只有这个国家的人民才最有发言权。

译文："신발이 발에 맞는지는 스스로 산어봐야 압니다." 한 나라의 발전의 길이 적합한지 안하지는 오직 그 나라 인민들만이 발언권을 가지고 있습니다.

这是句生活共鸣性俗语，其反映的现象在几乎所有的文化圈里都会有，不同的文化圈也会产生类似的表达。因而这句的译文使用的是直译，能够唤起读者心中的类似感情，表达"具体问题具体分析"的含义，说明本国人民对自己国家的发展道路具有最大的发言权，其生动展示了习近平总书记实事求是的风貌。

（五）言语生动

【例7】

原文：只要有信心，黄土变成金。

译文：자신심만 가지면 못해낼 일이 없습니다.

例7出自习近平总书记在脱贫问题上的讲话，形象地将个人的能动性同财富的获取结合起来，鼓励大家劳动出真知，只要有信念，就一定能早日实现脱贫的目标。译文通俗易懂，直接点出关键点"信心（자신심）"一词，既没有失去原文生动的言语风格，又完美地将原文的意义再现了出来。

（六）斗志坚定

【例8】

原文：事实胜于雄辩。几十年来，中国始终坚持独立自主的和平外交政策，始终强调中国外交政策的宗旨是维护世界和平、促进共同发展。中国多次公开宣示，中国反对各种形式的霸权主义和强权政治，不干涉别国内政，永远不称霸，永远不搞扩张。

译文：사실은 웅변보다 낫다는 말이 있습니다.지난 수십년간 중국은 독립자주의 평화적 외교정책을 변함없이 견지해왔고 세계평화를 수호하고 공동발전을 촉진하는 중국외교정책의 취지를 일관적으로 강조하여왔습니다.중국은 모든 형태의 패권주의와 강권정치를 반대하고 다른 나라의 내정을 간섭하지 않으며 영원히 패권을 쥐지않고 영원히 확장을 하지않을 것이라고 여러차례 공식적으로 밝힌 바 있습니다.

"事实胜于雄辩"是一句颇显直白的俗语，表达了习近平总书记对坚持走和平发展道路的坚定斗志。译文对原文进行直译，展示了习近平总书记对和平发展的殷切希望，以及坚定不移的信念与力争事实的决心。

三、结语

综上，讲话中俗语的翻译不仅是对语言文字进行字面的翻译，更是对讲话人形象的一次再现。在《习近平谈治国理政》朝译本中，译者充分把握了俗语的内涵，将一个个俗语翻译得恰到好处，生动再现了习近平总书记作为一位大国领导人的形象。

参考文献

习近平，2014. 习近平谈治国理政[M]. 北京：外文出版社.

陈双双，2018. 中央文献中的副文本翻译研究——以《习近平谈治国理政》为例[J]. 外国语言文化（4）：108–115.

范旭，郭璐璐，2020. 一"典"多"译"——浅谈《习近平谈治国理政》中用典的英译[J]. 辽宁大学工业学报（社会科学版）（5）：77–80.

李贤淑，2018. 目的论视角下中国特色词汇韩译分析——以《习近平谈治国理政》为例[J]. 韩国语教学与研究（4）：141–146.

王亚军，2019. 中国古诗文翻译方法探究——《习近平谈治国理政》为例[J]. 汉字文化（22）：123–124.

습근평，2018.습근평 국정운영을 론함[M]. 북경민족출판사.

目的论视角下文化负载词的归化翻译

——以《新西游记》（第八季）中文字幕为例

朱文清

（四川外国语大学 重庆 400031）

摘要： 在韩国文化的传播中，韩国综艺节目成为了主要传播渠道之一，如何正确翻译节目中出现的文化负载词，对于翻译工作者来说是一项具有挑战性的任务。本文以《新西游记》（第八季）的字幕为例，以目的论为理论基础，探讨韩语中文化负载词的归化翻译方法。

关键词： 目的论；文化负载词；归化翻译；韩国综艺

一、引言

21世纪以来，韩国文化在全球范围内掀起一股文化热潮，韩国的影视作品及综艺节目也随之成了传播韩国文化的主要渠道之一。相较于电视剧，脱离既定剧本的真人秀综艺节目中出现的语言词汇更能够反映出一个国家和民族的文化特征和思维方式，这种负载着语言背后的文化的词被称为文化负载词。根据廖七一给文化负载词所下的定义，反映某个特定民族在悠久的历史进程中所独有的、有别于其他民族的、逐渐积累下来的活动方式，以及标志着该文化中所独有的事物的词、词组和习语都可以叫作文化负载词。也正是因为文化负载词是一个民族特有的词汇，因此当我们在进行翻译活动时，如何将其在源语中的意义完整地转化成目的语来呈现给观众，是一件极具挑战性的工作。

二、韩国综艺《新西游记》

《新西游记》是韩国TVN频道开播于2015年的一档真人秀综艺节目，2020年已播到第八季。节目设定参考了中国的古典名著《西游记》和日本漫画《七龙珠》，在节目中，成员们通过玩游戏、做任务来获得食物和龙珠。在2020年播出的第八季中，节目组让成员们变装成韩国古典小说和神话故事中的人物，六名成员去到韩国的风景名胜地，展开了真实并且充满笑点的冒险之旅。该综艺节目不仅在韩国取得了收视第一的成绩，在通过各大字幕组翻译引进中国后也大受欢迎，以哔哩哔哩动画网站上凤凰天使字幕组上传的中文字幕版本为例，平均每一期的播放次数高达80万次。《新西游记》能在中国备受喜爱，与优秀的字幕翻译是分不开的。本文将使用凤凰天使字幕组的译文，从目的论视角出发，对《新西游记》第八季中的文化负载词的归化翻译策略进行研究。

三、翻译目的论

20世纪70年代，以汉斯·弗米尔提出的以翻译目的论为中心理论的德国功能主义翻译理论诞生了，它对把"对等"当作衡量译文质量好坏标准的传统翻译理论产生了极大的影响，给人们提供了一个全新的关于翻译研究的视角。

在1978年出版的《普通翻译理论框架》一书中，弗米尔第一次提出了翻译目的论。在书中他提到，人类的一种有目的的交际行动就是翻译的本质，并将翻译定义为"在目标语境中为目标目的和目标受众而创作的文本"[1]。也就是说，弗米尔认为，比起该选择哪一种翻译策略，更为重要的，是要了解翻译的目的：我们为什么要翻译这个作品？我们是翻译给谁看？这也是字幕翻译工作者最需要注意的一点，译者需要考虑到翻译综艺节目的目的是让对象国的观众明白其中的笑点，了解所要传递的文化内涵。

要运用好目的论，必须遵循三个重要的原则，即目的原则、忠实原则和连贯原则。其中，占首要地位的是目的原则，即翻译的目的决定翻译所采取的策略和方法；忠实原则意味着要尽可能地还原文本所要表达的内容；连贯原则指的是译文必须具有可读性，能够被受众所理解。

四、《新西游记》（第八季）中文化负载词的归化翻译

（一）归化翻译的定义

归化翻译，即使用目标语言的行文规则和习惯来翻译，也就是将源语本土化。使用目标语读者所熟悉的表达方式，有助于读者更好地理解译文，增强译文的可读性和

---

[1] 修刚、朱鹏霄：《中日跨文化交际视角下的翻译研究与教学》，天津：南开大学出版社，2016年，第32页。

欣赏性。归化翻译在字幕翻译中十分常见，因为在翻译字幕的时候最重要的是使不同文化背景的人拥有同样的观赏体验。综艺节目字幕的特点是口语性、瞬时性、简洁性强，受当时语境的影响很大。在翻译韩国综艺节目时常用的翻译方法有直译、音译或音译加注释、意译和省略。

（二）文化负载词的分类

对文化负载词的分类暂时还没有一个明确的规定。美国语言学家萨丕尔曾经说过，语言背后是有东西的；并且，语言不能离开文化而存在。所谓文化就是社会遗传下来的习惯和信仰的总和，由它可以决定我们的生活组织。①因此，国内外的学者们一般在划分文化负载词时会根据文化的分类来区分，其中，英国语言学家纽马克和美国翻译理论家尤金·奈达对文化的分类较为全面，认可度较高。尤金·奈达将文化分为生态、物质、社会、宗教和语言文化五大类，纽马克在此基础上将文化进一步划分为生态、物质、社会、制度与风俗文化以及肢体语言与习惯。

综艺节目的一大特点就是"说话"，通过嘉宾之间的抛梗接梗产生笑点。因此笔者选择了几大分类中的语言类文化负载词为方面，结合《新西游记》的节目特点，将该综艺节目中的语言类文化负载词分为成语（惯用语）、俗语、新造词语和敬语平语四大类，在目的论的指导下，探讨翻译不同文化负载词所使用的方法。

1. 成语（惯用语）

中韩两国关系密切，一衣带水，文化交流频繁。在"训民正音"创立之前，没有自己文字的朝鲜半岛是利用汉字来记载历史典籍的，中华文化对朝鲜半岛文化的产生有着巨大的影响，其中一个就是成语（惯用语）。在借用汉字的过程中，韩国也从中国引进了不少成语，但是它们并不是一一对应的，有时它们荷载的文化内涵相同，但是表现方式却不一样，有时它们的表现方式一样，荷载的文化内涵却不同，还有一些是随着时代发展，根据自身文化所产生的韩国"本土制造"的成语，在汉语中不能找到相对应的成语。

【例1】

原文：（탕수육+짜장면）일타쌍피 면치기

译文：（糖醋肉+炸酱面）一石二鸟的嗦面法

"일타쌍피"就可以说是韩国"本土制造"的成语，它所对应的汉字是"一打双皮"，词源来自韩国的娱乐游戏花图牌，承载了韩国的文化内涵。花图牌共有48张，每四张可以代表12个月。"皮"是其中的游戏术语，从1月到12月共有22张皮。"一打双皮"即自己只出一张花图牌就能拿走对手的两张皮，形容一个举动达到两个目的。如果直接翻译成"一打双皮"，只会让中国观众费解，因此字幕组用意译的方式，将它翻译成中国有相同意义的成语"一石二鸟"，增加了可读性，同时也符合目的论的

---

① 罗常培：《语言与文化》，北京：中国书籍出版社，2020年，第4页。

原则。

【例2】

原文：발우공양

译文：钵盂供养

字幕中的"钵盂供养"是对僧人进食这一活动的称呼，他们在饭后会用水把碗冲洗干净。这个场景是嘉宾穿着古代服装在进行吃播任务，看起来和僧人有些许相似，炸酱面快吃完的时候用腌萝卜把剩余的酱料刮干净一起送进嘴里。字幕组只是将这个成语直译过来，并没有对其进行解释，可能会使中国观众不知所云，也达不到搞笑的效果。

【例3】

原文：박 터지겠네（注：音同"葫芦裂了"）

译文：要打破头了

这是嘉宾们在进行游戏分组时镜头切到变装成一个绿色葫芦的李秀根时出现的字幕。惯用语"박 터지다"原义是打架时把脑袋瓜打破了，而"박"同时也有"葫芦"的意思，这是节目组玩的一个谐音梗，为了让中国观众也能理解，字幕组在后面进行了注释。如果没有添加注释，中国观众则不能理解这里的笑点。

2. 俗语

俗语是由人民群众所创造，用简洁的语言形式来反映人民愿望和生活经验，且广泛流传的语言单位，通常具有讽刺、教训、批判等意义。韩国的俗语带有强烈的民族特色和地域色彩，饱含了韩民族长久以来所积累的生活经验和智慧，通过它们可以窥探韩民族的民族风情、思维和行动方式。

【例1】

原文：아니 땐 굴뚝에 연기 난다

译文：不点火的烟囱不冒烟（意为无风不起浪）

【例2】

原文：얌전한 고양이가 부뚜막에 먼저 올라간다

译文：安静的猫先上灶（意为表里不一）

【例3】

原文：남의 잔치에 감 놓아라 배 놓아라 한다

译文：叫别人的宴席上摆柿子摆梨（意为多管闲事）

中韩两国的认知意识有一个差异，那就是汉语中的主体意识相对较强，而韩语中的客体意识更浓。一般来说，汉语中思维的主体和客体不明确，但韩语更重视客观事物对人类事物的作用和影响，因此主客体有明确的区分。也就是说，在汉语中会对客观事物、社会现象进行主观加工并再现，而韩语中的客观事物是照原样进行再现的。从上面的例子可以看出，这一特点也体现在韩国的俗语上。《新西游记》中最著名的游戏就是俗语接龙，即导演说出俗语的上半句，嘉宾回答下半句。为了遵从目的论中的连贯原则，符合节目的风格，同时也为了方便中国观众的理解，字幕组选择了注释的翻译方式。

3. 新造词语

如果说成语和俗语是祖祖辈辈流传下来的遗产，是可以反映该民族文化历史的产物的话，那么新造词语则是可以反映当下时代潮流，体现当代社会文化发展状态的新鲜事物。新造词语（신조어）在《标准国语大词典》（표준국어대사전）中的定义是"새로 생긴 말.또는 새로 귀화한 외래어"，即随着社会发展，旧事物消失，新事物涌现，为了适应当下时代所创造出来的过去没有的词语。经常观看韩国综艺的话，可以发现他们的新造词语有一个特点，即绝大部分都是以缩略语（줄임말）的形式表现出来，也就是将单词部分缩写，如"사이"缩略为"새"；又或是将几个单词缩略为一个单词，如"지방 자치 제도"缩略为"지자제"。

【例1】

原文：노잼이에요

译文：没有意思呢

"노잼"是一个新造词语，由노（英语No）和잼（재미있다）组成，意思是无趣，没意思。字幕组将其直接按照字面意思直译了过来，但是笔者认为，如果翻译成"No意思"可能会添加一些趣味性。

【例2】

原文：이 표정보니 현타온듯

译文：看这表情是认清现实了

"현타"是"현실 자각 타임"，直译为"现实觉悟时间"。由于这个词在这里需要强调的不是它的缩略形式，而是它的意义，因此字幕组选择了意译的翻译方式，将其翻译为认清现实。

【例3】

原文：슬세권은 무엇을 줄인 말일까요?

译文：拖势圈是什么的缩略语？

与上一个例子不同，这个场景是在做一个缩略语问答的游戏，因此在进行字幕翻译的时候需要将它也翻译成缩略语才符合节目中的语境，让中国观众也一起参与游戏中去。

4. 敬语和平语

韩国语的语体分为敬语和平语。韩国深受儒家文化的影响，自古以来严格恪守职位高低、贵贱尊卑和长幼辈分，因此，韩国语中的敬语体系十分发达。根据场合或交谈对象的差异，使用的语体也有所差异。在综艺节目中，有时会利用其来制造笑点。例如最常见的"平语游戏"，即让年龄小的嘉宾对年龄大的嘉宾说平语。韩国是个十分注重礼仪的民族，因此当本该说敬语的弟弟或妹妹对自己说平语，甚至命令自己去做什么事的时候，前辈脸上不爽但却必须忍耐的表情总让人捧腹大笑。在这一点上，汉语和韩语差别较大，如何翻译才能让观众理解当时的语境、笑点，是一项具有挑战性的任务。

【例1】

原文：예?

译文：您说什么？

这个场景是在游戏中，姜虎东扮演的12岁儿子向扮演自己父亲的晚辈宋闵浩撒泼想要买吃的，在韩国文化中，父亲对儿子是不说敬语的，但是在游戏中，宋闵浩却对"儿子"姜虎东说了"什么？"的敬语形式"예?"，成为该集的一大笑点。虽然直接翻译成"什么？"也没有错，但是为了让中国观众理解这里的笑点，并且与后面节目中其他嘉宾捧腹大笑的场面相衔接，字幕组将其翻译为"您说什么？"，符合当时的语境，同时也符合目的论的忠实原则。

五、小结

本文通过对《新西游记》（第八季）的字幕翻译分析发现，节目中的文化负载词是翻译的一大难点，是字幕翻译工作者需要十分重视的一项任务。文化负载词翻译的准确与否对外国综艺节目在中国市场的发展有很大影响。从文中举出的例子可以看出，翻译目的论也对字幕翻译有指导作用。字幕组在进行翻译活动时，根据不同的语境选择了不同的翻译方法，增强了可读性和表现能力，使中国观众获得了愉悦的观赏体验，克服了中韩之间的语言文化差异，促进了韩国文化在中国的传播。本文对韩国综艺节目字幕翻译进行了研究与分析，希望能为广大翻译工作者提供一些参考。

参考文献

兰翔羽，2015. 对汉韩成语义同形异的探究［J］. 黑龙江生态工程职业学院学报，28（01）：145-148.

雷伟玲，周小文，2020. 目的论视角下《绿皮书》字幕中文化负载词的归化翻译［J］. 大众文艺（22）：137-138.

罗常培，2020. 语言与文化［M］. 北京：中国书籍出版社.

王道佳，2020. 目的论视角下的中国文化负载词英译研究——以《边城》为例［J］. 英语广场（36）：41-44.

望丽影，2020. 认知隐喻视角下的中医文化负载词英译研究［J］. 北京印刷学院学报，28（S2）：84-87.

修刚，朱鹏霄，2016. 中日跨文化交际视角下的翻译研究与教学［M］. 天津：南开大学出版社.

于晓杰，2021. 文化负载词的汉法翻译研究：以《西游记》三个法译本为例［J］. 法国研究（01）：25-36.

张捷，2020. 从目的论看《神探夏洛克》（第三季）的字幕翻译策略［J］. 吕梁学院学报，10（06）：16-19.

关于"习式语言"中形象比喻的 翻译策略分析

——以《习近平谈治国理政》韩译本为例

黄芳芳

（四川外国语大学 重庆 400031）

摘要：本书通过整理、对比和分析《习近平谈治国理政》韩文版中出现的部分形象比喻，寻找"习式语言"中的形象比喻的翻译特征，并分析其如何运用归化与异化的翻译策略，如何将直译、意译与归化、异化在译本中完美结合，促进中国文化在韩国的进一步传播。同时也希望通过此次研究，能为其他研究《习近平谈治国理政》翻译语言特色的学者提供一点参考和借鉴。

关键词：治国理政；形象比喻；功能对等；归化；异化

随着全球化进程不断推进，中韩两国之间的交流越来越深入，韩国更加渴望了解中国和中国的施政理念。了解中国的途径很丰富，书籍的翻译也是其中一种，特别是翻译记录国家领导人发表重要言论的书籍更是十分有意义。《习近平谈治国理政》韩文版的合作出版，满足了韩国各界人士了解中国的渴望，为他们进一步了解中国提供了素材和平台，同时也为中韩翻译的出版社合作积攒了宝贵经验，打下了强有力的基础。纵观全面来说，《习近平谈治国理政》韩文版的推出，无疑能让新时代下的中韩关系和中韩交流上一个新台阶，让韩国阅读者更加了解新时代中国的施政理念，为构筑两国交流与发展新桥梁、新平台和增添新的动力起到巨大作用。

习近平总书记在发表的重要讲话中，讲话风格鲜明，讲话内容所传达的意义深刻，许多都是百姓爱听的真心话和实话，其讲话风格和讲话方式受到了国内外各界人士的喜爱。习近平总书记在他的讲话中灵活运用形象比喻，常常用简单直白的话语来解答民众的疑惑；还灵活运用中华优秀传统文化中的诗文古语，将施政理念和问题的要点简洁明了地提出来，以这种智慧的方式展现出了其与众不同的讲话风格以及领导魅力。《习近平谈治国理政》中灵活运用了大量的形象比喻，在对外传播时，应该运用什么样的翻译策略？是归化策略还是异化策略？应该怎样翻译才能尽可能地保留中国文化内容，讲好中国故事，让韩国的读者真正了解中国文化的思想？本文以尤金·奈达的功能对等理论为核心理论进行翻译指导，同时结合归化与异化、直译与意译的翻译策略。

一、尤金·奈达的功能对等理论

功能对等强调的是不要进行生硬刻板地翻译，不要将文字逐字逐句地进行翻译，要让两种语言文字在功能上实现对等。从奈达的理论中我们可以看出，翻译应该是用最恰当的、最流畅的和意思最贴近的语言，从单词、词组到整个句子和文本都能够完整地再现源语的信息。词汇表层的意思和文本所蕴含的文化内涵都是翻译所应传达的内容。"功能对等"就要要求在词汇方面、在句法方面、在篇章方面、在文体方面实现对等。奈达指出，在这四个方面中，意义应当是首位，然后才是形式。因为在进行文化交流时，如果太过于注重形式很容易掩盖源文本中所蕴含的文化因素，从而对交流产生阻碍。因此，译者在进行翻译时，应该以奈达的理论为指导，遵循"功能对等"原则，将源文文本的文化内涵在译入语文本中体现出来。此次分析《习近平谈治国理政》中习近平使用的形象比喻的例子时，应该着重遵循词汇对等的原则来分析，同时兼顾其意义传达。

二、归化与异化

归化和异化是美国著名翻译理论学家劳伦斯·韦努蒂（Lawrence Venuti）于1995年在其作品《译者的隐身》（The Translator's Invisibility）中提出来的。归化指的是在进行文本翻译时，要围绕目的语国家的语言表达方式和特征以及该译文文本的读者，用译入语国家的读者能够接受的常用正确表达方式来进行文本内容的翻译，以此来进行信息和文化的传达。这种翻译方式要求译者站在读者的角度，贴近读者，只有将文本翻译成准确地道的目的语文本语言，才能够实现译者和读者之间的交流。这种方式能够帮助读者更好地理解原文所要传达的信息，让译文文本的可读性和可欣赏性进一步加强。异化就是译者在进行文本翻译时，尽可能地按照作者的表达来进行，尽量去贴近作者。在翻译时如果能够按照译出语的表达方式并遵循其语言特点，采用与源语言相适应的表达方式，才能够好地传达文本所蕴含的信息。同时这种异化的翻译策略也体现了译者在翻译时应该考虑到文化的多样性和差异性，尽量从源语文化的角度出发，保留源语民族的显著特征和独特的语言风格，这样才能让读者在阅读文本时体会到不一样的文化气息和异国风情。

在一些对翻译了解得不够全面的人看来，归化和异化就是意译和直译，但事实不然。在语言的层面上去处理好句子的形式和其所包含的意义是意译和直译所关注的重点，而真正突破语言阻碍将重点放到文化和美学等层面的是归化和异化。总的来说，归化是将源语作者带入到目的语文化中去，充分实现源文本的本地化，让译文读者用自己熟悉的概念和方式去理解源文本所要传达的内容和意义，实现异曲同工之妙，而异化就是需要译者在真正地感知源语文化和接受语言之间的差异的条件下，自然地将译文读者带入源语文本所描绘的真实情境中去。不难看出，意译与直译、归化与异化的侧重点是不同的，一个仅仅是在语言层面，一个是在文化层面，两者是有区别的，两者不能说完全等同。

还有一些学者认为，选定了一种翻译策略就要一以贯之，两者不可以穿插使用。从实际来看，这种看法是有失偏颇的。因为在翻译的过程中，译者不仅要考虑到源文文本所蕴含的文化因素和源语的信息传达，还要兼顾译文读者对文本的理解是否到位，阅读是否流畅。鉴于以上这些因素，译者是不能也无法只采取一种翻译策略的，只有在选择翻译策略时取长补短才能做到真正好的翻译，避免顾此失彼现象的发生。

总而言之，译者在翻译文本的过程中，对于归化和异化的选择是始终无法避免的。译者只能在翻译之前，先确定好译文是要和作者贴近一些还是和读者更贴近一些，如何拿捏这个度就靠译者的水平了。但是，无论是贴近读者还是贴近作者，都不能只顾一边，要兼顾二者。同时还要牢记在处理语言形式时要倾向选择归化策略，在处理文化因素时倾向选择异化策略。只有这样才能让二者扬长避短，共同发挥优势，形成一种辩证统一的关系。

三、《习近平谈治国理政》中形象比喻的翻译策略分析

打比方是指将具有相同或者相似性质及意义的两种事物进行对比替换，将复杂难懂的事物转化成简单易理解的事物，这样做不仅能让语言更加形象生动，还能让读者更好地理解。形象比喻也是如此。习近平总书记在讲话中通过利用大量的形象比喻以及大量用典，各种成语、诗词古文、谚语等来讲故事，阐释深刻的道理。

例如有表示做事态度的"坚定不移""兢兢业业"，也有表达对团结统一期盼的"团结一致""众志成城"。还有在强调艺术应该立足于历史和现在，不要忘记本来才能获得超越和创新并站稳脚跟时，用到了南北朝庾信《徵调曲》中的"落其实者思其树，饮其流者怀其源"。更有在提到净化政治生态时用的"浇风易渐，淳化难归"，这句话出自唐代王勃的《上刘右相书》，习近平总书记意在强调净化政治应该一步一步来，如同修复自然生态一般，不可操之过急，要全方位考虑施策，多方面共同推进，不可能一步登天。在翻译时，如果能对这些内容有更深入的了解，进行正确的翻译，可以助力中国文化更好地走出国门，被他国读者所了解和理解。下文从尤金·奈达的功能对等理论出发，结合归化与异化的翻译策略来进行形象比喻方面的讨论，希望能有助于进一步了解中国文化、掌握翻译策略，促进中国文化和习近平治国理政思想的对外传播。

【例1】

原文：要完善反恐工作体系，加强反恐国际合作，筑起铜墙铁壁，对暴力恐怖活动发现一起、打掉一起。

译文：반테로 사업체계를 보완하고 반테로국제협력을 강화하여 폭력테로활동이 드러나는 족족 진압해버림으로써 반테로의 철옹성을 쌓아나가야 합니다.

分析："铜墙铁壁"一词指的是坚硬牢固、不可攻破的城墙；后引申为态度强硬、坚决或者所有人和群体团结一致。这里的"铜墙铁壁"是指代前面所说的"反恐工作体系"和"反恐国际合作"，而"筑起的铜墙铁壁"就是用来打击暴力恐怖活动的，以此来比喻反恐工作的态度和力度应该坚决有力，反恐国际合作应该团结一致。由于前面已经进行了解释说明，因此译者在翻译"筑起铜墙铁壁"时采用了直译策略，不妨碍读者理解原意。这也是一种词汇对等的、异化的翻译策略。

【例2】

原文：当前，医药卫生体制改革已进入深水区，到了啃硬骨头的攻坚期。

译文：현재 의약위생체계개혁은 심층단계에 진입하였고 난제를 풀어 나가야 하는 난관돌파의 시기에 들어섰습니다.

分析："深水区"本指水域深度水面与水底差值高于一定的值，与浅水区形成对比。"进入深水区"可以用来比喻一件事情已经到了重点时期或者指从表面已经到了内部。文中说医药卫生体制改革已经进入深水区，其就是说改革已经进入了重点阶段。在进行"深水区"一词的翻译时，译者没有直接翻译成"깊은 물 구역"，而是用了意译和归化的翻译策略，翻译成"심층단계에 진입하다"，即进入深层阶段，这样更有利于韩国读者理解，毕竟韩语里的"深水区"就只是表达其字面意思，没有引申义。而后面的"硬骨头"，本指某种动物的骨头很硬，后被引申为事情很难解决、很费脑筋或者指拥有十分坚忍顽强精神、不服输的人，所以这里用"硬骨头"来比喻即将面对和需要被解决的艰难任务，也就是所谓的攻坚期。此处也是采取意译和归化，翻译成"난제를 풀어 나가야 하는 난관돌파의 시기에 들어서다"，并没有直译"啃硬骨头"，而是翻译其引申义。

【例3】

原文：要用好课堂教学这个主渠道，思想政治理论课要坚持在改进中加强，提升思想政治教育亲和力和针对性，满足学生成长发展需求和期待，其他各门课都要守好一段渠、种好责任田。

译文：교실수업이라는 주요경로를 충분히 활용하여 사상정치리론강의를 끊임없이 개진, 강화하고 사상정치교육의 친화력과 목적성을 높이며 성장과 발전에 대한 학생들의 수요와 기대를 충족시키는 한편 기타 각 과목도 본연의 역할과 책임을 다하도록 함으로써 각 부류의 교과목을 사상정치리론과목과 병진시켜 시너지효과를 내도록 해야 합니다.

分析："守好一段渠、种好责任田"，原是指在进行农耕活动时，每个人都应守好自己的沟渠，种好自己所负责的田地。此处指的是其他各门课在进行课堂教学时应该从本学科的特点出发，发挥学科本身的优势，将思想政治理论融入其中，用满足学生成长需求和期待的方式，为思想政治理论建设贡献一份力，树立起责任感。此处的"守好一段渠、种好责任田"并没有把"渠"和"田"直译出来，而是用"本来的作用和责任"来代替，采取了意译的翻译策略，简单易懂，让出生于不同时代和不同农业文明的读者都能明白。

【例4】

原文：只有尊重自然规律，才能有效防止在开发利用自然上走弯路。

译文：자연법칙을 존중해야만 자연을 개발하고 리용하는 데서의 시행착오를 효과적으로 방지할 수 있습니다.

分析："走弯路"本义是指没走正确的路而耽误进程。文中的"走弯路"是指在开发和利用自然时，如果不想要走上错误的道路或者造成无法挽回的后果，只有怀着尊重自然规律的态度，才能向正确的道路前进，才能不影响发展进程。译者在翻译时也是在理解原文的基础上，采用了意译的翻译策略，因为所谓的"走弯路"就是"犯错"，因此翻译时译成"시행착오"，意思是"反复地试错"。

【例5】

原文：把握深化国防和军队改革的指导思想，关键是要抓住党在新形势下的强军目标这个"牛鼻子"，坚持用目标审视、引领、推进改革。

译文：국방 및 군대 개혁의 심화에 관한 지도사상을 파악함에 있어 관건은 새로운 정세에서의 당의 강군목표라는 이 '소코뚜레'를 틀어쥐고 강군목표로 개혁을 통찰하고 인도하고 추진하는 것입니다.

分析："소코뚜레"意为牛的鼻子，在中文表达里一般将其用来指代事物的要害或关键。而"抓住牛鼻子"说的就是把握事情的要害或关键，文中便是用"牛鼻子"来指代强军目标。译者在翻译时将"抓住牛鼻子"采用直译的策略翻译，即"소코뚜레를 틀어쥐다"。笔者不确定韩国语中是否有将"牛鼻子"看作事物关键的意思，此种指代方式的直译是否能让韩国读者理解，有待讨论。

【例6】

原文：要优化军民融合发展的制度环境，坚决拆壁垒、破坚冰、去门槛，加快调整完善市场准入制度，从政策导向上鼓励更多符合条件的企业、人才、技术、资本、服务等在军民融合发展上有更大的作为。

译文：단호하게 장벽을 허물고 얼음을 깨고 문턱을 낮추는 등 시장접근제도를 서둘러 조정, 보완하여 정책적 차원에서 조건에 부합되는 보다 많은 기업, 인재, 기술, 자본, 서비스 등이 군민융합발전을 위해 더 큰 기여를 하도록 권장하고 유도해야 합니다.

分析：在中文里"壁垒"是指古代战场中用来抵御敌人攻击与偷袭而垒的城墙，

现在引申为行业的入门标准或者一种保护性政策，有时还指对立的两个事物或界限；"坚冰"喻积过成祸，困难重重，出自《易·坤》；"门槛"是旧时门的一部分，是门框底部的木板，用来隔绝房间内部和外界环境，现比喻处理事情过程中遇到的困难之处或达成某件事需要达到的要求。因此"拆壁垒"便是比喻取消对立和消除隔阂，"破坚冰"便是比喻消除和解决在军民融合发展的过程中遇到的困难和积攒已久的老问题，"去门槛"便是指解决军民融合过程中的一些难处。此处采取了直译的翻译策略，将"拆壁垒""破坚冰""去门槛"分别译成"장벽을 허물다""얼음을 깨다""문턱을 낮추다"，保留了中文的文化内容，也和韩文对应，读者能够理解，是为恰当。

【例7】

原文：各地区部门要把思想和行动统一到党中央决策部署上来，强化使命担当，敢于涉险滩、动奶酪、敢于破难题、闯难关、敢于趟路子、辟新径，加强组织管理、政策规划、重大改革、基础建设、试点示范等方面的统筹力度，协调解决跨部门、跨领域、跨区域重大问题，推动工作取得实效。

译文：각 지역과 각 부문에서는 사상과 행동을 당중앙의 결책 및 초치와 일치시키고 사명감과 책임감을 강화하여 과감히 위험에 도전하고 기득권익에 칼을 대며 난제를 풀고 난관을 뚫으며 새로운 길을 모색하고 개척해나가야 하며 조직관리, 정책계획, 중대한 개혁, 기초건설, 시험 및 시범 등 방면에 대한 통일적인 계획을 강화하고 여러 부문, 여러 지역과 관련되는 중대한 문제들을 조률하고 해결하여 사업에서 실효를 거두도록 추진해야 합니다.

分析："险滩"原指江河中水流湍急，礁石密布，航道狭窄曲折，航行困难的地方，习近平总书记的讲话中用"涉险滩"来指代接触危险的事物或者不利的情况；"奶酪"原指的是一种发酵的牛奶制品，后来被人们延伸为利益、有利的东西，而"动奶酪"便有损害利益的意思；"趟路子"是指探路，"辟新径"按照字面意思是指重新开一条路，常用来比喻想新的办法、走新的风格或者进行新的尝试，二者皆有创新和寻找新方法的意思。译文中将"涉险滩""动奶酪"译为"위험에 도전하고 기득권익에 칼을 대다"，此处采用了意译的翻译策略，用归化的方式向韩国读者明确表达其引申义，也表现出了统一思想和行动以及强化使命担当的任务之重和困难重重。后面的"趟路子""辟新径"则是采用了直译的翻译策略，由于韩文中也有此种说法，读者理解起来不难。

四、结语

《习近平谈治国理政》韩文版的发行向韩国民众普及了当今中国的治国理政方针及策略，有助于国际社会更为准确地了解中国的发展动向和发展态度。这不仅提升了中国在国际社会上的话语权，也有利于更好地传播中国文化，建立大国形象。通过研究发现，韩译本在对"习式语言"中的形象比喻进行翻译时，灵活采用了归化与异化的翻译策略，将意译与直译有机地结合，通过此种翻译策略，尽可能地避免阅读者因文化差异而产生误解或理解障碍。韩文版在翻译时不是为了翻译而翻译，不一味地使用一种翻译策略。在进行直译时，充分考虑了上下文是否有对相应的形象比喻做铺垫及解释，或者韩国语中是否有相同的表达，如果没有的话，强行进行直译，反而会使读者理解不了。对形象比喻进行意译，将其包含的意义用韩国语准确地表述是关键，只有这样才能帮助读者打破文化隔阂，促进中国文化进行更好地、更有效地传播。

参考文献

蔡竞，2021. 《习近平谈治国理政》第三卷中的用典［N］. 四川政协报，2021-01-21（004）.

郭璐璐，范旭，2021. 政论文献用典英译的异化策略与中国英语——以《习近平谈治国理政》英译本为例［J］. 辽宁工业大学学报（社会科学版），23（01）：72-75.

齐珂悦，陈杨，杨复正，2021. 习近平用典英译策略研究［J］. 公关世界（04）：57-58.

许均，穆雷，2009. 翻译学概论［M］. 南京：译林出版社.

习近平，2017. 习近平谈治国理政（第二卷）［M］. 北京：北京民族出版社.

습근평，2018.습근평 국정운영을 론함（제2권）［M］.북경：민족출판사.

功能对等理论在古诗词中的运用

——以《习近平谈治国理政（第一卷）》韩译本为例

王 倩

（四川外国语大学 重庆 400031）

摘要：《习近平谈治国理政（第一卷）》全面系统地回答了新时代条件下中国政治、经济、文化等方面的现实问题，为国际社会了解中国打开了一扇重要的窗口。通过阅读这本书，各国的读者可以更加客观地看待当代中国的建设和发展。《习近平谈治国理政（第一卷）》大量引用中国诗词典故，其诗词典故的翻译质量直接影响到外国读者对我国新时代新政策的理解。要想讲好中国故事，传播好中国声音，精准译文的作用不可小觑。本文选取了《习近平谈治国理政（第一卷）》韩译本中的诗词典故翻译为研究对象，以尤金·奈达的功能对等理论为指导思想，研究译者在翻译此书时采用了功能理论中的何种具体翻译方法和技巧来实现诗词典故的翻译，以及怎样达到传递原文内涵的作用。本文对《习近平谈治国理政（第一卷）》中的诗歌典故的语言形式以及翻译技巧进行了简单阐述，并按照翻译方法对其进行分类，结合功能对等理论对例子进行了分析。

关键词：《习近平谈治国理政（第一卷）》；功能对等理论；诗词典故；中译韩

一、研究背景和意义

随着近年来中国国际地位的不断提高，国际社会对中国的认可度不断增强，让中国文化走出国门，讲好中国故事，传播好中国声音是我们作为翻译人员肩负的责任和使命。

《习近平谈治国理政（第一卷）》一书语言风格简练、清新质朴，实例鲜活生动、中外并举，蕴含了习近平主席深厚的文化修养和真挚的为民情怀。该书一个重要的语言特色就是运用了大量的诗词古典来论事说理，言简意赅，起到画龙点睛的作用，产生了很好的效果。

二、功能对等理论

"功能对等理论"由美国语言学家尤金·奈达（Eugene Nida）提出，奈达理论的焦点观点是"功能对等"。"所谓'功能对等'，就是说翻译时不要求文字表面的死板对应，而要在两种语言间达成功能上的对等。"①《习近平谈治国理政（第一卷）》一书中出现的诗词典故大多数出自中国古代或现代，在翻译时无法真正实现形式上的完全对等，只能靠译者去充分理解源语的含义之后，再改变其表现形式，翻译出诗词真正想传达的深刻含义，使读者充分理解其目的语所传达出的意义。在功能对等理论中，奈达指出"翻译是用最恰当、自然和对等的语言从语义到文体再现源语的信息，奈达有关翻译的定义指明翻译不仅是词汇意义上的对等还包括语义、风格和文体的对等，翻译传达的信息既有表层词汇信息也有深层的文化信息"②。"动态对等"中的对等包括四个方面：词汇对等、句法对等、篇章对等、文体对等。在这四个方面中，奈达认为"意义是最重要的，形式其次"③。因此，在古典诗词翻译中，根据奈达的理论，译者应以动态对等的四个方面作为翻译的原则准确地在目的语中再现源语的文化内涵。

因此，对诗词的翻译决不能是源语内容与形式的照搬，《习近平谈治国理政（第一卷）》中的诗词翻译是在两国文化差异之上去寻找最佳"结合点"，完整且完美地呈现中国诗词的优美，表达其言外之意。

三、功能对等理论在古诗词翻译中的运用

（一）诗词的特点

中国是一个充满诗意的国度，浩瀚的汉语诗词都是用文字表现的形象思维，是兼有音韵美、意境美和形态美为一体的文学体裁。那些脍炙人口的名篇佳句，是我们中华民族的璀璨瑰宝，更是存在于中国人骨子里的诗意，每每吟诵起这些耳熟能详的诗句总能引发共鸣。如何将这些名篇佳句翻译成韩语，让没有汉语基础的外国朋友也能感受到汉语诗句的魅力，由此引发内心深处的情感共鸣，是衡量一个翻译作品成功与否的重要标志。

"诗词是高度集中地概括反映社会生活的一种文学体裁，它饱含着作者的思想感情与丰富的想象，语言凝练而形象性强，具有鲜明的节奏，和谐的音韵，富于音乐

---

① 李宏亮：《商务英语翻译》，北京：对外经济贸易大学出版社，2010年，第58页。
② 孔建益、陈奎生：《应用型人才培养教学理论与实践探索》，武汉：湖北人民出版社，2008年，第72页。
③ 李宏亮：《商务英语翻译》，北京：对外经济贸易大学出版社，2010年，第103页。

美，语句一般分行排列，注重结构形式的美。"①

诗词有以下几个基本特点：第一，高度集中、概括地反映生活；第二，抒情言志，饱含丰富的思想感情；第三，丰富的想象、联想和幻想；第四，语言具有音乐美。

（二）功能对等理论在诗词中的具体运用

功能对等理论为翻译研究提供了新的视角，也使得汉语古诗词成功地翻译成韩文并被韩国、朝鲜友人接受成为可能。功能对等理论在一个新的学术维度上扩展了翻译理论的空间，丰富并构造了翻译学上的新的理论形态。对等理论对于汉语古诗文韩译的作用是十分明显的，它能够指导译者在忠实于原作意义的基础上，按照目的语受众的理解和文化习惯准确地传达出来，让目的语受众能切实感受到源语中的中国文化底蕴。对等理论既可以指导译者成功地走进汉语古诗文，很好地体会和理解透源语中的意境、诗境、韵味，同时又能够指导译者，不受源语文化的过多影响，拨开重重迷雾，将源语的信息不折不扣地传达给目的语受众。这就是对对等理论的娴熟运用，是各种方法相互合理作用的结果。

1. 减译让句子表达更简洁有力

减译是指翻译时减掉汉语古诗文中的无关紧要、对原文意思不起作用的词语或者成分。减是总体上去掉源语中读者不需要知道的信息内容，有时会去掉源语中的多余成分或累赘，在减译中表现为对源语的必然取舍。减译目的在于以小见大，让更加有用信息的价值充分展现给读者，使目的语表达得更简洁有说服力。译者往往减去的只是源语中的某些字词而已，决不能改变源语的意思。目的语中即使没有这个词，但整个句子仍包含了该词意义，不影响读者对源语的理解。

【例1】

原文：物必先腐，而后虫生。

译文：물건이 썩으면 벌레가 생긴다.

此句出自苏轼《论项羽范增》中"物必先腐也，而后虫生之；人必先疑也，而后谗入之"。这句话的意思是"物体必然是自己先腐烂，然后里面才生虫子；人必然是自己先对别人产生疑心，然后才会听进谗言"。②原句中"先"和"后"并没有在译文中译出，而是用"면"表达了后句结果产生的前提条件，读者一看便知何意，在不影响源语意思表达的同时，使句子表达更加的简洁有力，和源语清新简洁风格一致。

【例2】

原文：一勤天下无难事。

---

① 丁怀正、林丽梅：《教材动态全解·八年级语文·上·语文版》，长春：东北师范大学出版社，2009年，第44页。

② 罗易、黄永光：《中国名言佳句作文应用手册》，广东人民出版社，1997年，第57页。

译文：부지런하면 천하에 어려운 일이 없다.

此句出自钱德苍《解人颐·勤懒歌》"一勤天下无难事，百忍堂中有太和"①。释义为"只要勤快，天下没有办不成功的事情；学会忍让，家中就有和气、平安。"不难看出，源语中"一勤天下无难事"中的"一"是指"一旦"，这个"一旦"作为连词在译文"부지런하면 천하에 어려운 일이 없다"中并没有译出，而是将此句译成条件从句，"如果勤劳的话，天下则没有困难的事"。译文在内容上及其结构上完整，并不会影响读者对目的语的理解。

2. 增译让句子成分更加完整

增译是为了使译文更有利于被理解和接受，根据需要补充添加源语文本中隐含的字词。根据诗文上下的意思，通过增加解释补充的内容以达到译文与原文内容相符。翻译时不受源语词语表面语义的限制，不拘泥于源语句子的结构，用不同于源语的表达方式，把源语意思通过解释性语言补充完整后表达出来。

【例3】

原文：从善如登，从恶如崩。

译文：선한 것을 따르기는 높은 산을 오르듯이 어려우나 악한 것을 따르기는 산이 무너지듯이 순식간이다.

此句出自《国语·周语下》，意思是"学习好的东西就像攀登高山一样困难，学习坏的东西就像山崩一样容易"。原语中并没有"山"这一词，而在译文中，译者将"높은 산을"译出，使译文句子内容更加完整，完整的表达了源语的意思，也给了目的语读者创造了一个词的意境；原文中的"崩"字，译者将其译为"무너지듯이 순식간이다"，其增译内容"순식간이다"表达出了山崩塌之势的迅速，如同一幅画一样形象的将山崩之势展现在了读者面前。通过这种增译方法，完整且形象地体现了源语的意境，做到了内容表现上的完美、形式上对照的一致。

【例4】

原文：天行健，君子以自强不息。

译文：하늘의 운행은 굳세고 힘차니 군자는 그것을 본받아 스스로 강건해지고 끊임없이 애쓴다.

此句出自周文王姬昌的《周易》中的千古佳句："天行健，君子以自强不息，地势坤，君子以厚德载物。"②其意思是"君子法上天刚健、运转不息之象，而自强不息，进德修业，永不停止"③。译文中采用增译，将"君子는 그것을 본받아"译出，将"君子在效仿上天"这层意思表达了出来。诗词翻译本应做到的就是将源语的意思充分理解后，再将其意思传递给读者，此句源语在理解上并不容易，译者用简单几字就将其源语的逻辑关系充分展现出来，"君子在效仿上天的基础上自立自强"，这层

---

① 苗禾鸣、潘恩群：《中华经典诗文诵读》，山东教育出版社，2014年，第66页。
② 金潜星：《悦读国学》，北京：中国国际广播出版社，2011年，第93页。
③ 步根海：《时文阅读·高一（上）·最新版》，上海：上海教育出版社，2011年，第107页。

意思让目的语读者进一步体会到源语的意思，感受到源语的思想感情，也使目的语内容更加丰富有逻辑。

3. 词汇、句法对等实现目的语的意境还原

诗，又称诗歌，是一种用高度凝练的语言，是一种抒情言志的文学体裁。对诗歌的翻译要考虑到意象、意境、音律等，才能译出中国诗歌的精髓，如果不能实现一一对等，则采用意译或是编译也可以说是一种明智的翻译方法。意义是最为重要的，形式则为次之。由于自古以来中西方文化本身就存在着许多差异，在翻译的过程中不仅需要保持与原文意义的对等，并且需要尽量贴近目的语读者的生活，实现翻译本地化，让外国友人也能感同身受、引发共鸣。

【例5】

原文：千磨万击还坚劲，任尔东西南北风。

译文：천번 깎이고 만번 부딪쳐도 여전히 굳건하거늘 동서남북으로 바람이 불어와도 끄떡하지 않을 것입니다.

此诗句出自见郑《竹石》中的"咬定青山不放松，立根原在破岩中。千磨万击还坚劲，任尔东西南北风"[1]。诗句大意为"竹子抓住青山一点也不放松，它的根牢牢地扎在岩石缝中。经历无数磨难和打击身骨仍坚劲，任凭你刮酷暑的东南风，还是严冬的西北风"[2]。源语中"千磨万击"对应目的语中的"천번 깎이고 만번 부딪쳐도"，"东西南北风"则对应了"동서남북으로 바람이"，实现了目的语与源语在意象和意境构建上的对应，将中韩两国人民在文化上都能理解和接受的意象直译出来，目的语后部分添译了源语中没有表达但暗含的一种作者情感，用"끄떡하지 않을 것이다"将源语中"竹子不屈服的精神"体现了出来，简单一句将作者的言外之意表达得淋漓尽致，颇有意味。

【例6】

原文：宝剑锋从磨砺出，梅花香自苦寒来。

译文：보검은 갈아야 날이 서고 매화는 추위를 겪고 나서야 향기를 풍긴다.

此句出自《警世贤文》之勤奋篇，《警世贤文》是先辈总结出来的为人处世教诲，意思是"宝剑的锐利刀锋是从不断的磨砺中得到的，梅花香味来自它度过了寒冷的冬季"。源语句中意象"宝剑"对应目的语中的"보검"，"梅花"对应"매화"，"磨砺出"则用"갈아야 날이 서고"巧妙译出，"香自苦寒来"则译为"추위를 겪고 나서야 향기를 풍긴다"，主谓对应一致，此译句在内容、形式与结构上都达到了高度的还原，用与之能够对应之物将其意象一一译出，构造出诗句所要表达的意境，也传达了源语蕴含的意义。

【例7】

原文：功崇惟志，业广惟勤。

---

[1] 庄恩岳：《成功的每日智慧》，北京：中国财政经济出版社，2001年，第136页。
[2] 周也：《品读语文四年级》，南京：南京大学出版社，2012年，第87页。

译文：공적이 높은 것은 뜻이 컸기 때문이고 업적이 큰 것은 부지런했기 때문입니다.

此句出自《尚书·周书·周官》，意思是"取得伟大的功业，是由于有伟大的志向；完成伟大的功业，在于辛勤不懈地工作"。目的语中"공적이 높은 것은"对应"功崇"二字，"업적이 큰 것은"对应"业广"二字，均采用名词化形式将源语中的名次译出，词性一致，结构对应。源语中名词"志"和"勤"则译为"뜻이 컸다"和"부지런했다"，译者未采用名词与目的语对应，使用词组和形容词使其目的语前后结构呼应，在结构上处理十分巧妙。

4. 意义对等充分表达诗词内涵

在诗句翻译实践过程中，译者时常只采用单一的词汇对等、结构对等手段并不能解决问题，需要译者根据具体情况来综合运用功能对等的各种手段，对源语进行综合处理，使目的语意义与原文意义高度一致。

【例8】

原文：老吾老，以及人之老，幼吾幼，以及人之幼。

译文：내 집 어른도 잘 모시고 남의 집 어른도 공경하며 내 집 아이도 사랑하고 남의 집 아이도 귀여워해야 한다.

此句出自《孟子·梁惠王上》，意思是"在赡养孝敬自己的长辈时不应忘记其他与自己没有亲缘关系的老人。在抚养教育自己的小孩时不应忘记其他与自己没有血缘关系的小孩"[①]。不难看出此句源语结构较为复杂，简单几字背后蕴含的道理确是十分深厚，译者想要翻译好这句话背后的真正意义，传递出孟子的思想精髓，只能采取"得意忘形"的翻译方法。先充分理解其源语的意义，再采用忘记源语结构与篇幅的情况下去重组目的语。因此译文的翻译在词汇、词性、内容或结构上并没有做到完全对等，但是在意义的传达上做到了几乎完美，精准地表达了此句想传达给读者的儒家思想。讲好中国故事，传递中华文化，诗词背后蕴含的意义是最为重要的。

【例9】

原文：骐骥一跃，不能十步；驽马十驾，功在不舍。锲而舍之，朽木不折；锲而不舍，金石可镂。

译文：기기일약, 불능십보, 노마십가, 공재불사, 계이사지, 후목불절, 계이불사, 금석가루. (이는 준마라 하더라도 한폭에 열걸음을 뛸 수는 없고 둔한 말일지라도 열흘 동안 달리면 멀리 갈 수 있으면 조각을 함에 있어서 하다가 멈추면 썩은 나무도 자르지 못하나 중도에 포기하지 않으면 쇠와 돌도 투각할 수가 있다는 것을 의미한다.)

此句出自荀子的《劝学》，句子意思为"骏马一跃，也不会达到十步；劣马跑十天，也能跑得很远；雕刻东西，如果刻了一下就放下，朽木也不会刻断；如果不停刻

――――――――

① 韩清林：《中华十德与国学·小学三年级·上》，石家庄：河北人民出版社，2014年，第67页。

下去，金属和石头都可以雕空"①。此句在书中的翻译大致采用了直译与意译两种方法，直译则是采用汉字词将其译出，但对源语意思的理解上则效果不大，于是作者再用意译的方法译出了源语背后所蕴含的丰富哲学道理。如果此句只采用直译，目的语读者无法理解其意义，但如果只采用意译，则又丢失了源语的音韵美和四字词反复使用的结构美。因此两种方法结合翻译着实让人看之颇为快哉，拍手叫绝。

四、总结

通过对《习近平谈治国理政》韩译版中诗词典故的分析和研究，本文得出以下结论：

（1）从尤金·奈达（Eugene Nida）的功能对等视角来看，通过增加主语、解释、背景信息和修饰词，达到词汇对等、句法对等、篇章对等、文体对等，综合运用了多种翻译方法来达到传递译文意义的目的。韩译文在很大程度上传达了原文中诗词典故的内涵，进而使目的语读者能进一步了解习近平主席的治国理政思想，进一步了解中国的文化，译文中的诗词典故基本达到了其在原文中同等的功能。

（2）《习近平谈治国理政（第一卷）》中典故大多为中国古诗词，译文十分侧重于适当地增加成分来尽可能保留原文的风格特点。因此，这样的翻译能够更好地满足目的语读者对于语言和文化的要求，从文化传播角度来看，这有利于中国古诗词文化更好地走向世界，让外国友人通过古诗词的魅力更加了解中国文化。

参考文献

黄友义，2018. 译好鸿篇巨制讲好中国故事——通过翻译《习近平谈治国理政》英文版体会中国国际话语体系建构［J］. 中国政协，14：61-64.

李语桐，2015. 从德国功能派翻译理论角度评析《习近平谈治国理政》英译本［D］. 北京：北京外国语大学.

王立群，2018. 典故的意义——《平"语"近人——习近平总书记用典》观后［N］. 人民日报海外版，2018-10-15（7）.

王佐良，1984. 翻译中的文化比较［J］. 中国翻译.

许峰，陈丹，殷甘霖，2012. 外宣翻译的传播模式与古诗词翻译策略-以温家宝总理"两会"记者招待会为例［J］. 中国地质大学学报（社会科学版），5：81-85.

原淼，2019. 《习近平谈治国理政》语言风格及其英译研究［D］. 南宁广西大学.

赵祥云，2017. 新形势下的中央文献翻译策略研究-以《习近平谈治国理政》英译为例［J］. 西安外国语大学学报，3：89-93.

周思瑜，曹琴琴，2019. 从归化异化角度探讨典籍翻译-以《习近平用典》为例［J］. 文化创新比较研究，21：31-33.

---

① 焦国成：《时代美德 一字经勤》，天津：天津人民出版社，2012年，第137页。

文言文的韩译翻译策略及技巧研究

——以《习近平谈治国理政（第二卷）》韩译本为例

吴嘉敏

（四川外国语大学 重庆 400031）

摘要：《习近平谈治国理政（第二卷）》中，习近平总书记运用了大量的文言文，体现了独特的语言风格。文言文是中国古代的一种书面语言组成的文章，其特征是注重典故、骈骊对仗、音律工整，包含策、诗、词、曲、八股、骈文等多种文体。本文旨在浅析《习近平谈治国理政（第二卷）》中韩对照译本中文言文的韩译策略及技巧，旨在发现在翻译文言文时应该注意的一些问题及应借鉴的处理方法，以期对将来的文言文体裁翻译产生理论指导作用和现实借鉴意义。

关键词：文言文；习近平谈治国理政；翻译策略；翻译技巧

一、绪论

著名语言文学家、教育家王力先生在《古代汉语》中指出："文言是指以先秦口语为基础而形成的上古汉语书面语言以及后来历代作家仿古的作品中的语言。"文言文，也就是用文言写成的文章，即上古的文言作品以及历代模仿它的作品。文言文作为一种定型化的书面语言，沿用了两三千年，从先秦诸子、两汉辞赋、史传散文，到唐宋古文、明清八股，都属于文言文的范围。也就是说，文言文是中国古代的书面语言，是现代汉语的源头。文言文中多用单音节词，双音节和多音节词较少，现代汉语则偏好用双音节词。而且文言文多省略，如省略主语、宾语、谓语的情况比比皆是。由于历代名家注重锤炼语言，追求微言大义，所以文言文较现代汉语来说更为严密简洁，语序变化较大，一词多义现象较多。因此，文言文韩译和现代汉语韩译的策略是不一样的。

《习近平谈治国理政（第二卷）》收入的是习近平总书记在2014年8月18日至2017年9月29日期间的重要著作，共有讲话、谈话、演讲、批示、贺电等99篇。在治国理政新的实践中，以习近平总书记为主要代表的中国共产党人，顺应时代发展，从理论和实践结合的角度系统回答了新时代坚持和发展什么样的中国特色社会主义、怎样坚持和发展中国特色社会主义等重大时代课题，创立了习近平新时代中国特色社会主义思想，为决胜全面建成小康社会、夺取新时代中国特色社会主义伟大胜利、实现中华民族伟大复兴的中国梦、实现人民对美好生活的向往提供了行动指南，也为推动构建人类命运共同体、促进人类和平与发展事业贡献了中国智慧和中国方案。习近平总书记在阐述新时代中国特色社会主义思想时，多处引用了文言文，不仅充分展示了中国的传统文化，推动中国文化的对外传播，有助于大力提升我国的文化自信，还能使海内外读者能更简洁明了地了解中国最新的发展状况。

本文选择《习近平谈治国理政（第二卷）》这一著作的翻译作为研究对象，通过研究本书文言文内容的韩译，分析其使用的翻译策略和翻译技巧，希望对文言文翻译工作有所帮助。

二、《习近平谈治国理政（第二卷）》中文言文的翻译策略

在翻译过程中，翻译工作者采用的翻译策略是多种多样的，但可以大致分为两大类：一类是归化式翻译策略，一类是异化式翻译策略。前者的目的在于"征服"源语文化，试图从内容到形式将源文本"本地化"，使目标文本读起来像译入语中的原创作品一样；后者则相反，其目的在于"译介"源语文化，试图从内容到形式将源文本"原封不动"地搬入译入语，使目标文本读起来像源语作品一样。

归化与异化的概念是美国学者劳伦斯·韦努蒂（Lawrence Venuti）在1995年所著的《译者的隐身》（*The Translator's Invisibility*）中首次提出的。文化间的差异使翻译中出现了异化和归化两种截然不同的方式。归化和异化是对立统一的概念，两者各有利弊。

（一）异化

韦努蒂是异化式翻译策略的代表人物，他认为"译者尽可能不去打扰作者，让读者向作者靠拢"。体现在翻译工作上就是迁就外来文化的语言特点，吸纳外语表达方式，要求译者向作者靠拢，采取适应于作者所使用的源语表达方式，来传达原文的内容，即以源语文化为归宿。使用异化策略的目的在于考虑民族文化的差异性，保存和反映异域民族特征和语言风格特色，为译文读者保留异国情调。《习近平谈治国理政（第二卷）》中引用大量的文言文，引经据典，韩译本部分采用异化的翻译策略，保留了原文的原汁原味，体现了鲜明的中国特色。

【例1】

原文：鲁迅就对人民充满了热爱，表露他这一心迹最有名的诗句就是"横眉冷对千夫指，俯首甘为孺子牛"。

译文：로신은 인민을 지극히 사랑하였다. "매서운 눈초리로 천부의 손가락질에 대하고 기꺼이 머리 숙여 유자의 소가 되리라." 는 인민에 대한 그의 사랑이 가장 잘 표현된 시구입니다.

"横眉冷对千夫指，俯首甘为孺子牛"形容对敌人决不屈服，对人民大众甘心像牛一样俯首听命。"横眉"指怒目而视的样子，表示愤恨和轻蔑；"冷对"，冷落对待；"千夫指"，原意是许多人的指责。译文采用的是异化的翻译方式，充分展示了中国元素。

【例2】

原文：秉纲而目自张，执本而末自从。

译文：벼리를 들어올리면 그물코가 저절로 열리고 근본을 틀어쥐면 지엽은 저절로 다스려지기 마련이다.

【例3】

原文：分则力散，专则力合。

译文：나누어놓으면 힘이 약해지고 모아놓으면 힘이 커지다.

例2、例3采取直译方式，保留了原句对仗的结构，体现了文言文对仗工整的特点。

（二）归化

奈达是归化式翻译策略的著名代表人物之一。奈达认为归化是要把源语本土化，以目标语或译文读者为归宿，采取目标语读者所习惯的表达方式来传达原文的内容。归化翻译要求译者向目的语的读者靠拢，原作者要想和读者直接对话，译作必须变成地道的本国语言。归化翻译有助于读者更好地理解译文，增强译文的可读性和欣赏性。

【例4】

原文：操其要于上，而分其详于下。

译文：근간이 되는 것은 우에서 정하고 세부적인 것은 아래에서 행한다.

原文出自宋代陈亮《中兴五论·序》："臣愿陛下操其要于上，而分其详于下。"释义为在上面掌握关键和原则，而把具体事务分给下面去做。译文中，将"要"译为了"근간"，"上"译为了"우"，符合语境，易于韩国读者理解。

【例5】

原文：朱门酒肉臭，路有冻死骨。

译文：부자집에는 술과 고기가 썩어나는데 길에는 얼어죽은 송장들이 널려있다.

"朱门"，红漆大门，指富贵人家。此处翻译为"부자집"更利于韩国读者理解。若直译，读者不一定能理解其中的含义。

【例6】

原文：知其事而不度其时则败。

译文：일을 해야 한다는 것만 알고 어떻게 해야 하는지를 모르면 패하기 마련이다.

原句出自《旧唐书·陆贽传》，意思为知道要做却不懂得审时度势就会失败。说明审时度势是成功的关键。译者将"不度其时"意译为了"알고 어떻게 해야 하는지를 모르면"，利于读者理解。

【例7】

原文：机者如神，难遇易失。

译文：기회란 절묘한 것이어서 만나기는 어렵지만 놓치는기 쉽다.

原句的意思为"机遇很难把握，它难以遇到，却又容易失去"。但译者没有将"神"直译为"신"，而是巧妙地处理成"절묘한 것"，易于读者理解。

【例8】

原文：万物各得其和以生，各得其养已成。

译文：세상만물은 비, 바람의 조화를 얻어 살아가고 그 자양분을 얻어서 자라난다.

原文中并未出现"雨""风"等字眼，但译文中出现了"비"和"바람"，原因是这里的"和"与"养"指的就是"阴阳形成的和气"与"各自得到的风雨的滋养"，所以译者此处采用了归化的翻译策略。

三、《习近平谈治国理政（第二卷）》中文言文的翻译技巧

文言文的翻译不是单纯地将汉语转化为韩语，而是将中国古代文言文的语言、文化、内容和形式进行多方位、多层面地转换和再阐释。在进行文言文翻译时，使用一定的翻译技巧，有利于减少汉韩语言间的文化差异，易于读者掌握其中真正的意义，达到传播中华传统文化的目的。

由于中韩文化有差异，在翻译文言文体裁时难免出现文化亏损现象，这涉及中国古代神话、民族特色文化等。通过运用增译、倒译、反译等翻译技巧可实现文化补偿，而所有的翻译技巧都必须以"信、达、雅"为原则保证翻译的准确性和优美性。

（一）增译

增译是指为了准确、生动地再现原文的内容，通过增加原文没有的部分内容来进行翻译的方法。文言文行文简练，有时为了对仗工整常常省略部分词语。为不熟悉文言文的读者适当进行增译，更利于理解原文。

【例9】

原文：自知者英，自胜者雄。

译文：자신을 아는 사람은 재능이 현면한 사람이요, 자신을 이기는 사람은 의지가 굳센 사람이다.

语出隋代王通《中说·周公篇》。意谓能正确评估自己的人是英伟之人，能战胜自己的私心杂念的人是杰出之人。说明人贵在能够自知自胜。这里的"英""雄"都

是"杰出""出众"的意思，但译文进行了增译，具体说明了自知的人贤明，能克己的人意志坚定，与前面的"自知""自胜"相对应。

【例10】

原文：桃李不言，下自成蹊。

译文：복숭아와 오얏은 말이 없어도 그 꽃과 열매를 보고 찾아오는 사람이 많아서 나무밑에는 저절로 길이 생긴다.

原文中并未出现"花"和"果实"，译文进行添译，合理说明为什么能够"成蹊"，利于韩国语读者理解原文。

（二）反译

反译是用相对或相反的形式翻译原文内容的方法。即将原文的肯定形式翻译成否定形式，或将原文的否定形式翻译成肯定形式，活用反义词、相反意思的句子翻译原文。使用反译方法的原因一般可以归纳为表达习惯不同和语言结构差异，其目的在于取得鲜明而又强烈的语言表达效果。

【例11】

原文：天下之事，不难于立法，而难于法之必行。

译文：나라의 대사에서 법률을 제정하기는 쉬워도 제대로 시행하기는 어렵다.

原文出现了两次"难"，译文中的第一个"难"被翻译成了"쉬어"，与后文的"어렵다"形成鲜明对比，强调了想要真的做到"行法"十分困难。

（三）倒译

韩国语和汉语的语序不同，所以在汉译韩时，为了使译文符合韩国语的语序，可以将原文前后颠倒，即将后面部分移到前面，这种翻译法叫做"倒译"。

【例12】

原文：立善法于天下，则天下治；立善法于一国，则一国治。

译文：세상에 다스리는 훌륭한 법을 세우면 천하가 태평해지고 한 나라를 다스리는 유익한 법을 내오면 그 나라가 태평해진다.

语句为"谓宾"结构，韩语的韩国语的语句为"宾谓"结构。所以此处翻译时，译者将宾语"법"放于谓语"세우면"之前，后面宾语"한 나라"也放于谓语"다스리는"之前。

（四）对仗的翻译

文言文讲究对仗工整，音律和谐。翻译这类语句时，应该要考虑句子的对称，至少要做到大体工整。

【例13】

原文：明镜所以照形，古事所以知今。

译文：거울을 비춰보는 것은 자기 모습을 알기 위해서이고 지난 일을 살펴보는 것은 오늘의 일을 알기 위해서이다.

【例14】

原文：得众则得国，失众则失国。

译文：민심을 얻으면 나라를 얻게 되고 민심을 잃으면 나라를 잃게 된다.

【例15】

原文：功以才成，业由才广。

译文：공적은 인재가 있어야 이루어지고 업적은 인재가 있어야 쌓여진자.

例13、例14、例15的译文不仅准确的传达了原意，在形式上也十分贴近原文，对仗工整，音律和谐。

【例16】

原文：由上则有下，有此则有彼。

译文：우가 았으면 아래가 있고 이쪽이 있으면 저쪽이 있다.

例16译文的表达更加符合韩国语的表达方式，原文中"上"对"下"，翻译成韩国语则是"우"对"아래"。相对于原文在内容上的相反表达，稍有不同，但更符合韩国语的文化表达。当表达形式与实质内容出现矛盾时，应当优先考虑内容的准确性。

四、结语

本文对《习近平谈治国理政（第二卷）》中韩对照译文的文言文翻译进行了分析。由于文言文的体裁特殊性，在翻译时应合理地选择使用异化和归化两种翻译策略。当内容与形式上出现矛盾时，可正确使用增译、反译、倒译等翻译技巧。不断提高文言文翻译的质量和水平，能更好地向世界讲述中国故事，传播中国文化。

参考文献

董栋，金玉花，2018. 归化与异化视角下政治关键词的韩译策略探析［J］. 韩国语教学与研究（03）：141-147.

朴锦海，2010. 歇后语韩翻中的异化与归化［J］. 延边大学学报（社会科学版），43（04）：78-82.

吴玉梅，2016. 汉韩翻译教程［M］. 上海：上海外语教育出版社.

习近平，2017. 习近平谈治国理政（第二卷）［M］. 北京：外文出版社.

许钧，2009. 翻译学概论［M］. 南京：译林出版社.

VENUTI L，1995. The translator's invisibility［M］. Shanghai：Shanghai Foreign Language Education Press.

습근평，2017.습근평 국정운영을 론함（제2권）［M］.베이징：민족출판사.

妙香山小记^①

作者：朴齐家
译者：王丹丹
（西北政法大学　西安　710122）

在铁瓮游历第三个月时，柳得恭来信说："你所在的地方向西，有座妙香山。"我回信说："炎热已退去，计划待枫叶红时前往。"李德懋的诗中写道："万枫红霜入香山，早早归来慰长念。"

九月，已有大雁鸣叫。13日，下了霜，天空晴朗，我们向东出发，前往妙香山。身着绿袍，骑着毛驴，腰佩宝剑，书袋搭在鞍上。北山的断崖与东台的峭壁（这里是药山，位于铁瓮西边，原扶州东边，因此称之为东台）遥相呼应，水从中间流过。山谷间泥土干裂，两侧山壁怪石嶙峋，溪水潺潺将山谷一分为二，溪边乱石像涂了脂粉一样。石壁上有一座谯楼，楼上匾额写着"博饮"。

向东60里来到石仓，已是夕阳西下，便在此留宿。石仓前有溪水，清澈碧蓝。溪边山上种类繁多的树木装扮着对面的村庄。

清晨起床，点上灯，阅读袁中郎^②的《徐文长传》。同行的李梦直说："怎知道深夜会一起来到溪边！"我说："月光洒满屋顶，屋中的人已进入梦乡。"他又说："抬头是清澈的露珠，耳中是凄凉的寒秋声，又怎会知道大家无眠！"。

14日，在石仓吃过早饭出发。

天水台像一座小岛，安静地坐落在溪边。从中间断开的山岭像互相搭着肩膀，潺潺的溪水没过膝盖，清晨的枫叶鲜红欲滴，马蹄在白沙上留下像鳖一样的印记。

由此向东是一大片森林，驿站村庄里升起袅袅炊烟。隐约可见山顶有五棵挺拔的

---

① 原文登载在《궁핍한 날의 벗》태학사，2000。本文为"2020年韩国文学翻译奖——翻译新人奖"获奖作品。

② 袁中郎（1568—1610），即袁宏道，明代后期著名的小品文作家，字中郎，号石公。徐文长（1521—1593），即徐渭，明代著名文人、诗画家、剧作家，字文长，号青藤山人，反对复古文学。袁中郎于1599年游览绍兴后，写了《徐文长传》，并自评此文是为徐文长精心撰写之作。文中写道"其胸中又有不可磨灭之气，英雄失路托足无门之悲，故其为诗，如嗔如笑，如水鸣峡，如钟出土，如寡妇之夜哭，羁人之寒起"，朴齐家在登妙香山之前读此文，具有重大意义。

杉树，那里应该就是四绝亭（亭子位于鱼川邮亭后面）。

山脊断裂的地方，一定会有古树，树下堆满石头，乌鸦与麻鹰叼来骨头扔到树下，然后落在古树上鸣叫。村里的巫婆翩翩起舞，在树枝上挂满撕碎的纸。来往的路人称之为城隍树，纷纷把穿破的草鞋挂在上面。

越过鱼川岭，日落时分渡过香山川。茅草与芦苇依稀可见，随风发出沙沙的响声。溪边沙滩尽头堆着小石子。脚踩上去石子相互摩擦，发出咯吱咯吱的声音。

拿薄石片扔向水中，石片划过水面，能跳三四次，速度慢得像蟾蜍一样沉到水中，轻得像燕子在水面跳跃，有的偶尔还会在水面画出竹子模样，节节相连，还有的像叠在一起的铜钱。石子在水面留下尖尖的印记像犄角，层层的波纹像塔楼。这是小孩子们的游戏，叫"重水漪"①。

路渐渐变得荒凉，枫叶不美，山不秀丽，土多，石头少，山势平坦回旋，似乎到了边塞。

李稌在《香山润笔菴记》中记载道："妙香山在鸭绿江南岸，平壤府北边，是与辽阳的分界线，山很大，无以伦比，是长白山支脉，山里有很多桧树和古代仙佛遗址。"（妙香山和平壤一样距离鸭绿江数百里，那李稌的说法是不是有误呢？鸭绿江上游流经江界府，离妙香山比较近，其他地方都是峡谷和适合山参生长的山地，我认为将它划入渤海地区是不恰当的。与辽东的分界应该是义州或龙川。还有一种说法认为妙香山又名太白山，位于今天鸭绿江北边，就是檀君降临的地方，这种说法也有一些牵强，文献中没有相关例证，界线也不明显。并且又怎能证明现在鸭绿江位置是可信的呢？）

沿江向西走，进入妙香山洞口。比庐峰顶，直耸云霄，宛如一幅水墨画。各种树木密密麻麻，灿烂辉煌，秋色正浓。往里走，越走越暗，仿佛在山洞里一样。路边石头像落下来的雁群，像散乱的棋盘。

洞口到普贤寺，十里距离。普贤寺由高丽僧侣探密与宏廓创建。金良镜诗中写道：

> 寺废重修非一度，
> 春禽感古语间关。
> 峰僧四拥几千叠，
> 堂宇半新三百间。
> 卜地规模探秘祖，
> 绝尘涂塑信香山。
> 须知法力降胡虏，
> 草绿郊原战马闲。

普贤寺内有用贝叶制作的圆形扇子。扇纸已经掉光，扇骨如干枯的萱草梗，扇

---

① 同现在的"打水漂"。

子把手处像编好的发辫。这是西山大师的物件。还有西山大师的拐杖，杖头刻着两尊金佛。西山大师每每遇见人，便将拐杖插在一旁，行礼。人们都以为大师在向自己行礼，其实大师是在向佛祖行礼，由此可见大师的高傲。

还有一颗直径一寸的珠子，如哈气擦净的镜面般光滑，珠子上有一道裂痕，像裂开的冰面。映照的物体是倒着的。还有一个鹿茸模样的骨头，据说是西方佛祖的臼齿。

夜晚住在观音殿。被枕边响起的引磬声惊醒，无法入睡，便给朋友写信：

　　孤寂的灯火，念经声悠悠传来。石泉水声潺潺，山上的树木沙沙作响，月光洒满庭院，楼阁寂寞地伫立在那里，我孤独地坐着，沉思。无数飞鸟落在树上，睡着了。寒冷的飞霜拍打着鸟巢，它们的羽毛应该是冷的，飞鸟已然如此，更何况人呢！

15日，吃过早饭，僧人引路，坐上轿子向东出发。

金铉中①有过这样的描述："普贤寺现在的位置，在古时是一个叫苻人国的国家。汉朝鸿嘉三年，高句丽东明王派将军乌伊与扶芬奴出征苻人国。苻人王大败逃亡，躲藏在石窟中，被扶芬奴擒获后投降。后来，那个石窟便被称为'国尽窟'。石窟大小如石室，仅能容一人坐下，位于普贤寺左边。"

武陵瀑布从深山中奔流而下，形成一个小水潭，水继续向下流，落在石头上。我追溯到瀑布源头，坐下，俯视水流从大树下穿过流出，这也是观看瀑布的一种方式。此情此景，作律诗一篇：

　　　跫音相袜峡丛丛，
　　　仰视潒天映数鸿。
　　　百尺飞泉横石白，
　　　一竿初日犯人红。
　　　逶迤树隔归僧没，
　　　惆怅云深去路穷。
　　　不必忘劳升绝顶，
　　　别无奇处只倥偬。

突然想起西山大师登上香炉峰后，所作诗句：

　　　万国都城如蚁垤，
　　　千家豪杰若醯鸡。

------

① 金铉中，宁边人，博学多才，擅长写诗，他是这样描写妙香山的，"漫渤春深柳花白，檀林秋晚国香残，十王殿边浮生惑，万事楼高日月长"，其余的诗句未能流传下来。

一窗明月清虚枕，
无限松风韵不齐。

西山大师，名休静，是东方佛家祖师。壬辰倭乱时，他在妙香山带领义兵起义，当时李如松任提督，为西山大师赠诗道：

无意图功利，
专心学道禅。
近闻王事急，
总摄下山巅。

明朝71名将领曾联名写信给休静，信的内容是："致东方义僧禅教都总摄大和尚帐下，为国家讨伐贼人，您的忠诚苍天可鉴，奉上白银五两与青布半匹犒赏将士，聊表敬意，切勿推辞。"等等。信是用红纸写的，现保存在内院菴。

惠寰居士李用休送别友人游览妙香山时，写诗道：

妙香山似妙高峰，
灵迹奇踪到处逢。
罗汉去时留白鹿，
双双花下养新茸。

轿绳是用麻编的，轿子靠背是用藤条做的。抬轿人站在轿子前后，而不是列在左右。前面的人向前拽，后面的人跟着。轿绳长，可以轻松通过弯曲道路。上陡坡全靠前面的人抬。上坡时，前面的人放慢速度，后面的人高举；下坡时，前面的人高举，后面的人放慢速度；向侧面倾斜时，轿夫则要靠手臂调节平衡，保持步调一致，保证轿子安稳。

每当看到轿夫的肩膀被绳子勒得凹陷，背上渗出豆大的汗珠，我便无法安坐，停下，让大家休息片刻。

古木靠着绝壁，干枯的树干像鬼的躯干，蜷曲呈灰色，脱落的树皮像老蛇蜕下的皮，光秃得像生病的麻鹰，蹲坐着转过头。树干已空空如也，没有一根树枝。

山上的石头是黑色，小路上铺的石子是白色，溪水里的石头呈青绿色，可能是因为码头船只的磨损或人们在河边洗衣时的研磨，石头表面光滑，泛着淡红色。秋日暖阳，洒在远处枫树林间，把山谷里的沙地染成了淡黄色。

僧侣的菜肴中有用松树皮做的脯，味道像鲭鱼肉，盐卤沙参味道像鱼肉干，辣椒酱味道像虾子酱，浊酒味道似牛奶。（东方风俗中，将牛奶视作肉食，不算在素食中。）

我们来到舍利阁，观赏佛画。小和尚拿着长竿指向佛像及佛迹，熟练地进行解说。竿头像箭头一样用纸包着。小和尚的解说详细敏锐，大家都盯着小和尚的嘴，不看画。小和尚看起来也就十多岁，剃掉的头发又开始生长，解说的声音像是喃喃自语。

正午，我们翻过金刚窟，这是一个由石头覆盖的窑洞，像张开的大口。我们在洞窟中站了一小会，头上什么都没戴，但觉得头好重，佛祖不害怕压抑，稳坐其中。

有人举起拐杖试探着捅顶部石壁，看结不结实。即使石头很结实，我也是不敢尝试的。窑洞高度与首尔彰义门后面的佛菴差不多，更宽敞些，窗口敞开着。

仰望土岭，约五里，枫树掉光了叶子，桩枝像荆棘一样，路上铺满了小石子，坚硬的石子躲在落叶下面，用脚一踩便冒出来。由于路滑，我差点摔倒，用手支了一下泥地，怕跟在后面的人嘲笑，便假装捡起一片红叶，在路边等他们跟上来。

坐在万瀑洞前，夕阳照在身上。水流绕过大如小山的巨石，转了三个弯后飞流直下，似乎在咀嚼着巨石的根，落入潭中后跃起，像攥着蕨菜芽的拳头，像龙的胡须，又像老虎的爪子在攥东西的瞬间戛然而止。

水流发出喷溅声，缓缓流向下游。水流时缓时急，如喘息，静静地听久了，身体也随着水流节奏呼吸。时而悄无声息，时而湍急澎湃。

我把裤筒卷到小腿上方，把袖子卷到胳膊肘上方，摘下头巾，脱下鞋子，扔到干净的沙地上。屁股靠在圆圆的石头上，站在水中，看树叶浮浮沉沉，一面是紫色，一面是黄色。石头上包裹着苔藓，滑滑的像海带，用脚划过水面，水像瀑布一样从趾缝间流走，用水漱口，齿间似乎下起了雨，用双手拨开水面，只见水光粼粼，不见影子。用清澈的水洗眼睛，洗去面颊的酒气，一朵云彩倒映水中，正好在我头顶的位置。

茂密的树木立在道路两旁，将路围成山洞一样，遥远的天空挂在瀑布上方，仿佛伸长脖子便能触及一般。

我沿着瀑布逆流而上，石头平坦宽大。但水在石头上面流淌，无法下脚。大家在下面担心我掉下去，却不能攀爬上来，无法阻止，只能望着。向上一步回头望，清晰可见招呼我下去的人们。向上五步回头望，人们依旧朝我的方向望着。向上十步回头望，只能模糊地看到人们的轮廓。向上百步回头望，远处洞口的人好似坐在瀑布下面，瀑布下面的人已经看不到了。

森林深处已没有路，远处的夕阳也将落下。我也突然心生恐惧，不自觉地加快脚步。树枝迎面抽打着脸颊，撕扯着衣襟。泉水在厚厚的落叶下渗出，膝盖以下都是泥泞。泥泞尽头，便看见了瀑布源头。清澈的泉水潺潺无声，缠绕着石头流淌。北边有个大峡谷，空旷阴森，满是红红的枫树，别无他物。再远一点就是香炉上峰，感觉近在咫尺。如果在空中架起一座桥，似乎就能过去，但仙凡相隔缥缈，只能望而却步，惆怅而归。

石头的模样就像是开了膛的人体躯干，下面鼓鼓的，中间细细的，几条皱纹横在肚脐位置。我所在地方是类似于牛角中间的额头位置。不知道这石头是实心的还是中空的，像倒扣的瓷器一样，敲击时非常的坚固，高喊还有回声。泉水的源头水流不大，刚开始像条带子，冲刷石头发出声响，流到石头末端声音很大，这就是大自然的造化。

第一次攀登妙香山时，有位僧人跟随，为我指回去的路。下山后发现一起来的人都走了，把轿子留在洞口，让我坐着回去。我步行朝着破败的迦叶庵出发，穿过岩石间的缝隙，过了西边的檀君台。似乎走了有十里。

檀君窟是由石头裂开形成，像一个被劈开的缸，腹部空旷，顶部尖尖，透过缝隙可以看到天空，底部还能躲雨。据说此处是檀君降临的地方，史书记载此处为檀木树下，上方檀木树茂盛。但四处寻找也未能看到檀木树，只看到昆庐峰与香炉峰上矗立的桧树。

破败的迦叶庵依附在石窟旁，高度大概到石窟肩部，大小像鸽子笼。由于石头与山风的冷气，庵内寒冷无法住人。

檀君台位于石窟西边山顶处，与山脊走势连在一起，像一只小蝌蚪，环顾四周，又宛如大海中的孤岛。

风吹拂着树枝，舞伎翩翩起舞。满座的人都醉了，弦乐弹得正起劲，远处山上已经萦绕着夜晚的气息，人们相互对视，顿生寒意，便开始慌张地寻找拐杖和木屐。起身，伴着夜晚的烟气朝着寺庙方向出发，暮色已没过膝盖，淡薄的阳光依旧洒在檀君台上方一寸的地方。

多匹马同行时，不想落在后面，因为前面的马蹄难免会带起尘土。下山时，不要在前面，因为走在后面的人容易踢起石子。

天柱石宛如高大的僧人，屹立在西边山峰之上。早晨出发时，首先看到的是"僧人"的"手指"；晚上从天柱石前面经过，他用目光欢迎我们；抬轿的僧人都抬头仰望，把他视为指路的守护神。

路过极乐殿（极乐殿是普贤寺的一个殿），昏暗的灯光散发着寂静的蓝光，老旧的藏经阁瓦沟阴暗，田埂上白花花的麻秆随风摇曳。

老僧人迎上来向我行礼，我们相互热情地寒暄。早上见过，晚上回到寺庙，虽是一天中再次相见，却像见到老朋友一样。

与禁銮僧人讨论过《法华经》中对火宅的比喻。禁銮僧人年过半百，能够背诵经文，常在人前背诵，据说他的哥哥慧信也是僧人，住在极乐殿，在佛经造诣上不如禁銮。

我问禁銮："做僧人快乐吗？"

"孤身一人，很方便。"

"去过首尔吗？"

"去过一次，都是些杂七杂八的人，不适合居住。"

我又问："不想还俗吗？"

"12岁出家，在空山中独自生活了40年。之前受到他人侮辱，会愤怒。自省后，又心生怜悯。现在七情已断，想成为俗人也做不到了，即使成为俗人也没用了。我将跟随佛祖，直到入寂。"

"大师为什么出家？"

"如果不是自己想出家，即使父母强迫也不能成为僧人。"

今天正是十五，月光像丝绸一般。绕着塔走了三圈，酒杯也轮了一圈，远处树叶发出的簌簌声，宛如水倾泻而下的声音，又如梳头声。

从万岁楼来到大雄殿，在纸灯的映照下，金佛发出灿烂的光芒。宫殿装饰奢华但低俗，画奇怪又庸俗。

老僧人面对佛像站着，袈裟拖到脚面，白衲盖住头顶。仔细观瞧，从眼眉到下巴，再到耳朵下面都是一道一道的皱纹，剃度过的头顶泛着淡淡的水墨色。走近一看，老僧不是真人而是木像。

左右的金刚，牙齿像墙垛，舌头上冒着火，身体布满鳞片，鳞片之间到处可见想要挣脱的蛇鬼。威武是威武，但越看越觉得好笑。由此可见，让众人认可的威风凛凛来自高尚的德行而不是样貌。

16日，跟随领路人，去了檀君台西边的上院菴。

西浮屠（又名安心寺）由探密建造。这里有历史悠久的懒翁碑，保存在碑阁之中。石碑上的字已脱落开裂，像破碎的瓷器，碑文是冬天用火烘烤后拓印下来的。[①]

除此之外，在碑阁的后面还有很多别的石碑。石碑的形状有很多不合理的地方，错字也不少。驮着石碑的乌龟台石没有眼睛且呈蹲坐状，头部顶着石碑的螭，没了腿。解说人读着碑文，抚摸着石碑说这是古迹。

我常遗憾古迹无处可寻，这不就在山中的片石、荒草和白露中吗！也不知道我与古老的东西间有什么关联，竟然如此凄然神伤，踌躇彷徨，久久不能离去。空山落日，断桥流水，这里自古以来就是激发怀古情怀的地方啊！

牛足台在去万瀑洞的路上，我没看出它哪里像牛脚。[②] 安心寺后面有个匜[③]瀑，我觉得它的模样像缸，应该叫缸瀑。

由此可见，无论是位于金刚山的洗头盆[④]，或是位于骊江的龙马石[⑤]，都是随便起的名字。传话的人说是那样，听的人就认为是那样，多荒唐啊。

去引虎台的路是石头山脊，像倒扣的鲍鱼壳，人在壳上穿孔的地方行走。那山脊又像蜷缩着脖子的鸟，路就在鸟翅膀根部鼓起的地方。往左脚下方看，有的地方是望不到底的深渊，那里树林尖耸，只能看见树枝末梢。

登到这儿要经过陡峭的悬崖。握着镶嵌在悬崖上的铁链前行，走了有30来步，便出现一个岔路口，两条路旁也都是铁链。到了这儿，也就意味着快到了。这里有一颗大枣树，枣树的根深深地扎在石头里，抓着枣树的根，抱着树桩，才能登上山坡。据说，之前下了一场清雪后，跟着老虎的足迹才找到这条路，因此得名引虎台。

望着法王峰，山石非常整齐，脱去了圆润的气息。山脚下有座庵，庵前有个溪水潭。水从法王峰流进潭中，水潭形状像簸箕，后窄前宽。水面上有麻鹰，但只能看到背影。有瀑布从石壁悬崖上奔流而下，水流没有沿着石壁流淌，而是像雨，像雪糁一样纷纷散落。远看像一条白色的绸缎飘在蓝蓝的空中。水底石子像落入水中的碎墨一

---

① 古碑原来是牧隐写的文章，权铸的字；新石碑刻的是原来的文章，立在普贤寺。

② 译者注：原文是"马足"，应该是"牛足"的误写。

③ 古代盛水洗手的用具。

④ 传说上面有手的痕迹。

⑤ 传说用鞭子抽打石头，鞭子抽过的地方会流血。

样圆润，远处传来咕嘟咕嘟水沸腾的声音。从山峰上流下来的瀑布叫天神瀑，山谷里的瀑布叫散珠瀑，山谷右边还有一个瀑布，这个瀑布形成的水潭叫龙渊。

用人体来打比方，水从右侧肩膀处流出，在右侧胸口积水成潭。我站在右手位置的石缝中，石头挡住了我的头。瀑布的底部像石臼一样，深不见底，圆黑无声，溢出的水便汇入来时路过的那条小溪。

有人说，龙渊以前在山上，有个僧人念咒，龙把山劈开后，来到山下低头下跪，但僧人没有停止念咒，龙又下来数十步跪下，僧人这才点点头停止念咒。当时龙下跪的地方就是今天瀑布的位置。

还有一个传说，上院寺僧人5月5日蒸好年糕放在溪边石头上，从寺里回来一看，年糕不见了。僧人弄丢了给佛祖的供奉，悲痛欲绝，一头跳进水潭里自尽。这时，神奇的事情发生了，潭水从中间分开，出现一座宫殿，一位穿着蓝色衣服的白发老人问他："你从哪里来？"僧人讲述了事情的来龙去脉。白发老人震怒，大声喊来童子说"把刚才的蒸笼拿上来！"童子拿来一个蒸笼和两大块年糕，跪在地上还给僧人。僧人把年糕放在袖子里，把蒸笼背在肩上，出了水面，蒸笼还在肩上，但年糕却变成了石头。现在庵前还放着两块圆石，应该就是那两大块年糕变成的。

瀑布山顶往东北走几十步，有一块犄角形状的大石头，叫龙角石。额头位置长着几株松树，恍惚能看到它消散的样子。我站在石头下面，觉得它看起来像蚂蚁趴在黄瓜上。

来妙香山旅游的人都会在这里刻下名字。因此石头上布满了印记，遍体鳞伤，没有一处完整的地方。袁石公曾提过，佛典中没有禁止在青山岩石上刻字的律法，[①]这是佛典的一个缺陷。对此我深表赞同。

在远处枫树林中有一条白色的路。路上有一人，看不清眉眼，也看不清衣服的褶皱。很远，只能看清是人的形状，刚要以树为准，估算这人的高瘦，人却消失不见，这才意识到那是行路人。

向东穿过树林，便能看到佛影台。庭院里的草地边缘像用剪刀裁剪的一般整齐，大小足可以用来射箭，广阔且平坦，日光充足，空气清新。峡谷为东西走向，能够望见郁郁葱葱的药山。庵内供奉着西山大师、清虚、虚白等诸位高僧的画像，很多画像都非常相似，没有一个画像是可信的。

樵夫们常走的羊肠小路绕过岩石，像缝线的痕迹一样。溪水环绕着山坡，形成的圆弧如弓。正午钟声响起，分别在祖院庵、自性庵休息。这些庵在佛影台的东边。

坐在轿子上俯瞰，下面的树叶茂密平坦，好像踩上去都不会下陷。下山走了数十步再抬头看，每一片树叶在阳光的照耀下更加红艳，像给高山披上了一件整洁的夹衣，喜悦与自豪油然而生，让人不忍离去，遗憾别人看不到这美景。

路过炊烟升起的地方，听到了熟悉的说话声，便问："这是哪里呀？"僧人回

---

① 收录在《解说集3》中，是袁宏道山水游记《齐云》中的重要内容。"余谓律中盗山伐矿，皆有常刑，俗上毁自由灵，而律不禁。何也？佛说种种恶业，俱得恶报，此业当与杀盗同科，佛不及，亦是缺典。青山白石有何罪过，无故黥其面，裂其皮。吁，亦不仁矣哉。"

答："普贤寺。"再回头看，我尴尬地笑了，这与把家人错认成宾客有什么两样呢！

转而又一惊，这不正是平时习以为常的事物也会突然变得特别吗！就像耳目口鼻。为什么没能认出这里就是普贤寺呢？因为向西出发，却从东边归来。在上院寺如果朝东走，那就不需要走拉着铁链那么危险的路了。

到普贤寺后，写了一首诗：

> 跋涉关河路，
> 终年博一游。
> 鸣钟孤寺夕，
> 鳞石细枫秋。
> 淡境初生悦，
> 遐情忽雨愁。
> 山中诸漏尽，
> 趺坐听泉流。

清晨，下了小雨。17日，从妙香山出发去龙门山。出山谷时，僧人祝贺道："在这里游玩期间，没有遇到风雨，真是福气不浅。"又双手合十行礼道："此行保重。"

我拿着扇子，答谢道："都是佛祖保佑，哪里是我的福气，给您添麻烦了。分别虽让人遗憾，来日再见。保重。"

雨后的空气依旧湿润，早晨的树影很长，雨后的小路更白了，树根上的露珠晶莹剔透。

别过僧人，归还了轿子，骑上毛驴，走上断桥西边的乱石路。炊烟经过树梢，像燕子尾巴一样裂开，流水戏弄着落叶，像鱼嘴张张合合喋喋不休。

向右沿着香山川，走了三十里。雨打在额头，狂风抽打着头顶。纱帽被风吹掉，纱帽绑带差点断了。仆人的腿好像变成了鬼的腿，毛驴的尾巴看起来像老鼠尾巴，油衣上的水珠滴落，发出露水从梧桐叶子上滑落的声音。我就像茧中的蚕一样，把头缩进衣服里，看到自己的乳头。回头看后面跟着的人，相视一笑，但无法说出笑的理由。

快马加鞭向前赶，雨跟在身后。每一步都陷在泥中，毛驴的每个蹄子都没在水中，云朵聚集在熙川郡境内，阴云密布。妙香山山谷的风吹来，四处回旋，到处都是萧瑟的景象。江面上看不见细小的水纹，田野里没有袅袅的炊烟。巨大的石头看起来黑黑的，光秃的树木也变得昏暗，这大风过后是要下雪呀。

江边的路不是沙子就是石头，山脚到江边这段的石头，棱角分明。老树桩的根穿过石缝，像鬼的爪子。细细的藤蔓不断地蔓延，偶尔还有红色点缀。我们行色各异，在山石间沿着石壁前行。这次的队列呈半月形，路窄，只能马头接马尾单列通过。

淋湿的油衣吸收着冷气，我似乎已经醒酒了。在客栈吃了饭，吩咐仆人把衣服烤干，给马喂一些豆子。仆人伸手指着像鞭子末梢一样的云，禀报说云的下面就是龙门山，离这里只有三十里。

天似乎要晴，但冷意依旧没有消散。故意推迟出发，在院子里奏起乐来。有的弹、有的吹、有的敲击，拿着各自的乐器依次坐下。一人闭着嘴，腰间挎着鼓，俯下身子，偶尔瞟一眼旁边的人；吹大笛子的人，两腮下陷，看起来像在生气；吹小笛子的人，双目圆睁，看起来很吃惊的样子；抚琴的人，凄凉地靠着膝盖，上酒时便站了起来。[①]

正午出发，背朝江向东。路上阳光明媚，石头圆润，山坡明亮。毛驴腿陷在泥里拔不出来，用屁股上下摇晃马鞍，无法前行，我就像骑着一头熟睡的牛。同行人说，在这种情况下，走几里地要消耗走十几里地的力气。

乌云聚集，带着雨，风在后面，忙穿上雨衣，猛然加鞭，毛驴也竖起耳朵，似乎听懂了命令，加速向前。尾巴夹在两腿之间，雨水顺着尾巴流下。毛驴踉跄前行的样子看起来很好笑。

迅速躲入路旁小屋，喝了点酒。

雨已走远，阳光穿透乌云，像石孔中流出的瀑布。乌云瞬间化为碎片消散，就像犁杖划过水田，不留痕迹。

少顷，深浅又有变化，像水墨画中的牡丹，墨迹渐渐扩散变为灰白。忽而又变为无数褶皱。之后又呈现出岛屿环绕的景象。阳光横穿云朵，照在衣服上，闪闪发光。这瞬息间让人意想不到的变化，到底是谁所为呢？又是谁指使的呢？

伴着夕阳，到达龙门山洞口，坐上轿子。出来迎接我们的僧人列成排。步步风景不同，溪流声、色彩斑斓的枫叶交相映入眼帘，美景也在欢迎我们。虽没有妙香山的深邃与雄壮，但土壤与石头的品相差不多，这是妙香山的一个小支脉。

晚上住在龙门寺，夜晚，海拔高的地方下了雪。

18日早晨，洗漱后催了早饭，在废寺佛殿北边拐角处坐上轿子。

到观海庵。观海庵在山顶。鸟瞰清川江北边，城郭、森林、流水、高山似乎都在桌子上一样。铁瓮城一带尤为突出，就像四枚棋子围着一颗白子。

西海碧蓝的海水，覆盖了一片陆地，与蓝天似乎只有几尺的距离。僧人说这里看日落很壮观，但因雾霾没能看到。

有个地方叫白森。出观海庵向东北望去，能看到半山腰被乱石堆覆盖着，那里就是看起来像土袋堆，又像是坍塌的石塔。走近看，有圆的，有尖的，有胳膊那么长的，有手掌那么宽的，有的像倒过来的萝卜根，有的像插着一根折断的杵头，有的一丈长，有的一尺长，都堆在一起。还能看到相互支撑着立在那里的，其中一个顶端裂了一半儿，另一个底端裂了一半。还能看到一对基石撑着一根横木的。

刚看到白森时，很担心这些石头会瞬间崩塌，用脚轻轻地踩在上面，这种担心便会消失。因根扎得很深，即使摇晃踩踏，发出哐当的声音，依然纹丝不动很结实。

苔藓与蜜蜡相似，容易粘连，把另外一个石头支在一边，很容易就能连成一片。旁边的石头，有的像鼎的三个脚，有的像柴门。白森这个名称，是因为这些石头白白

---

① 俗乐是五种乐器一起合奏，名叫三弦。

的，密密麻麻地堆积在那里而得名。

农夫把田间的石头堆成钟的样子，堆得高高的，还会放上牛腿祈祷。行人会把路边的石头堆成堡垒形状，把穿破的鞋子挂在上面祈祷。那白森又是谁堆的呢？我不知道。填满沟壑并绵延好几里地，这能是人为的吗？有人说："越看越神奇，即便坍塌也是那个样子。"

从白森继续向前，望向对面，山顶被云与雪覆盖着。上面是冬天，下面是秋天！高处的树叶都落光了。这景象很是神奇，很想登到山顶，用脚踢一踢踩一踩雪。这时突然起风，身上穿的皮衣感觉就像麻布衣一样薄，很冷。我们即吃惊又惋惜地往回走。

僧人指着山顶说："那雪便是边界，雪的另一边是阳德县。"下山的路上有两三个庵，残缺的橡木，破碎的瓦片，石阶上落满了尘土，在窗纸上捅个窟窿往里看，只看见一只睡觉的猫。僧人饥渴去厨房喝水，听说老尼姑出去化缘了。

没有树枝的树散发着白光耸立着，我怀疑是不是镀了银。掉光了树叶的树林被染成紫红色，远远的，有些模糊，似乎经常被晚霞染红。太阳已经落山，我们无法回去，便在龙门寺又住了一夜。僧舍非常宽敞，可以说是关外最宽敞的。便在僧舍中命人跳起了剑舞。看着表演，写下剑舞记。

19日，下山朝铁瓮城出发，枫叶颜色已憔悴，已不是来时的景象。辞别各位僧人，惋惜道：

"怎能知道我以后不会再来呢？即使来，又怎能知道还能相见呢？山林依旧在，但见不到你们，我该如何承受这思念！深秋九月，水已经退去，石头显露出来，在这山中，在这里，在这满山红叶中，我与你们作别。"

僧人们送我出了山门便返回了。

沙子明亮，阳光明媚，感觉白天变长了。坐在毛驴身上，鞍上驮着梦想。时而听到路边鸡叫声，欣喜地望过去，很是羡慕那边的村庄。

正午到了铁瓮城的东门，两位儒生在门楼休息，有几名童子跟随。他们备好了酒，在等我。他们是跟我一起学习的尹生与明生。我讲述了旅途见闻，对他们深厚的情谊表示感谢，然后我们一同回到城里。

妙香山之行太匆忙，没能走遍每个角落。但我去了佛智庵、见佛寺、宾钵寺这些有名的寺庙，看到了喜欢的风景。比较遗憾的是没能登上比庐峰和香炉峰，瞭望辽东与黄海。

游览最重要的是雅趣。不受日期限制，遇见美丽的风景便停下来，带着知己朋友一起寻找喜欢的地方。我不喜欢嘈杂热闹的游览。

俗人在禅房抱着妓女，在溪边奏乐。这就是在花下烧香，在茶前摆点心。

有人问："在山里听演奏，什么感觉？"我回答："我只听到流水声和僧人们脚踩落叶声。"

那边的风景可好[①]

——致那天在那里的人

作者：沈甫宣[②]
译者：黄金凤[③]
（韩国外国语大学　首尔）

"不可随性而活，需有所成就"（2012）

有句话对我的生活产生了极大的影响，这句话不是出自书本，而是出自去世的父亲。大学的某一天，喝醉的父亲对我说："活得潇洒随性很容易，但是人们需要有所成就，这谈何容易。许多人都说我是潇洒随性的人，但我的人生却是一事无成。儿子，我是失败者，记住，你不可随性而活，需要有所成就。"我听了这话，内心受到冲击，不知用什么话安慰父亲，父亲虽然喝醉了，但他对自己的生活冷静地作出了评价，并似乎得出了明确的结论。能够对自己的整个生活作出评判的审判官也不过是只能评判自己，有人说你的人生是成功或是失败的，对此你会沮丧或者高兴，但是你不能相信这些话，除了你自己谁能了解你的人生呢？

那时我不太理解父亲的话，父亲说自己的人生一事无成，但是他有工作，而且将子女都抚养上了大学不是吗？虽然没能完全理解父亲的话，但我知道了一件难过的事，那就是父亲现在的人生非常痛苦。在研究生时期，我阅读了社会学家马克斯·韦伯的《以学术为业》，看到以下章节，从而以自己的方式理解了父亲的话。

---

① 散文集，由登坛14年、2008年以第一部诗集《没有悲伤的十五秒》备受韩国大众与文坛瞩目的诗人沈甫宣著写而成。本文篇目节选自此散文集。

② 诗人、社会学家，硕士毕业于首尔大学社会学系，并获得美国哥伦比亚大学社会学博士学位。1994年，诗〈风景〉获选于朝鲜日报新村文艺，自此登上文坛，现任延世大学国际文化交流研究生院教授。诗集有《如果我要杀谁》《今天是未曾可知的》《不在身边的人》《没有悲伤的15秒》，艺术批评文集有《发黑的艺术》，译作有欧文戈尔曼的《避难所》。

③ 韩国外国语大学在读博士，KFLT（对外韩语翻译）专业。

尊敬的各位听众！在学问方面，只有纯粹地对自己事业献身的人，才拥有"个性"。……甚至像歌德一样伟大的人物，贸然尝试将自己的"人生"制作成艺术品，至多至少都会对他的艺术产生负面影响。……但同时大家也默认，只有成为歌德这样的人物，才敢有这种尝试，不过，就连几千年一遇的人物－歌德也要为之付出起码的代价。……但是在学问上，以下这种人分明不是拥有"个性"的人。身为要为自己工作献身的推广人而一同出现在舞台上的人、想要通过经历美化自己的人、怎样才能证明我与一般的"专家"是不同的呢？怎样才能在形式或内容上，用任何人都不会说的那种方式说出些什么呢？如此发问的人，这些人不是拥有"个性"的人，如今这种想法层出不穷，不论在何处这都会给人以庸俗的印象，并降低着如此发问之人的价值。

上面的故事就像父亲借韦伯的口，同写诗、研究社会学的我谈话一样。在这个时代，有很多学者与作家，想把自己当作一个作品，把"优秀的自己"呈现给大家。也有很多学者与作家想向世界炫耀自己那无人能及的成绩。重要的不是证明个性，而是献身于自己选择的艺术与学问专研课题，成就是献身的果实，不是个性的证明。在韦伯与父亲的影响下，我以真实为准则做着研究，我钻研了很久之前的报纸、书等资料，拜访并采访了许多人，航行在由无数的资料、证言、谈论、故事形成的海洋里，如同勉强抵达某个陌生的海边，完成了硕士论文与博士论文。

但是，我越写便越不同意韦伯强调对专研课题献身的学问观。韦伯的学问观与父亲的话仍旧一同担任着审判官的角色，即合乎道德地监视与判断我的写作，而我评价所有人（包括我在内）的写作的重要标准之一就是真实。我对韦伯老师与父亲都有话要说："父亲，还有韦伯老师，除了随性地活着与取得什么成就，难道没有其他的道路了吗？"韦伯与父亲将随性的生活与诚实的生活分离开来，这种分离带有某种悲剧性，这种悲剧性是指仅将人生看作是个人孤独旅程的人，他们自我幻灭或自我克制的情感。有些人将人生与写作看作是独一无二的工作，他们没有陷入自我陶醉，而是想要创造有价值的成果时，选择合乎道德的态度就是训练有方、热情的真实。我在写文章时，意识到了这是诗或是论文，我选择与沉迷的对象不单是专研课题，还是人类的叹息、挫折、欢呼、快乐、惊叹的世界。因此，我知道我写这篇关于这个世界的文章是为了凸显这个世界，与之相连，并参与其中。或许就像父亲与韦伯所说的那般，人生与写作始于孤独的工作，但不知是否会回归到孤独的工作。然而，在那次出发与回归之间，并非只有孤独的旅程，也有让我的身体与灵魂变得火热，心中万马奔腾，让我手脚移动起来的力量，这并不单单是专研课题的趣味，还是在同时代人的人生，混杂在他们人生里的事物的同时代运动。韦伯与父亲说，要把人生、艺术与学问分离开来，想把它们合并在一起的尝试是危险的，要善于培养过多的热情，将其转变为真实。即使我听了韦伯与父亲的劝诫，也会无可奈何地被人生所牵引。与朋友、恋人、同时代人一起生活是让人着迷的，我不断往返于人生与工作、人生与作品之间，不断往返于已故之人的忠告与在世之人的召唤之间，我的言语与行动、我的喜悦与悲伤会出现、消失、重现。

灵魂的问题（2009）

在寒风瑟瑟的冬日，有一天，我与一位艺术家共进午餐，那天是休息日，我们见面的地方是位于首尔周边住宅区的一个简陋餐馆。我们走进餐馆时，一个客人都没有，只看到像餐馆主人夫妻俩的中年男女坐在一张桌子旁，大白天的喝着酒。点好菜后，我们大概对时局、艺术等方面，进行着你来我往的评论与闲谈。主人夫妻俩的酒桌上弥漫着颇为阴郁的气氛，餐馆大婶在厨房给我们准备下酒菜的期间，中年大叔自己默默地喝着酒。这时，突然一个男人特别大声地推开带有金属窗框的推拉门进来，向餐馆里面喊道："大哥，不出去工作干什么呢！"脸色十分阴沉的大叔喝着酒，看向那个男人，难为情地咧嘴笑了笑。与艺术家本就心不在焉的交谈，在这时变得更加无趣，我开始留意大白天就弥漫在这餐馆的阴郁气氛到底是怎么回事？这些人的关系是怎样的？在他们之间到底发生了什么事？我一边吃饭一边注意着，掌握到的情况是这样的。

在工地打短工（工资日结）的大叔工作时，与比自己年纪小的监工吵了一架，自尊心受到伤害的大叔在那之后就不去工作了，监工想要让大叔回来，所以让这个男人过来，不过大叔非常固执，不想听他说话。男人说在经济不景气、难就业的时候，为了那点不值一提的自尊心，就这样丢掉工作值得吗？这样哄着大叔，但怎么也说不通，真是让人难堪又郁闷的局面。直到某一瞬间，一直默默无言听着两个男人的对话，帮着倒酒的大婶对大叔勃然大怒地说。

"赶快出去工作！我让你出去工作不是让你收起自尊心挣钱，不工作在这里是做什么你知道吗？是在浪费灵魂！"

我盛完饭，看了大婶的脸，她的脸看起来像是用彩色的蜡笔随意涂上去的，妆容散发着土气，烫发一看就是最便宜的那种，很难让人相信是为了美而烫的，整个人充满人生的疲劳与窘迫的寒酸。但是从这个大婶口中说出的"灵魂"这个词的回响，至今未从我的脑海中抹去。

*

是的。所有的事情最后都是灵魂的问题。写诗，或者做艺术，或者在简陋餐馆的厨房工作，或者打短工，这一切都应该是灵魂的问题。但灵魂到底是什么？也就是说使人类成为人类的灵魂是什么？

我在这里想追问的灵魂意义，与不怎么样的平等主义，或"劳动的神圣"这样一成不变的观念毫不相关。对那个大婶而言灵魂的意义、以灵魂的名义行事，与对我而言灵魂的意义、以灵魂的名义行事是不可能相同的，我们永远是彼此的他人，我们以完全不同的方式来回应完全不同种类的灵魂召唤，但所有的一切，归根结底，是灵魂的问题。跟着灵魂的声音，不论是那个大婶还是我，都应该寻找对自己而言固有的人类道路，这条道路，像自尊心或者生计，对所有人而言，不都是具有通用的价值或伴随着必然，不，也许也可以这么看，这条道路表面上也可能是创作的道路，也可能是劳动的创作，但实际上又是神秘之路，可以看到的道路上有看不到的道路。看不见的道路与看得见的道路、被命名的道路与未被命名的道路，在这之间的纠葛与矛盾中，道路不论如何都会蜿蜒地向前行进，朝着没有昨天、崭新的地平线行进。

我现在想起那天在那个餐馆，想过那天听到的"灵魂"这句话。对我而言，灵魂不是抽象的概念，但也不是被某种宗教光辉包围的、神秘的语句，那是从一个平凡的大婶口中说出的声音，是从日常沟通中说出的爆破音。因此，灵魂不是浮在自己头上的先验、超前的星座，灵魂总是从日常中、态度中、身体动作和语气中，作为某种信号与我们搭话，这时，灵魂让我们时刻抵抗日常生活赋予我们的支离破碎、强迫与奴役，并对此犹豫、迟疑，如果不是这样，但至少会让我们感到不自在。灵魂不会让我们变得自由或者达到启蒙的状态，灵魂不做任何约定，灵魂只会让我们在某个瞬间，说出某句话和做出某种行动，这也可能是令人感到吃惊的雄辩，不然也可能是令人感到悲惨的口吃，但是，灵魂至少拥有完全属于自己的话语与行动，要求以自己的方式表达。那天，餐馆大婶也不知道她对大叔说了这样的话。

"到工地去，欣然地顶着钢筋，让砖头飞起来吧，如果可能的话，将他们向你强制要求的劳动变成你自身灵魂的运动吧。"

*

在资本主义社会，灵魂逐渐变成了一种文化现象。灵魂被分解、发展成无数的能指，并被称作"真实"（authenticity），与古色苍然的所指的纽带断掉过。灵魂是由区区玩笑经过最尖端的人工智能，而形成的至高无上的圣灵，其经过了一系列阶段性的过程。灵魂是广告、自我开发书、旅行随笔与心理商谈的意识形态效果，如果不是，那么灵魂是独立文化与新世纪音乐挥舞的、A4纸般大小的图腾部落旗帜。资本主义机制独占了灵魂的生产与消费，使灵魂沦落为庸人的有机农食谱。相反，资本主义的最大牺牲者——被剥夺了声音与权利的人，连自己的尊严都无法保护，走向动物化，对他们而言，灵魂是偶尔紧握在手里的几片营养药。尽管如此，不论是庸人还是动物，注重言行举止，每天经历新的事件，通过这些事情，人类就不会感应不到突然传来的灵魂那模糊的莫尔斯电码声音了。这时，人类会朝着没有昨天、崭新的地平线，将自己的语言与计划付诸实践。

*

如果没有写诗，我肯定会成为不同于现在的人，这句话只是指不同，并不是说不写诗的我比写诗的我低等，只不过是在写诗时，我会回应某种特定灵魂的召唤而已；如果我没有写诗，我可能会有其他类别的灵魂，但是我不知道那是何种灵魂。例如，我不知道会计师的灵魂是何种，不知道他在账本上写下数字时感受到的悔恨、混乱与快乐。但是将拥有灵魂的会计师当作朋友好像是一件不错的事。

　　我有职业与日常生活。在现代世界，满足保护个体本能的资源大多出自职业与日常生活，如此一来，我的存在成为世界永久秩序的一部分，通过完成工作与谋求生活，对维持秩序与再生产作出贡献。我总是在增加盈余的命令与为此要好好管理身体与心灵的压力下暴露出来，为保护个体，我基本上会接受这些要求，但写诗会对这些要求产生副作用。将我的第一本诗集给母亲时，母亲对我说："辛苦了，但是不要将时间浪费在毫无用处的事情上。"那时，我在心里说：母亲，您准确地理解了诗是什么，但是，其实我想在毫无用处的事情上花费时间。

　　我决定将孤独的舞台隐藏在职场，我发明了无人知晓的游戏装置，并隐秘地传播给同事，我以退出的心态加入，在日记上留下混乱的记录，每次会议我都会提醒出席者地球灭亡的日子，对所有人而言，我是极其好欺负的人。将我敬而远之的不过是我自己罢了，我的业余活动就是妨碍他人的空闲时间，我的约会每次都是离别的彩排，我苦苦期待着在街上与我不认识的人因感动而拥抱的那一刻，为了不忘记死亡，我竭尽全力地活着。

*

　　是的，归根结底，一切都应该是灵魂的问题。为什么我会这么执着于灵魂的问题？灵魂能让人类活成一个完整的人吗？这种回答显而易见。因此，让我们来寻找其他的答案，灵魂能与幸福的问题联系在一起，可灵魂没有把幸福等同于珍贵的礼物，而是不知如何对待它；灵魂也向不幸伸出了手，所以灵魂消除了不幸与幸福的差异，让它们变得平等。它也与生命的意义问题有关，同样的，灵魂将意义与无意义带到同一个地方。灵魂将"虽然幸福，但是不知人生意义的孩子"与"虽然不幸，但是深知人生意义的老人"结合在一起，诞生了新的人类。从现在开始，灵魂聚集过去与未来，创造出新的时间，在灵魂中，人类总会变得全然一新。

　　但是，重新说一次，灵魂不做任何约定，即便如此，灵魂的声音也含有深奥、严谨的要求。灵魂就像是缺乏宾语的，或许是胡言乱语中最伟大的胡言乱语，是对不可能性最令人惊异的悖论，是最美丽的悖论。因为这个像谜语一样的灵魂，我不停地哭哭笑笑。因为灵魂，我写诗、买诗，灵魂与我的诗、我的生活掺杂在一起，所以现在倾听灵魂那模糊的声音，迎接黎明的我，是诗人与否，这一点也不重要，知道黎明后的清晨才是我唯一的伦理。

发生在长椅上的事（2012）

　　在纽约生活了将近8年，如果说纽约是"我的灵魂城市"，人们也许会认为：哎哟，又有一个纽约人驾到啊。纽约是一座广为人知的大城市，无数的电影出自纽约，有些电影中，纽约是最前沿的资本主义地狱；有些电影中，纽约是爱情之花盛开的浪漫城市，可对我而言，怀念纽约的理由只有一个，那就是一条长椅，在距我的住处很近的湖畔公园。

坐在这条长椅上会发生什么事？只是风轻轻地吹着，起风时，在长椅前，一片小树林里的高大树木左右摇晃，这时，"唰——唰——"树枝与叶子发出颤抖的声音。经常坐在这里好几个小时，有时看书，有时合上书呆呆地看着前方，回想过去，也回想未来。那时，"现在"是在屁股下面默默无言的一个安静场所，非常焦急地思念某一人，却不知道那是谁。

我讨厌纽约。留学前这样学了英语，在请求什么时，前面要加上"Would you please"，但是在纽约却不这么说，在我说着发音不准的"Would you please"时，经常会收到想让我快速说完、烦躁不已的视线。人际关系冷漠，生活费贵得不可理喻，研究生院竞争激烈。有人说说纽约没有"Melting-pot"（熔炉）这种人种差别？有一天，在路上遇见了一位白人老奶奶，她对身边与自己一起散步的小狗说："宝贝，不要走得太近，他们身上有味道。"

坐在那条长椅上会发生什么事？有一天，我与往常一样，对大城市产生幻灭感，所以想要转换心情，来到了公园长椅，但是，两名女性坐在那里。我用刚好自己带着的照相机，以高大的树林为背景，给在长椅上面对面聊天的两人拍了照片。一位女性的名字是维罗妮卡，她拜托我将照片发给她，我用邮件给她发了照片，她是如此回复的："当你拍这张照片时，我和朋友度过了一段非常特别的时光。我们分开了很久，在那天的那里我们重新见了面，流着眼泪，放声大笑，分享伤痛，互相安慰，你的照片对我们而言是非常特别的礼物，谢谢。"

那时，我在想，原来这个冷漠的城市有时也会让我的灵魂有一处安身之地。现在回想起湖畔公园的那条长椅，总有一天我会和我深爱的那个人去寻找那个公园的长椅，在那里像维罗妮卡和她的朋友一样面对面促膝长谈。对话会这样开始："在很久之前，独自一人坐在这里，焦急地思念着一位未曾谋面、不知姓名的人。"

某处的某些对话（2017）

在美国中北部的一个城市停留了两个多月，不过与在韩国的一年相比，我在这里参与了更多的对话。怕招致误会，我解释一下我在韩国没有受到排挤，不过也不是因为我在这里会说一口流利的英语。

理由很简单，我通过这里的朋友认识了其他人，偶尔会被邀请去参加聚会。这时，大部分对话都发生在"家"中，花园里的花草、宠物狗、准备的料理……对话素材不断扩展，这些知识与经验把我最近接触到的新闻与书籍、参与过的地区活动与学会连成"蜘蛛网"。的确，能够自由居住的物理空间是生成对话的重要因素，这个场所提高与加大了连接自我与他人的频率与强度，显而易见，这是对中产阶级以上阶级来说很有利的条件。对他们而言，有拥有庭院的房屋与提供财政基础的职业或世袭财产。

但是，拥有房子不代表可以经常对话。首先，如果你想邀请某人到你家，你就要属于他可信赖的人脉。你的家要拥有记忆与本质融入其中的材料，你必须具备将这些材料与其他材料组合、加工并进行"记叙"的能力，对话对象至少也要拥有和你相似的对话资源与能力。我们失去的不仅是一个名为家的场所，还有在那个场所包含的对话资源与活用这些资源的对话能力。我可曾邀请过谁到我的家？或者我曾被邀请过到某个人的家吗？在不是家的场所——咖啡店、餐厅、酒馆，跟他人说过什么话吗？

虽然家很重要，但它并不是全部，这一命题让我们明白了摆脱这一阶级界限的一丝可能性。只要在某一个场所，并且能够在其中储备对话资源，我们就能学习并培养对话能力。

现在全世界，包括韩国在内，在展开多样化的场所斗争，这暗示了所有权背后的权利。虽然你拥有场所，但如果除去睡眠与看电视的活动，将其他活动都进行"外包"，那么在那里就不会发生任何事情；虽然你没有拥有场所，但在那里居住和"生活"，就会发生对话与变化，即使这种可能性会逐渐变小。

在某个瞬间、某个场所，也存在像萤火虫一样时隐时现的对话。我曾向在湖边露天咖啡馆工作的一位老人借过火，她愉快地说："在这里真的不怎么能看到抽烟的人，今天运气真好！"我们坐在湖边的长椅上，一起抽烟、闲聊。我说我从韩国来，她说："韩国很贫穷吧？你要在这里努力挣钱，寄给家人。"我告诉她现在韩国不像以前那么贫穷了，一般而言，韩国属于生活水平好的那一类。听到这话，她羞愧地说："是吗？果然人是要活到老学到老，今天学到了，对不起。"

那时没说出口的话现在说一下，韩国是富裕国家，但总是会有些东西消失。有香烟与长椅也可以进行对话，果然人还是要与他人对话，那天学到了一件事，谢谢。

某个诗人的平静死亡（2012）

波兰诗人维斯瓦娃·辛波丝卡于2012年2月1日去世，享年88岁，诗人，诺贝尔文学奖获奖者，为韩国读者所熟知。"不会发生二次，现在也是如此/以后也会如此，因此我们/未经演练便出生/未经排练便死亡。"（"不会发生二次"，《结束与开始》，崔成恩[①]译，文学与知性出版社，2007年），这是许多人耳熟能详的语句。这位诗人的死亡消息在韩国被轻描淡写地带过，看到几份新闻上这个简讯的人传开消息后，我才得知。

即使不提我非常喜欢辛波丝卡的诗，在辛波丝卡和我之间也有特别的缘分。不，这是我一个人的想法。我们就像有着相同姓氏、相同年龄的人一样，我常常称辛波丝卡为"沈波丝卡"。有一次，朋友知道了我是她的忠实读者"沈波丝卡"后，曾说过："很高兴你喜欢我的'波兰姑妈'。"这个冷笑话只是暂时打破了两个人之间的沉默，最后我们还是沉浸在了她的诗中。

如果辛波丝卡没有获得诺贝尔奖，她去世的消息就不会传遍韩国，在波兰也是

---

① 音译。

如此。作为辛波丝卡的粉丝，我的朋友在去波兰旅行时，访问了她的故乡科尼克，并问村子里的人："你们知道辛波丝卡吗？"遗憾的是，没有遇到一个认识她的人，我善良的朋友曾责怪自己，说这是因为他发音不准，才没有遇到，但其实也许辛波丝卡不是如此想的。她在《某些人喜欢诗》的诗中表示，除"在专门研究诗的学校学习的人"和"诗人自己"外，不过只是"一千名中有两个人"喜欢诗。

因此，"著名诗人"的"著名"与演员和歌手的"有名"相比，就显得微不足道了。有时会将诺贝尔奖或者什么文学奖的获奖诗人，按知名度划分成艺人等级，但这反而会让诗人感到负担。辛波丝卡获得诺贝尔奖后，避开蜂拥而至的舆论，到波兰从前的首都克拉科夫，过着隐世生活，并定居于那里。她1931年离开故乡，定居克拉科夫后，一直生活在那里。

我不认为诗人是特别的。英国的浪漫诗人谢利说过："任何人都不配得到创造者的名字，除了神和诗人。"但是，辛波丝卡在诺贝尔奖获奖感言中，说出了与谢利相反的主张："灵感不是一般的艺术家或者诗人的特权，灵感的受惠人无论何时何地都存在着，不论过去与未来，以清晰的信念选择自己的工作，带着爱情和想象力完成工作，在这世上常有那种医生、教师、园丁。"幸福的医生、教师、园丁是幸福诗人的同僚，他们是专心致志地工作、创造生活、与他人进行情感交流的人。时代不幸时，诗人最重要的作用是证明诗人不是时代的真理，在不幸的时代，诗人让我们发现了我们失去的、应该回来的、隐藏在生活与劳动中的幸福。

"在克拉科夫的住宅，辛波丝卡安详地睡着"，我的耳边传来这种舆论。脑海中浮现出她微笑闭上眼睛的场面，这个表情是最后给诗人留下的一缕灵感，是从手移动到脸上，最后一次工作的结果。这个表情与其他人幸福生活的表情并无任何区别，但是在这个时代，这种表情是多么的罕见啊！虽然有些迟，但是向诗人表示慰问，安息吧，我的波兰姑妈。

还未结束（2012）

久违地访问纽约，毫不犹豫地去了"祖科蒂公园"。这里是2011年9月占领华尔街运动开始的地方，纽约人不能再容忍1%的富人与权力者支配99%的资本主义体制这一不平等结构，于是纽约人他们直接发起了运动。这一运动的口号是"我们全部是99%"。对我而言，这个口号与在韩国听到的"我们全部是下岗职工"的口号没有太大区别，99%这个数字象征了排除在体制中、被抛弃、不能再忍受、游行的人。

我乘坐地铁，在坚尼街站下车，走到祖科蒂公园。坚尼街是横跨唐人街的道路，这里如往常一样，各种口音与和各种不同颜色的人种混杂在一起，释放出混乱、令人激动的生活活力。向南走，在从前双胞胎大厦的位置重建的一座高楼大厦映入眼帘，这是四周用反光玻璃围绕的豪华雄伟大厦，它就像是代替美国资本主义纪念碑双胞胎大厦的新纪念碑。

祖科蒂公园是原来双胞胎大厦的位置，位于所谓的"世贸大厦遗址"附近。我经过那里，抬头再次确认了新大厦的规模，转过头去，看到了从对面大型打折商场进进出出的无尽人潮。在世贸大厦遗址与大型打折商场之间，快速走过几条街，终于到了祖科蒂公园，这个地方比想象中要小，被称为公园有点难为情，地是混凝土，没有草坪，能被称为景观的只有像木筷子一样，被插得不成样子的高行道树。

这里没有任何人，不是，只有游客，一只手提着鼓起的购物袋，另一只手拿着照相机的人们坐在公园里休息，祖科蒂公园就像是为"万国的观光客"准备的休息场所一样。能让我联想起占领华尔街运动的只有站在公园警戒处的一个纽约警察而已。占领华尔街运动结束了吗？我想去警察局问一下："那个，打扰一下，现在都结束了吗？"

我可以第二天得到这个回答。"没有，还未结束。"正值占领华尔街运动时，在祖科蒂公园建设的临时厨房工作的朋友说道。他还说占领华尔街运动现在不在祖科蒂公园，而是在占领银行、大学、企业等其他地方。最近奥克兰占领活动家也占领了奥巴马选举本部，但是她没有提到占领的未来，她主要谈及过去。留下年逾花甲的孙女，她在唐人街40余年，参与过的运动有移民运动、为了委屈致死的人的运动、为了性少数者的运动．……大部分都是新闻里没有出现的故事。

我听完故事，想起霍华德·津恩的《行进的火车上无法保持中立》中的语句："令我们惊讶的缘由是持续不断、安静的愤怒与最初听到的、模糊的抗议声音，让我们陷入绝望的漩涡时，在预示变化的刺激中察觉不到分散的反抗迹象。"如果能理解那些安静、模糊和分散的迹象，那么惊人的事件就不会令人那么惊讶。

我的朋友是占领华尔街运动的战士，是从前的历史了。我想了想，我们存在于从过去到未来的进程中，我们的作用是将其延续下去，有人勇敢，有人胆小，然而，我们不必成为英雄，也不会成为英雄，我们全部是一个征兆、动向、匿名的接力棒，而这根接力棒上还刻着"还未结束"这句话。

*我的朋友费羌（Fay Chiang）——相比任何人，对我的人生与写作给予的影响最大，诗人、画家、活动家，逝于2017年10月20日。思念的费，在安详中长眠。

非通用语区域国别研究

东盟区域一体化观念：在民族主义和地区主义之间

韩呼和[1]　余　雷[2]

（1. 四川外国语大学东方语言文化学院 重庆 400031；
2. 北京外国语大学国际关系学院 北京 100089）

摘要： 本文以东南亚国家对东盟的认同为考察对象，主要从历史的角度探究东盟认同的起源与困境，并从新功能主义和建构主义的视角分析东盟国家达成地区认同所遵循的路径和面临的现实问题。东盟认同以共同历史背景为依托，以文化认同为核心，在与"他者"的互动中不断强化。虽然存在地区主义和民族主义之间的矛盾，但是建构主义的方式可以跳出这个怪圈，在民族主义之外重新塑造一个东盟地区认同。在这一过程中，东盟这一机制所带来的绩效是能否形成地区认同的关键因素。

关键词： 民族主义；东盟认同；新功能主义；建构主义

一、前言

随着东盟一体化进程的不断加深，近些年来东盟愈发以一个独立的地区组织的身份向外发声，并在"东盟+"框架下与域外国家开展各类合作与交流。尽管东南亚地区在历史上没有形成一个统一的王朝或帝国，但东南亚作为一个区域性概念逐步得到该地区国家的集体认可，一种"东盟认同"正在逐步发展并增强。本尼迪克特·安德森运用人类学的解释方法，将"民族"（或国家）视为"文化创造物的一种特殊类型"，从而将其定义为"想象中的政治共同体"。[1]而东盟共同体这一议题的最终目标也是完成一个集政治安全共同体、经济共同体和社会文化共同体于一身的共同体身份

---

① 本尼迪克特·安德森：《想象的共同体：民族主义的起源与散布》，吴叡人译. 上海：上海人民出版社，2003年，第4–5页。

建构。①由此，东盟亦可以被视为一个"想象中的东南亚共同体"。然而在实际上，这一"想象中的东南亚共同体"目前仍处于制度建构阶段，尚未完成区域集体观念的建构，即心理层面的"东南亚社会"认同仍未形成。东盟域内新兴民族国家较多，其国家认同大多脱胎于基于本国主导族群的民族主义思想，但同时，东盟快速的经济政治一体化进程呼吁塑造与之相适应的地区认同和地区主义理念，而这两者是存在着结构性的矛盾和冲突的。②理解这种矛盾需要从观念的角度去分析，从观念史的角度去探究东盟区域国家对一体化的认知，继而更好地把握东盟认同的发展脉络。

二、民族主义与地区主义的困境：一体化理论中的认同政治

民族主义与区域主义所强调的"认同"都从属于"集体认同"。布尔（Brewer）认为集体认同产生于社会学对社会运动的研究之中，是一种建立在共同利益和精力基础上的共有群体的认同。③而"东盟认同"是一种地区性集体认同的表现，这种认同理论源于区域一体化的研究，在理论层面与民族国家认同存在着共性与差异。美国学者卡尔·多伊奇（Karl Deutch）在1957年提出了"一体化"（Integration）这一概念。④以系统功能主义为指导思想，他强调系统的互动作用与特殊功能也应被视为共同体研究的重点，主张通过共同体成员的共同努力，实现某些领域的全面合作。⑤第二次世界大战后，欧洲统一运动的兴起，引发了联邦和邦联两派对如何实现统一的争论。主张"功能主义"（Functionalism）的联邦派认为，在保持国家主权的前提下，可以将民族国家的部分主权让渡给参与国共同享有和掌管的区域公共权力；此外，通过各国各行业职能部门的联合，完成参与国之间的经济一体化，从而为走向政治一体化创造先决条件。⑥其核心在于国民对于绩效的效忠转移，即创造福利绩效以实现意识层面的认同从主权国家转向地区性组织。邦联派主张由独立的主权国为基础，联合形成松散的联盟，并以一个声音发言。此时各国国民对本邦国效忠，邦联意识并非一种集体认同，而是基于利益约束的松散共识。邦联的路径带有理性选择的色彩，并未突出集体观念的角色。此后一体化理论的发展均没有突破国家、跨国家以及超国家的三维界域，观念的重要性也被除理性选择制度主义等现实主义一体化理论之外的大部分理论所认

①　详情参见"ASEAN ANNUAL REPORT 2018–2019：ASEAN：A Community of Opportunities for All"．Jakarta：ASEAN Secretariat.July 2019.https：//asean.org/storage/2019/08/ASEAN–Annual–Report–2018–2019–web.pdf.检索时间：2020–12–20.

②　金新：《论东盟一体化中效忠转移的困境——从认同政治的视角考察》，载《太平洋学报》，2013年，第21卷第6期，第46–55页。

③　Brewer M B："The many faces of social identity：Implications for political psychology"，Political psychology，2001，Vol.22 Issue 1，p119.

④　卡尔·多伊奇：《国际关系分析》，周启朋，郑启荣等译，北京：世界知识出版社，1992年，第267页。

⑤　古明明：《欧洲联盟政治认同的塑造：以高等教育合作为例》，载《当代世界与社会主义》，2016年，第4期，第110–121页。

⑥　房乐宪：《欧洲一体化理论中的功能主义》，载《教学与研究》，2000年，第10期，第34–38页。

可。与此相似，建构主义、新功能主义、后功能主义以及宪政民主论等超国家主义的一体化理论学派都强调一体化是对一个超国家实体的认同，认为民族主义会危害地区主义，对于本国的效忠限制了"外溢"的效果或是影响了超越民族国家的集体认同的建构。英国学派这类秉持国家主义的主权捍卫者也认可"国际社会"这一共同价值和共同制度的聚合体。种种理论都认可了民族主义与区域主义是一体化认同中最重要的一对观念。其中，新功能主义的"效忠转移"和建构主义的"观念互动"尝试给出了解决民主主义与区域主义间认同冲突的药方。

（一）新功能主义视角下的"效忠转移"困境

新功能主义学者，以厄恩斯特·哈斯（Ernst Haas）和菲利普·施密特（Philippe Schmitter）为代表。他们将一体化定义为：国内层面的政治行为者将其效忠、期望和政治活动转变为其机制拥有的新中心，或要求其拥有比现有国家更高的管辖范围，并将民族国家最终转变为超国家共同体的从属性构成单位。[1]其过程包含三个相互关联的发展阶段——学习、外溢和效忠转移，而效忠观念是其中的核心要素。哈斯认为，以政治外溢为基本机制，政治精英对于利益与行为的重新审视将最终改变以往主流的国家中心主义，人民对民族国家的忠诚与预期减少，对超国家权威机构的忠诚与预期增加。[2]通过这种方式来实现"效忠"从民族国家向超国家机构转移。该效忠转移的归属与转移后的绩效挂钩，其逻辑是在意识到跨国家行为体的有效性之后，效忠转移才会继续扩大。

在解释的路径上，新功能主义在某种程度上与霍夫曼（Stanley Hoffmann）倡导的政府间主义有某种相似性，即区域化的着力点始终是区域机制的绩效问题，区别在于新功能主义把绩效当作区域化的推力和验证条件，而政府间主义将其视为诱因。埃斯特里拉·D. 索利丹（Estrella D. Solidum）的研究已经证明，东盟自贸区的功能性合作有效性逐步加强了外溢效应。[3]海伦·E. S. 尼沙杜雷（Helen E. S. Nesadurai）也在《东盟的合作与机制转变：东盟自由贸易区的视角》（*Co-operation and Institutional Transformation in ASEAN：Insights from the AFTA Project*）一书中表示，东盟自由贸易区的建立使得东盟的组织机构日益规范化。实际上，结构性冲突仍然存在于不同层次的认同之中，地区认同与民族国家认同通常难以实现共存。

王军将民族主义分为三种类型，即国家民族（nation as state）、公民民族（nation as people）和族裔民族（nation as ethnics）。其中，族裔民族主义和国家民族主义的结

---

① Haas E B：*The Uniting of Europe：Politics，Social，and Economic Forces 1950—1957*，Palo Alto：Stanford University Press，1958，p.16.

② 同上，第14页。

③ Solidum E D：*Towards a Southeast Asian Community*，Manila：University of the Philippines Press，1974.

合形成了区域认同。[①]由此产生的民族认同具有高度极端性和排他性，便难以与功能主义、政府间主义的地区主义共生。新功能主义的诉求不仅仅局限于技术层面的经济部门合作，而是追求政治力量的相互作用，从而强调超国家机构的主权共享。但新功能主义的主权共享不意味着彻底的主权替代，该理论认为主权国家依旧发挥着作用，个人对于国家民族主义的归属感仍然存在，但是相较于地区主义而言被大幅度弱化。即新功能主义最终追求的是国家民族主义辅助和滋长地区主义，并限制国家民族主义自身价值和认同范围的效果。

然而在民族国家独立方兴未艾之际，东盟国家的民族认同是一种强势认同。[②]忠于自己的祖国，在某种程度上仍具有排他性。东盟国家不同于欧盟共同培育区域认同的背景，它们在种族和文化方面存在着更大的差异。在东盟一体化进程中，地区主义无法代替民主主义，而可以在国家民族认同之外，强化区域集体认同，从而达到两者间的动态平衡。

（二）建构主义视角下的"观念互动"

建构主义主要关注的仍然是民族国家这一行为主体。建构主义把主观互动性看作是国际体系的主要结构，并认为它决定了国家认同和国家利益，而非个人因素和国内政治。[③]不同于自由主义和现实主义对区域化的论述，建构主义认为区域化是一个文化认知与社会化过程，也是一种集体认同（collective identity）的培育过程。[④]东盟的建构亦符合上述逻辑。东盟成员国在内部和外部两个维度有目的地培养区域意识并促进"东盟"这一概念完成内向聚合和外向认可。对内，东盟成员培养一种兼顾彼此利益、以协调协商为主的融洽氛围；向外宣传区域意识，使得外部国家逐步接纳并认可东盟区域概念，并以东盟作为向外互动的平台搭建对外交流的结构，并形成十个国家一致的"东盟方式"。阿米塔·阿查亚（Amitav Acharya）认为，东盟各国之间保持着长期且稳定的合作，原因之一是"东盟方式"在发挥重要作用；这一方式使东盟各国能够自我约束自己的行为，防止了冲突升级。[⑤]

在建构主义的视角下，东盟内部的民族主义与地区主义之间并不存在明晰的矛盾，其本质都是个体在互动过程中对某一客体形成的认同和归属。但国家认同更强调

---

① 王军：《民族主义与地区主义的竞争共生关系》，载《世界经济与政治》，2008年，第10期，第42–46+3–4页。

② 张锡镇：《东盟共同体发展趋势及其主要推动者》，载《世界经济与政治论坛》，2007年，第1期，第1–5页。

③ Wendt A："Anarchy is What States Make of It：The Social Construction of Power Politics"，in *International Theory*. London：Palgrave Macmillan，1995，pp.129–177.

④ 王正毅：《亚洲区域化：从理性主义走向社会建构主义？——从国际政治经济学的角度看》，载《世界经济与政治》，2003年，第5期，第4–10+77页。

⑤ 阿米塔·阿查亚：《建构安全共同体：东盟与地区秩序》，王正毅、冯怀信译，上海：上海人民出版社，2004年。

国家作为某一社会群体的集体认同客体，其自身在国际体系中的认同角色。①当全球化渗透到政治、经济、文化的方方面面时，各国之间的关系并不完全如亨廷顿所言那般存在文明之间的冲突。温特（Wendt）认为，可以形成一种基于文化共同性的国家间集体身份认同，且文明认同亦是集体身份认同的分支。②国与国之间的相互依赖度、区域内国家间是否存在共同命运、国与国之间的同质性以及国家的自制力都会对集体认同的构建产生影响。③通过以利益为物质基础的结构性互动，国家间能够在互利的过程中把"他者"的利益界定为自身利益的一部分，地区认同的形成和发展成为可能。比较而言，建构主义视角下的东盟内部"效忠转移"的困境不被讨论，而主要讨论如何建构地区主义的集体认同，然而事实上这一困境是否依旧存在？是否能够通过文化的共性得以避免？新功能主义和建构主义谁更能反映东盟认同的现实发展和客观问题？这些疑问都需要从东南亚民族主义和地区主义形成的历史中寻求答案。

三、东南亚地区民族主义和区域主义的形成：差序发展

（一）早期文化中的认同观念

认同和文化之间存在不可分割的亲密联系，地区国家之间在历史记忆中表现出的对于集体规范、价值观、信仰、区域性目标的共同认知是贯穿该地区互动并形成认同的精神脉络。通过对中国古籍《梁书》《汉书》等文献的考证，东南亚海岛地区在10世纪开始出现中央集权的王国，逐步开始萌生次区域意识。在满者伯夷（Majabahit）王朝之后，至公元1500年左右马六甲王朝建立，马六甲海峡地区直至今天的菲律宾、印尼范围内形成基本的认同。

东南亚早期文化中的认同以宗教为主要形式，封建王朝的兴起强化了陆地和海疆边界的认知，宗教和王权的相互结合使得早期东南亚地区文化带有相似性的特质。沃特斯（Wolters）认为，"印度化"使东南亚统治者有了共同的信仰和价值体系，而印度文献在东南亚地区的广泛传播，为同一文化认同的形成和塑造提供了可能。④因此，东南亚地区的文化整合表现为，13世纪以后印度教和伊斯兰教传入的广泛接受。同时，它还与自身的文化特质结合，从而衍生出具有地方特色的印度伊斯兰教化文化。"印度化"过程中，诞生了柬埔寨、占婆、苏门答腊、爪哇等王国，并与自身的文化特质相结合从而衍生出具有当地特色的印度—伊斯兰教文化。当前东盟十国中，马来

---

① 亚历山大·温特：《国际政治的社会理论》，秦亚青译，上海：上海人民出版社，2008年，第28—29页。

② Wendt A："Collective identity formation and the international state"，*American Political Science review*，1994，p386.

③ 亚历山大·温特：《国际政治的社会理论》，秦亚青译. 上海：上海人民出版社，2008年，第224页。

④ Wolters O W：*History，Culture and Region in Southeast Asian Perspectives*（Revised Edition），New York：Cornell University，1999.

西亚、文莱、印度尼西亚仍然较为高度且完整地保留着伊斯兰教文明的传统和特点。

然而这种相似性却并非文化认同的同一性。贺圣达考察了东南亚族群的历史后认为，东南亚国家在历史背景上的完整性并不能说明其在文化上的同质性，拥有相似地理环境的不同地区的族群在不同时期所形塑的民族心理和宗教文化圈都不相同。[①]所以，东南亚国家的历史文化特征应从不同的历史时期加以考察。

在早期阶段，由于国族、国家的概念建构都不完整，东南亚各国对于自身的认同更多处于氏族认同的阶段。这种认同会随着氏族的扩散和迁徙而具有外延性，但是以血缘亲属为纽带的认同并不能作为一种具有强烈地理范围限制的集体归属感进行考察。而早期东南亚政体的曼陀罗体系也难以形成对领地内的有效管辖，归属感更是难以形成。可以说在早期阶段，东南亚地区共通的历史并未形成统一的民族认同或是区域性认同。此时以宗教为纽带的文化认同逐步具有转化为集体认同的特质。

（二）殖民统治时期地区主义的形成

西方殖民者的到来使得东南亚地区逐步走向了共通的命运，其历史经历的同一性在殖民时期得到了更明显的体现。早在17世纪，东南亚地区已经完成了宗教变迁的大版图：现在的缅甸、泰国、老挝和柬埔寨等地区由小乘佛教占据主导地位；东南亚海岛地区除了菲律宾受基督教影响较大以外，大多由伊斯兰教占据主导地位。伊斯兰教与马来文化逐步开始融合，使得马来人这一民族愈发成为伊斯兰在东南亚地区的代名词，马来人的伊斯兰认同开始形成。同期，泰人与缅人的佛教认同逐渐形成。与宗教有关的价值观念和道德意识随着宗教的传播开始在区域内形成固定的规则和规范。殖民时代到来之前，宗教信仰成为东南亚地区内涵的核心文化，东南亚人民的自我认同观念开始形成。[②]

殖民依治时期，地区性观念是东南亚地区内部互动与外部世界刺激的综合结果。共同面临的外部威胁成为强化地区凝聚力的新动力。这个时期主要以海岛地区民族意识的兴起，特别是马来族内部的民族主义觉醒为主。日本殖民者在马来亚地区实行的族群分化统治，在一定程度上加强了马来土著族群对于自身地理归属感的认知。以马来人为代表的东南亚人民的自我观念以及次区域文化实体的概念逐渐形成。

此外，殖民统治使东南亚海岛地区出现多个小型的商贸据点，进而影响了城乡人口的结构性变化。外籍商人以一种"他者"的形式出现，使得海岛地区内部族群的自我认同感加强。直到18世纪末，大部分东南亚国家还未受到欧洲殖民者的控制，只有槟榔屿、马六甲、爪哇以及马鲁古群岛的一些岛屿真正受到殖民者的控制。19世纪中叶，殖民者的大举入侵反而激起了东南亚地区更加强烈的对抗和当地族群自我意识的觉醒。中南半岛的缅甸、泰国和越南逐步以自己的文化与殖民文化进行对抗，抵制被

---

① 贺圣达：《东南亚历史和文化的整体性与多样性——兼评几部国外名著对这一问题的看法》，载《东南亚南亚研究》，2014年，第4期，第68-76+109页。

② 刘军：《东盟认同过程研究》，昆明：云南大学，2017年，第78页。

基督教文明同化。海岛地区被荷兰殖民者占领的爪哇开始以伊斯兰教作为印尼民族的文化象征和核心，宗教进一步成为社会运动的标志和精神内核，使得以穆斯林为主体的印尼社会形成了一个完整的群体意识。[①]马来半岛地区的传统马来土邦则通过与殖民者合作，进一步以语言和文字作为教化工具，增强民族认同，并对其他民族（如华人）等进行进一步区分。

概而论之，在殖民统治期间，东南亚实现了文化与社会的多元融合。多元的概念在于对每个群体都产生了对自我精神和价值内核的认同以及对"他者"的区分。反殖民化民主主义运动是形成和发展国家与民族认同的重要动力。在这一时期民族主义上升成为东南亚地区认同的主要形式。尽管具有相似的殖民统治背景，但是如贺圣达所言，相同的历史环境并没有造就一体化的文化背景，反而增强了文化的差异性。各地区由于殖民统治方式、本土文化特质以及本土民族成分的差异，从而展现出更具有异质化的特点。但西方殖民者的统治造就了一种新形势的出现，即"东南亚"这一概念被西方殖民者通用，作为划分东南亚与其他地区的术语。所以东南亚的集体性是通过"他者"的转述进行塑造的，而东南亚国家和域内民族自身并没有形成这种"东南亚"的集体观念。

（三）第二次世界大战后东南亚认同的形塑

第二次世界大战时期日本对东南亚地区的殖民统治以及战后英、荷等殖民者重回东南亚的举动，对东南亚地区的民族主义思想的重塑产生了重要的影响。日本殖民者所提出的"大东亚共荣圈"思想第一次把东南亚置于同一政权的统治之下。与欧洲殖民者不同，日本殖民者更加煽动当地的民族主义者利用民族矛盾分化当地政权，扶持当地代理人以维护殖民统治。日本殖民者的占领，可以说是导致东南亚地区秩序重建的客观原因，使得东南亚这一地区概念被广泛使用并得到各国接纳。战后由东南亚地区人民自行发起的"大印度尼西亚"计划等区域联合构想也证明，区域性的观念已经形成。所以在战后民族主义觉醒之际，东南亚地区主义是一个外部强加的概念，且滞后于民族主义的发展，但其结果是与民族主义并轨滋长。

总的来说，对"他者"的恐惧和戒备是伴随东南亚地区认同发展的主线。从开始的外商到后来的殖民者、侵略者，再到战后的共产主义思潮，东南亚地区每一次民族觉醒或是地区主义的兴起都是对外来威胁的应激反应。建立联盟也是东盟各国集体应对区域外威胁的一项反制措施。冷战时期东南亚地区分割成社会主义阵营和资本主义阵营两大区域。虽然完成了民族国家的建构，但是该地区仍然处于大国意识形态附庸的状态下，区域主义加强，但对于东南亚作为一个整体的地区主义概念反而减弱。民族主义和地区主义在东南亚地区表现出一种差序发展的格局，随着历史的发展，民族主义在不断增强，而东南亚地区主义兴起和觉醒都相对滞后。

---

① 黄云静：《印尼伊斯兰教现代主义运动对印尼民族独立运动的影响》，载《东南亚研究》，1993年，第4期，第60–65页。

四、东盟认同与民族认同的冲突与共存

安东尼·D. 史密斯（Anthony D. Smith）认为，"认同"是一元论的命题，即使存在多重认同，其中也必然存在一个主导性认同，它具有政治上的决定性、对人民的生活有重大且长久的影响，此种认同常常表现为以种族为核心的民族认同。[①]尽管包括阿马蒂亚·森在内的学者都认为多元认同和多元文化应当是主流，但是在东盟认同的范畴内，国家中心主义仍然占据主流地位。这种国家中心主义反映在"东盟方式"[②]上，最后形成了具有区域特色的《东盟宪章》。"东盟方式"塑造了东盟在组织和决策方面具有的非正规、非强制性特点，即不谋求建立有约束力的超国家权力的地区机构与制度，强调主权的唯一性和纯粹性，追求各成员国的平等地位。[③]卡赞斯坦曾说，东南亚国家对于制度较弱的倾向性，以及东南亚国家在处理全球与地区事务时强调的双边主义观念，会影响该地区建立一个高度一体化的类似于欧盟的组织。东盟方式依然坚持传统的主权观，防止超国家权力的干预，让国家权力的让渡无法成为可能。可见，东盟内部仍存在着民族主义主导的身份认同。

然而，区域一体化本身则需要该地区形成一个区域性共识。不论是更符合东盟模式的国家主权论下的政府间主义，还是东盟意识形态建构的两种方式：即新功能主义和建构主义的路径，都要求一种超越国家的认同。这种认同可以不以主权的转移为核心，但是仍然有一部分效忠转移和身份认知的改变。区域认同塑造过程中，2007年发布的东盟宪章规定了更为具体的东盟身份，即给予东盟法律人格地位，建立机制性约束制度，强化东盟作为亚太地区重要参与者的作用。[④]因此，东盟的身份首先体现在对外交往模式上，即东盟各国统一对外发声，并作为亚太地区国际交往主体参与国际事务。但是对内并未提出一个区域意识建构的硬性要求。

当前，东盟仍处于所谓的"东盟方式"状态。东盟的非机制化组织形态以及一系列的制度设计都体现了"东盟方式"的特点。在内部认同的建构上，《东盟社会文化共同体蓝图》提出了从四个方面强化东盟认同，即增强东盟意识和共同体意识，促进文化产业的创新，促进文化遗产保护、民众参与到共同体建设中来。[⑤]具体表现在东盟日、东盟艺术节等以"东盟"冠名的能提升集体容易干的活动来作为增强认同的主要路径上。

然而这一路径所呈现的具体方式仍然是把东盟国家划分成文化上具有差异的十

[①] 安东尼·史密斯：《全球化时代的民族与民族主义》，龚维斌等译，北京：中央编译出版社，2002年，第148页。

[②] "东盟方式"是指东盟特有的组织与决策方式，其核心是坚持不干涉内政原则，以非正式协商方式达成全体一致。

[③] 刘险得：《冷战后东盟地区一体化运动研究：以新功能主义为视角》，武汉：华中师范大学，2008年。

[④] Caballero-Anthony，Mel：The ASEAN Charter，*Southeast Asian Affairs*，2008：71.

[⑤] ASEAN Secretariat. Mid-Term Review of the ASEAN Social-Cultural Community Blueprint（2009-2015），Adopted by the ASEAN Leaders at the 23rd ASEAN Summit，Jakarta，2014.

个个体来对待。每年的东盟日，每个东盟国家都会有自己的民族特色演出和民族食品节之类的活动，类似活动只是提供一个把东盟十国形象一次性集中在一起的平台，加强人们对于"这十个国家构成东盟国家"这一概念的印象，但在增强东盟内部形成集体荣誉感和认同感方面收效甚微。在东盟地区内部，存在着一个主权认同悖论：主权认同是阻碍东盟认同强化的决定性因素，而在面临外部威胁时，又对区域认同的发展起着客观推动作用。区域层面，主权认同的决定性作用主要体现在区域集体意识的出现、性质和效用等方面。目前东盟成员国试图通过建构主义的路径，以集体认同直接强化主权认同，但仍然受到"绩效"和有效性的困扰。即对于东盟民众而言，东盟这一概念是否能带来现实的集体利益是其关注的重点。据新加坡东南亚研究所2019年东南亚国家报告，72.6%的被调查者认为东盟所面临的最大问题是没有发挥出实际作用。其次，在国际政治经济格局大变革的情况下，民众对于东盟是否有能力渡过难关以及是否有能力凝聚区域力量也持怀疑态度。[①]

五、结语

现实层面上，东盟的地域认同与民族认同仍是一对相互矛盾的认同关系。东盟在其集体构想中却要避开这对矛盾，以建构主义的方式塑造一种区别于主权、民族国家认同之外的"东盟身份"，从而避免新功能主义"效忠转移"的困境。从具体效能来看，尽管文化认同可以成为东南亚地区形成共同价值观并相互联结的纽带，但是缺乏一个绩效类动能来推动该认同进一步得到认可。塑造共同价值观的区域国家间联盟，其地区观念与心态需要共同的利益来加以维护。所以跳出"效忠转移"困境的良方仍然是增加东盟集体绩效和其有效性，才能最终在主权认同之外形成一个以共有文化认同为纽带的东盟地区集体认同。

参考文献

阿查亚，2004. 建构安全共同体：东盟与地区秩序［M］. 王正毅，冯怀信，译. 上海：上海人民出版社.

安德森，2003. 想象的共同体：民族主义的起源与散布［M］. 吴叡人，译. 上海：上海人民出版社.

多伊奇，1992. 国际关系分析［M］. 周启朋，郑启荣，等译. 北京：世界知识出版社.

房乐宪，2000. 欧洲一体化理论中的功能主义［J］. 教学与研究（10）：34-38.

古明明，2016. 欧洲联盟政治认同的塑造：以高等教育合作为例［J］. 当代世界与社会主义（4）：110-121.

贺圣达，2014. 东南亚历史和文化的整体性与多样性——兼评几部国外名著对这一问题的看法［J］. 东南亚南亚研究（04）：68-76+109.

① Singapore：ASEAN Studies Centre. The Stata of Southeast Asia：2019 Survey Report. 2019，P. 12.

黄云静，1993. 印尼伊斯兰教现代主义运动对印尼民族独立运动的影响［J］. 东南亚研究（04）：60-65.

金新，2013. 论东盟一体化中效忠转移的困境：从认同政治的视角考察［J］. 太平洋学报，21（06）：46-55.

刘军，2017. 东盟认同过程研究［D］. 昆明：云南大学.

刘险得，2008. 冷战后东盟地区一体化运动研究：以新功能主义为视角［D］. 武汉：华中师范大学.

史密斯，2002. 全球化时代的民族与民族主义［M］. 龚维斌，等译. 北京：中央编译出版社.

王军，2008. 民族主义与地区主义的竞争共生关系［J］. 世界经济与政治（10）：42-46+3-4.

王正毅，2003. 亚洲区域化：从理性主义走向社会建构主义?——从国际政治经济学的角度看［J］. 世界经济与政治（05）：4-10+77.

温特，2008. 国际政治的社会理论［M］. 秦亚青，译. 上海：上海人民出版社.

张锡镇，2007. 东盟共同体发展趋势及其主要推动者［J］. 世界经济与政治论坛（01）：1-5.

ASEAN ANNUAL REPORT 2018–2019.ASEAN：A Community of Opportunities for All［EB/OL］.［2020-12-20］.https：//asean.org/storage/2019/08/ASEAN–Annual–Report–2018–2019–web.pdf.

ASEAN Secretariat.Mid–Term Review of the ASEAN Social–Cultural Community Blueprint（2009–2015）［R］

BREWER M B，2001.The many faces of social identity：Implications for political psychology［J］.Political psychology，22（1）：119.

HAAS E B.The Uniting of Europe：Politics，Social，and Economic Forces 1950—1957［M］.Stanford University Press，1958，P.16.

Singapore：ASEAN Studies Centre.The Stata of Southeast Asia：2019 Survey Report［R］.2019：12.

SOLIDUM E D，1974.Towards a Southeast Asian Community［M］.Manila：University of the Philippines Press.

WENDT A，1994.Collective identity formation and the international state［J］.American political science review：386.

WENDT A，1995.Anarchy is what states make of it：the social construction of power politics（1992）［M］//International Theory.London：Palgrave Macmillan：129–177.

WOLTERS O W，1999.History，Culture and Region in Southeast Asian Perspectives［M］.Revised Edition，New York：Cornell University.

19世纪奥斯曼主义在土耳其的产生与发展

吴 越

（四川外国语大学东方语言文化学院 重庆 400031）

摘要：1789年的法国大革命使民族主义思想传入欧洲，并对居住在巴尔干地区的奥斯曼非穆斯林团体产生了巨大影响。巴尔干地区的各族人民逐渐意识到自己的民族身份，并开始反抗以奥斯曼帝国为代表的中央权威。为了维护国家统一、消除民族矛盾，奥斯曼帝国开启了以实现穆斯林和非穆斯林平等为核心的一系列改革。在改革前期，强调"奥斯曼公民"身份的奥斯曼主义被视为解决民族与宗教差异，形成统一民族认同的最优解。但随着政治局势的变化，奥斯曼主义不再能适应帝国发展的需要，并逐步被伊斯兰主义、突厥主义所取代。

关键词：奥斯曼帝国；非穆斯林；奥斯曼主义；民族平等

随着西方工业革命的开展，奥斯曼帝国在军事、科技领域逐步落后于其他欧洲国家。对外战争中接连的战败使奥斯曼帝国逐步丧失了原有的优势地位。加之1789年法国大革命之后，自由、平等和民族主义思想遍及世界各地，奥斯曼掌控下的巴尔干地区也不可避免地受到这些观念的影响。因此，奥斯曼帝国境内的各民族自决意识逐步觉醒，并开始反抗以素丹为代表的中央权威。在"内忧"与"外患"的双重影响下，奥斯曼帝国的统治阶级和先进知识分子为稳固封建统治，开始进行现代化改革的各种探索。为消除民族矛盾与分裂倾向，维护帝国统一，在19世纪的改革当中，强调民族平等与"奥斯曼公民"身份的奥斯曼主义，从众多解决民族独立问题的方案中脱颖而出，被逐步被提上政治议程。奥斯曼的传统社会结构也随着奥斯曼主义的推行，出现了与以往不同的根本性变革——帝国境内的非穆斯林民族获得与穆斯林民族相同的政治地位。

一、19世纪奥斯曼主义的产生

在奥斯曼帝国建立初期，统治者依托伊斯兰教，以"圣战"的名义征服了大量的土地与财富，建立起横跨亚、非、欧三大洲的封建军事帝国。为使帝国统治合理化，素丹在国家统治中融入了伊斯兰教，以伊斯兰教法约束商贸、税收、军事等各个方面，并用"安拉"的名义号召穆斯林臣民忠诚于帝国统治。在这种观念的影响下，宗教是划分奥斯曼臣民的唯一标准——帝国境内所有臣民不分民族，只存在穆斯林与非穆斯林的差别。因此，奥斯曼历史上也出现了许多非突厥语族的穆斯林大维齐。随着帝国领土的不断扩张，帝国境内信仰不同宗教的民族团体急剧增加。基于管理臣民中不同族群与教派的客观需要，奥斯曼帝国形成了独特的米勒特制度（Millet Sistemi）。

"米勒特"一词由阿拉伯词语演化而来，在奥斯曼语中有"民族""教派"等含义，在奥斯曼帝国时期特指东正教、犹太教等非穆斯林宗教共同体与少数民族团体。各宗教与民族团体聚居在国家规定的社区内，在奥斯曼帝国法律允许的范围内享有一定程度的宗教和文化自由。[①]这种观念与管理制度造就了奥斯曼帝国境内数量众多、文化差异巨大的穆斯林少数民族群体。这些穆斯林群体在保持原有民族文化的同时，作为帝国"统治阶级"享受各种特权。与此同时，其他非穆斯林群体在米勒特制度的统治之下，依然较大程度地保留了原有民族的习俗与特征。[②]因此，在奥斯曼帝国境内，无论是穆斯林还是非穆斯林的外族群体，不仅没能融入奥斯曼帝国的文化与历史之中，反而随着历史的发展逐步演变为社会生态学意义和血族关系意义上的民族单位。由于未能形成统一的奥斯曼国家与民族身份认同，这些团体在受到民族主义思潮的挑战时，便会无法避免地走向独立，威胁奥斯曼帝国的统一。

1789年法国大革命中"国民"概念的提出和卢梭"人民主权"学说的实践，使得民族自决的观念逐渐形成。拿破仑战争将法国"民族国家"的思想传给了欧洲，唤醒或激起了奥斯曼帝国掌控下各地区的民族独立意识。在欧洲势力的支持下，居住在巴尔干地区的奥斯曼非穆斯林团体纷纷发起了民族独立斗争，并对奥斯曼帝国的统一构成严重威胁。为解决复杂的民族问题，奥斯曼帝国根据非穆斯林团体的要求和帝国现代化的需要，提出了奥斯曼主义思想。

奥斯曼主义产生于法国大革命之后各民族自由独立意识增强、奥斯曼帝国境内民族独立思潮泛滥的背景之下。奥斯曼封建统治者为防止国家分裂，试图在社会结构上形成超越各民族和宗教的"奥斯曼公民"身份。在这种思想的指导下，奥斯曼帝国的所有公民不分民族与宗教，在素丹的统治下平等地享有政治与法律地位。如此一来，不论是生活在安纳托利亚地区的突厥语族人民，还是生活在奥斯曼帝国统治下的亚美尼亚、阿拉伯、希腊或保加利亚等地区的少数民族人民，都将除却原有的民族与信仰，以奥斯曼公民的身份紧紧团结在一起。因此，能否将非穆斯林团体紧紧联合在一起，遏制由民族主义思想引起的独立运动，取决于奥斯曼主义能否成功实践。

---

① 王三义：《奥斯曼帝国的制度建构及管理模式》，载《吉林大学社会科学学报》，2016年，第56卷第2期，第133页。

② 周少青：《土耳其民族问题析论》，载《学术界》，2019年，第8期，第164页。

二、奥斯曼主义在帝国的政治实践

奥斯曼主义的雏形产生于马赫穆特二世统治时期（1808—1839）。19世纪初，塞尔维亚和希腊的民族起义，让马赫穆特二世看到了民族主义在巴尔干地区的影响。1829年希腊的独立使马赫穆特二世意识到：单纯依靠武力镇压无法彻底阻止叛乱。要想建立一个现代化的集权国家，就必须以"奥斯曼公民"为纽带，使各民族和宗教派别与奥斯曼帝国融为一体，建立起各民族团体对奥斯曼帝国的政治忠诚。首先，考虑到各非穆斯林教派的需求，马赫穆特二世取消了对建造基督教堂的限制，并为1831年教堂的建造提供了财政支持。1837年，马赫穆特二世在对外国使臣的讲话中说道："我的穆斯林臣民都在清真寺中，基督臣民都在教堂中，除此之外他们也没有什么区别，都是我的子民。"这段讲话表明，奥斯曼帝国不再强调依据宗教信仰对臣民身份进行划分，而是强调共同的奥斯曼公民身份。马赫穆特二世希望通过满足非穆斯林的宗教需求，提高非穆斯林的法律地位，来消除各民族间的差异与矛盾。奥斯曼帝国的"公民"身份也自此开始接纳非穆斯林，逐步产生新的变化。

坦齐马特时期（1839—1876）继承并发展了马赫穆特二世的民族平等思想。1839年11月3日，《古尔汗法令》的颁布拉开了坦齐马特运动的序幕。该法令以实现穆斯林与非穆斯林之间的平等为目标，第一次明确提出了穆斯林与非穆斯林拥有相同的权利与义务，标志着奥斯曼主义首次作为官方意识形态出现。[①]《古尔汗法令》规定，帝国平等地保障境内穆斯林与非穆斯林的生命与财产安全。法律面前所有公民一律平等。同时，非穆斯林对本民族的事务拥有更大限度的决定权。非穆斯林有权参与议会选举，可以自由地进入公立学校学习。并且非穆斯林和穆斯林一样，有履行兵役的义务。法令的颁布标志着奥斯曼帝国与伊斯兰传统的彻底决裂，帝国也由此迈入"新法律"的改革时期。

奥斯曼主义在坦齐马特运动中主要体现在行政、法律与教育三个领域。

（一）行政领域

平等原则是坦齐马特拥护者实现奥斯曼主义的基本工具。这一原则在行政领域中的首次实践，体现在由改革派创建的行省议会之中。坦齐马特时期效仿欧洲，在各省的行政机构和司法机构中建立起现代化的代议制度。根据制度要求，议会代表通过非直接选举的方式产生。非穆斯林公民与穆斯林一样平等地拥有选举权与被选举权。如此一来，各宗教的代表均有权参与到议会运行之中，在议会中提出有关本民族问题的议案。奥斯曼主义在行政领域的另一个体现是允许非穆斯林参与国家行政机构官员的选拔。这一原则在《奥斯曼帝国宪法》第19条有明确表示："国家官员的选拔依据奥

---

① Fuat Uçar： "Emerging of Ottomanism in Turkish Thought and Its Effects on Turkish Political Life"，*Black Sea Journal of Social Sciences*, 2018, Vol.10, Issue 10, p.90.

斯曼公民的才干。"这一条款表明奥斯曼帝国在选拔官员时不再关注宗教出身，而是将注意力更多地放在个人能力之上。综上，非穆斯林的政治地位较之前大大提高，奥斯曼帝国的政治措施也开始更多地关注非穆斯林群体的利益。

（二）法律领域

坦齐马特时期奥斯曼主义在法律领域的实践，集中表现为通过法律手段，建立穆斯林与非穆斯林之间的平等地位。

奥斯曼帝国的素丹依靠伊斯兰教获得了统治的合理性与合法性。因此，伊斯兰教在奥斯曼帝国拥有至高无上的地位，使素丹统治合理化的"真主的法律"也被视为维护社会秩序的权威依据。[①]因此，奥斯曼帝国以《古兰经》、"圣训"为行为准则，用伊斯兰教法约束着国民生活的方方面面，奥斯曼帝国的法律审判也掌握在由伊斯兰宗教人员构成的乌莱玛阶层手上。这种由伊斯兰教派垄断法律的特殊性，使得穆斯林与非穆斯林在部分法律面前难以取得平等的地位。

坦齐马特运动时期，为推动现代化进程，降低乌莱玛阶层在政治生活中的影响力，奥斯曼帝国开始逐步废除原有的习惯法与宗教法，并以法国等欧洲国家为蓝本，翻译与颁布了一系列世俗法典。这些世俗法典中与传统奥斯曼法律最为不同的一项特点，便是法律面前不分民族与宗教，人人平等。1840年通过的《刑法典》就明确体现了平等主义的原则。法典的前言部分明确写出了法律面前所有公民一律平等。此外，法律的第一项条款和结尾部分再次强调法律面前人人平等的原则。于1851年7月14日重新修订的《刑法》中再次明确表示：本法律不分阶级、民族与教派，平等地适用于奥斯曼帝国境内的所有公民。此外，奥斯曼帝国还仿照西方建立了世俗法院，并设立了专门的委员会对法院运行进行监督。监督委员会的成员由来自各个宗教团体的代表构成。这一团体的成立打破了以往乌莱玛阶层对法院的垄断，最大程度上保证了穆斯林与非穆斯林在法律运行中的平等地位。1856年颁布的《改革法令》再次强调奥斯曼帝国的所有公民，无论是穆斯林还是非穆斯林，都享有相同的权利，履行相同的义务。这些措施都表明了统治者试图通过确保穆斯林和非穆斯林之间的平等地位，消除民族差异，拉近民族距离。

塑造奥斯曼公民身份的实践并没有就此停止。素丹阿卜杜勒·阿齐兹为团结民众，于1869年1月19日接受了由九项条款构成的奥斯曼尼耶征服法。该法律用西方法律中的"公民"的概念代替了基于宗教理解的"臣民"概念。法律条款在不区分穆斯林和基督教徒的前提下，平等的适用于所有奥斯曼公民。由此一来，奥斯曼帝国以法律的形式明确了"公民"的内涵，在建立现代民族国家的进程中迈出了重要一步。

虽然在提倡穆斯林与非穆斯林的平等地位的同时，奥斯曼帝国依然强调伊斯兰教法的首要地位，但无论如何，对于奥斯曼帝国而言，这都是非常先进的一步。"奥斯曼"一词由穆斯林臣民的代名词，变为了融合不同宗教与民族的集合体，成为联结不

---

① 吴公贵：《当代伊斯兰教法》，北京：中国社会科学出版社，2003年，第129页。

同民族与教派的共同纽带。

（三）教育领域

为维护国家统一，奥斯曼帝国在教育领域也以实现民族平等为重要内容，进行了一系列改革。作为政教合一的国家，奥斯曼帝国的官方教育机构主要为初等教育机构马克塔布（Mektep）和高等教育机构马德拉萨（Medrese）。在初等教育阶段，学生们在马克塔布中学习包含诵读《古兰经》在内的基本宗教知识。在高等教育阶段则学习诸如语法、逻辑学、天文学、伊斯兰律法等更为深入的宗教内容，引导学生从宗教信仰的角度了解社会。[①]因此，作为不信仰伊斯兰教的非穆斯林人民，接受教育的机会远远少于穆斯林臣民。

在世俗化和西化的影响下，马赫穆特二世统治时期，第一次出现了所有公民平等接受教育的思想。这一时期，素丹建立了教授西方科学知识的一系列世俗教育学校。这些学校不分宗教，平等地接受奥斯曼帝国的所有公民。

坦齐马特时期的教育实践，向实现民族平等迈出了更为重要的一步。在奥斯曼帝国于1856年迫于列强的压力颁布的《改革诏令》（"Islahat Fermani"）中，明确提出了每个少数民族或宗教团体都有权开设学校。出于宗教目的开设的学校，由各宗教领袖负责日常行政事务，其运行则受到由穆斯林和非穆斯林组成的理事会监督。公立的世俗学校不区分民族，对奥斯曼帝国所有的公民平等开放。此外，为塑造共同的民族文化，加强各民族的联系，在初级教育阶段，各教派的儿童均需要学习土耳其语，以此来确保奥斯曼帝国语言统一，加强民族认同感。

随着奥斯曼帝国改革的深入推进，这些新式学校的数量在帝国境内不断增加。在"自由、平等、博爱"精神的影响下，这些学校传授的西方思想一定程度上助长了民族主义思潮的发展，加速了各民族独立的步伐。

素丹阿卜杜勒·哈米德继位后，在青年奥斯曼党人的压力下，于1876年12月23日颁布了奥斯曼帝国的第一部宪法，开启了奥斯曼第一宪政时期。在这一时代初期，坦齐马特运动的民族平等思想得以贯彻。1876年宪法的第八条再次强调了奥斯曼民族的共同身份："不论属于何种教派，都是奥斯曼帝国的公民。"这一条款为非穆斯林取得平等地位提供了最高程度的法律保障。奥斯曼帝国依靠宗教划分的传统社会结构也由此被彻底废除。同年，在根据宪法要求成立的众议院成员选举中，也贯彻了各宗教平等的原则。众议院的115个席位中有46席属于非穆斯林。[②]非穆斯林在议会中获得近半数的席位，使其在奥斯曼帝国的政治影响力大大增加。然而，随着素丹阿卜杜勒·哈米德统治地位的巩固，其打着宪政名义实行封建专制的野心也逐步显露出来。最终，阿卜杜勒·哈米德于1878年关闭了议会，铲除了支持宪政与奥斯曼主义的青年

[①] 王莉：《奥斯曼帝国传统的伊斯兰教育》，载《沧桑》，2008年，第4期，第155页。

[②] Şerif Demir："Ottomanism as the Policy of the State in the Tanzimat Reform Era", *Journal of Turkish Studies*, 2011, Issue 29, p.341.

奥斯曼党人。奥斯曼主义的声音在帝国境内也由此逐步减弱，并被新产生的突厥主义与伊斯兰主义所取代。

三、奥斯曼主义实施的结果与影响

在奥斯曼帝国的统一受到威胁的时候，为挽救国家分裂，各个统治者试图通过强化国族认同感来避免国家崩溃。因此，强调奥斯曼公民身份的奥斯曼主义被选为了维护国家统一的首要工具。然而，奥斯曼帝国政治的腐败与统治者意图加强集权的私利，使得部分政策沦为一纸空文。虽然《古尔汗法令》和《改革法令》在条款中规定了各民族一律平等，但其中很多政策未能得到切实地执行。据《古尔汗法令》规定，奥斯曼帝国境内的非穆斯林与穆斯林拥有相同的权利和义务。因此，非穆斯林也应同穆斯林一样，按照国家要求服从义务兵役。然而，宗教阻力与政治的腐败使得这一政策却未能如预想般执行，只有少数基督教臣民被纳入军队之中。[①]

最终，奥斯曼主义不仅并未能如预期般团结各族人民，反而加剧了分裂倾向。其带来的民族主义思想，使奥斯曼帝国境内的各民族自决意识纷纷觉醒，各地民族起义不断。1912年，保加利亚、塞尔维亚、希腊和门的内哥罗组成"巴尔干同盟"，并发动了反抗奥斯曼帝国统治的民族独立战争。在欧洲列强的干预下，1913年5月30日，土耳其与同盟四国签订了《伦敦条约》，这一条约的签订导致土耳其丧失了欧洲的大部领土，也使得巴尔干半岛各族人民摆脱了土耳其的长期统治。奥斯曼民族政策也由此宣告彻底破产。

四、总结

从某种意义上说，奥斯曼主义是在法国大革命后产生的一种基于公民身份和法律平等原则的政治理念。奥斯曼帝国希望以奥斯曼公民身份强化非穆斯林团体的国家认同感，维护国家统一。然而，由于奥斯曼各民族间长期缺乏统一的历史认同和民族信仰，奥斯曼主义并不能解决已经出现的民族独立倾向，其中包含的平等自由思想甚至进一步加快了各民族独立的步伐。最终，巴尔干地区民族独立浪潮迭起，奥斯曼帝国不可避免地走向解体。

参考文献

王莉，2008. 奥斯曼帝国传统的伊斯兰教育［J］. 沧桑（4）：155–156.

王三义，2016. 奥斯曼帝国的制度建构及管理模式［J］. 吉林大学社会科学学报，56（2）：129–

---

① 王三义：《细节与成败：奥斯曼帝国改革的深水层》，载《复旦学报》（社会科学版），2016年，第58卷第5期，第24页。

136.

王三义，2016．细节与成败：奥斯曼帝国改革的深水层［J］．复旦学报（社会科学版），58（5）：21-29．

吴公贵，2003．当代伊斯兰教法［M］．北京：中国社会科学出版社．

周少青，2019．土耳其民族问题析论［J］．学术界（08）：163-177．

FUAT UÇAR，2018. Emerging of ottomanism in turkish thought and its effects on turkish political life［J］. Black Sea Journal of Social Sciences, 10（10）：81-108.

MUSTAFA ÇOBAN，2012. Modernity in the decline of ottoman collapse and an assessment on the effects education［J］. Kahramanmaras Sutcu İmam University Faculty of Theology Journal（20）：94-136.

ŞERİF DEMİR，2011. Ottomanism as the policy of the state in the tanzimat reform era［J］. Journal of Turkish Studies（29）：331-348.

浅析波兰国家标志

——国徽、国旗、国歌、首都①

黄钇娴

（四川外国语大学非通用语学院波兰语专业 重庆 400031）

摘要：随着中国与波兰之间的文化交流愈来愈多，贸易往来飞速增长，人们对这个历史气息浓厚的中东欧国家产生了更多兴趣，不满足于历史教科书上对它的认识，想要进一步揭开波兰的文化面纱。本文通过描述波兰国家标识的外观与发展，使读者更加深入地了解波兰历史、民族精神和文化情怀。

关键词：波兰国徽；国家标志；国旗；国歌；白鹰

随着"一带一路"倡议的提出，波兰作为"一带一路"沿线国家和"渝新欧"的终点站所在国，进一步走进大众视野。说起波兰，人们会不自觉地联想到沉重的波兰历史——奥斯威辛集中营、三次瓜分波兰、德国闪击波兰等。波兰的历史沉重却又饱含诗意，在岁月的轮回中与命运抗争，在时间的洗礼中成就了当今的波兰。一个斗志昂扬的民族，一只百折不屈的雄鹰，挣脱命运的枷锁、战争的束缚，翱翔于天。这样一个充满戏剧色彩的国家会采用什么样的国家标志来代表自己的民族呢？

国家标志是一个国家的象征与代表，是一个国家的初印象和记忆点，所以国家标志的确立就显得尤为重要，国家标志往往是通过长期的历史沉淀和相关工作人员的多次斟酌才最终确立，一般由宪法直接规定，受相应的法律保护，代表国家的主权、独立和尊严。波兰的相关宪法明确规定了波兰共和国的国家标志有国歌《波兰决不灭亡》，民族色彩——红、白，国徽，国旗，白鹰。波兰政府对波兰国家标志相当重视，相关规定也细致入微，所有的波兰公民和波兰政府机构需要严格按照宪法中的规定来使用相关国家标志。

---

① 本文系四川外国语大学2020—2021年校级科研项目"中波基本颜色词动隐喻对比研究"（项目编号：sisu202037）的阶段性研究成果。

一、波兰国徽

波兰国徽是一枚红色盾徽，上有一只头戴金冠的白鹰，它目视左方，金喙金爪，双翅张开。波兰可以说是欧洲境内对国徽的生成历史有着最精确记录的国家。1295年6月26日，普热梅斯瓦夫二世（Przemysł II）在格涅兹诺（Gniezno）加冕，鹰的形象第一次被使用，成为波兰统一王国的徽章。普热梅斯瓦夫二世还把鹰的形象印刻在他的皇家印章上，这个印章体现在1295年8月的文件上。此时头戴金冠的白鹰象征着国家的主权与统一。

受朝代更替和历史发展的影响，波兰国徽的形象也历经几番调整，最后才形成我们现在所看到的模样。从15世纪下半叶起，除波兰王国出版物上用白鹰国徽、立陶宛大公国出版物使用骑士国徽外，雅盖隆时期波兰—立陶宛国家采用联合国徽：一个盾牌划分成四个部分，左上部和右下部各有一个波兰白鹰，右上部和左下部是立陶宛骑士，盾牌上方是一顶王冠。[①] 在此期间，鹰象征着波兰国家的持续性和对主权的追求。

波兰在遭遇普鲁士、俄罗斯帝国和奥地利帝国的三次瓜分之后，曾在地图上消失了123年，1918年波兰恢复独立以后重新确定了国家标志与民族代表色。1919年颁布的宪法对波兰国徽外观的描述为一只位于红色盾牌上头戴王冠的白鹰，这个形象一直被使用到1927年齐格蒙特·卡米斯基（Zygmunt Krasiński）设计的新版国徽问世前。

波兰共产主义执政时期，决定去掉白鹰头上的王冠，当时认为王冠象征着君主制，而这与进步思想和革命运动理念不符。1945年6月，波兰正值解放初期，民族团结政府决定根据进步的解放运动传统把去除王冠后的齐格蒙特·卡米斯基设计的白鹰作为国徽。1952年7月22日，波兰通过波兰人民共和国宪法，继续沿用这一国徽。

在1989年6月对下议院进行部分自由选举之后，最高法院在1989年12月29日举行的会议上修改了宪法，波兰由"波兰人民共和国"变更为"波兰共和国"，同时恢复白鹰头上所佩戴的金冠，其中关于新国徽的样式和颜色的规定被精确地写进1997年颁布的宪法当中。

国徽上的白鹰形象最早始于一个斯拉夫传说。相传在很久很久以前有三个兄弟，分别名为莱赫、捷赫和罗斯，他们都想要寻找到一块合适的土地来建立自己的家园。于是三兄弟分头出发，捷赫向西出发，罗斯向东探寻，而莱赫则一路向北。当莱赫来到一片绿树成荫、生机勃勃的地方时，抬头望见天边一只雄壮的白鹰在夕阳的映照下从远处朝着橡树飞来，橡树上有一个鹰巢，原来它是为自己的孩子猎食而归。金色的夕阳下，充满着欢快的啼叫声，一片祥和。莱赫认为该地是一片祥瑞之地，就此驻扎定居，娶妻生子，繁衍后代，并把此地命名为"格涅兹诺"。"格涅兹诺"的意思就是"巢"。天长日久，便以格涅兹诺为中心建立起一个公国，它的名字叫作波兰（"美好田园"之意）。格涅兹诺作为波兰最早的首都，被称为"波兰文明的摇篮"[②]。

---

① 文有仁、单裤：《波兰国旗、国徽、国歌的来历》，载《当代世界》，1996年，第1期，第46页。
② 高德平、高空：《列国志——波兰》，北京：社会科学文献出版社，2005年，第10—11页。

二、民族色彩与国旗

波兰共和国国旗的颜色为白色和红色，排列成两条宽度相同的平行条纹，顶部为白色，底部为红色。波兰国旗的颜色与波兰国徽的颜色相同，从徽章学的角度来看，国旗上的白色即为白鹰的颜色，而红色则是徽章的颜色。同时波兰国旗的颜色还具有以下含义：白色表示纯洁、秩序、贵族和水源；红色则是火的象征，代表勇气和勇敢。几个世纪以来，胭脂虫作为中东欧地区主要的红色染料源，相当于生产红色染料的染色剂。[①]由于当时胭脂虫价格昂贵，只有身份尊贵或者是富有的人才有机会使用红色染色剂和织物，久而久之，红色也作为一种特权和尊贵的象征。

从2004年开始，波兰政府将每年的5月2日定为波兰国旗日，波兰国旗日是波兰近年来新设定的法定节假日之一。在这一天，波兰人民通过各种各样的方式来表达自己对国旗的尊敬与热爱，在波兰各地街头随处可见身穿红白色衣服的人们，他们自发组织一系列爱国庆祝活动。

中世纪晚期，位于红色背景上的白鹰开始出现在波兰王国的旗帜上。1792年5月3日，在庆祝宪法颁布一周年之际，红白双色首次以民族代表色的身份出现，这一天女士们穿着束着红丝带的白色连衣裙，先生们则绑着红白色的腰带。1831年2月7日至十一月起义期间，波兰王国众议院承认白色和红色为民族代表色。在许多波兰的历史大事件当中都能看到红白双色的身影，红白双色成为波兰人民爱国的标志，象征着波兰的起义与独立，代表着波兰人不屈的精神和厚积薄发的生命力。

另有在白色长方形中央镶嵌国徽的国旗变体，仅在驻外使领馆、民用机场、国际航班、港口等有限的地方使用。[②]

三、波兰国歌

我们现在耳熟能详的波兰国歌——《波兰决不灭亡》（另译为《波兰没有灭亡》，直译为《东布罗夫斯基玛祖卡》，原名为《意大利波兰军团颂歌》），是在1797年7月16日至19日之间在当时的伦巴第王国（现如今意大利境内）由约瑟夫·维比茨基（Józef Wybicki）创作而成。

约瑟夫·维比茨基于1747年9月29日在波兰波美拉尼亚的本多明出生，他不仅是一位出色的诗人、剧作家、作曲家，而且作为一名受过教育的律师，他于20岁开始担任第一波兰共和国国会议员的政治活动律师，并参加了1794年的柯斯丘什科起义，在大波兰地区与扬·亨利克·东布罗夫斯基（Jan Henryk Dąbrowski）将军相识，后来东布

---

① 陈娟：《波兰颜色词czerwony多义现象的认知隐喻解读》，载《浙江万里学院学报》，2018年，第1卷第31期，第63页。

② 高德平、高空：《列国志——波兰》，北京：社会科学文献出版社，2005年，第10–11页。

罗夫斯基在拿破仑战争中组建意大利波兰军团；1797年7月，维比茨基作为一名造访者来到了扬·亨利克·东布罗夫斯基将军带领的波兰军团，其间创作了《意大利波兰军团颂歌》这首歌的歌词。在波兰军团离开Reggio地区的欢送会上这首歌第一次被演唱。

几周之后，《意大利波兰军团颂歌》跟随军团来到了博洛尼亚，这时将军写信给他的朋友维比茨基说道："你的颂歌收获了越来越多士兵们的青睐，我们对作者致以崇高的尊敬。"同年该歌在意大利北部的各个军营中广为流传，收到了人们的欢迎，成为鼓舞士气的动力。不仅仅在军队当中，这首歌通过来往于各国间的使者，来到华沙、克拉科夫、波兹南等其他城市，撒下对自由的信仰。

《意大利波兰军团颂歌》这首歌伴随波兰人参加了所有拿破仑时期的战役；在华沙公国的时代来临之际，该歌成为在意大利地区的波兰军团的非正式国歌。拿破仑沦陷后，新建立的波兰王国由当时俄国沙皇的兄弟康斯坦蒂王子管理，他试图将这首歌从国家历史中抹去，但未能如愿；自1831年11月起义以来，该歌再次作为最受欢迎的爱国歌曲之一被大家演唱。

在19世纪中叶，《意大利波兰军团颂歌》进入一个新的历史时期，该歌成为斯拉夫民族最重要的歌曲之一。更准确地说，他成为后来许多颂歌写作的标杆。约瑟夫·维比茨基写下的著名感叹词"只要我们还活着，波兰就没有灭亡"，是其他类似歌曲争相模仿的榜样，这些歌曲不仅激励着波兰人民，同时也成为其他国家被奴役的人们譬如塞尔维亚人、捷克人、卢萨特人和乌克兰人等的信仰。

在将近两个世纪的时间里，一直困惑波兰人的历史难题始终没有被解决——《意大利波兰军团颂歌》这首歌的旋律究竟从何而来？最初，人们认为该旋律是由米哈尔·克雷欧法斯·欧吉尼斯基王子（Michał Kleofas Ogiński）创作而成——著名波兰舞曲《告别祖国》的创作人，但由于历史资料与猜测相矛盾，所以直到今天人们都把这首歌曲的旋律来源解释为是作者对"民谣"的引用。波兰著名音乐家兼作家瓦茨瓦乌·帕内克（Wacław Panek）认为最接近真相的假设应该为，约瑟夫·维比茨基在创作出《东布罗夫斯基玛祖卡》的词之后，利用自己从前听过的已知旋律，把词和曲串联在一起，最终形成了我们耳熟能详的波兰国歌。

1842年4月26日，亚当·米基维奇（Adam Mickiewicz）在巴黎的一节斯拉夫文学课上说道："那首被波兰军团广为传唱的著名歌曲始于一首象征着新历史的诗篇：'只要我们还活着，波兰就没有灭亡。'这句话的意思是，一个人只要拥有自己的国籍，不管他的国家当前的政治情况是什么样的，他都具备延续自己国家传承的天赋与能力，甚至可以努力使自己的国家重新出现。"

1978年，在约瑟夫·维比茨基的出生地贝登多姆（Będomin）成立了波兰的国歌博物馆。

《意大利波兰军团颂歌》的中文译文为：

波兰没有灭亡
只要我们一息尚存
侵略者所夺走的

我们会以手中的战刀收复

前进，前进，东布罗夫斯基

从意大利到波兰

在您的领导下

我们万众一心

我们跨越维斯瓦河，渡过瓦尔塔河

成为真正的波兰人

拿破仑已经告诉我们

如何去取得胜利

前进，前进，东布罗夫斯基……

就像恰尔涅茨基到波兹南

结束瑞典人的占领

为了保卫我们的祖国

我们将渡海归来

前进，前进，东布罗夫斯基……

父亲对（女儿）巴夏

激动地说：

听啊，我们的战士们

敲响了战鼓

前进，前进，东布罗夫斯基……

四、波兰首都

由大约记录于991年皮亚斯特（Piastowie）王朝的文件可知，格涅兹诺被认为是当时波兰王国的唯一正式首都，也是波兰历史上的第一个首都。从10世纪末开始，弗罗茨瓦夫（Wrocław）隶属于皮亚斯特，并作为当时国王的主要驻扎地之一；根据1112—1116年间的文献记录，当时的波兰王国又下分为三个公国，分别是波兰［包括大波兰地区（Wielkopolska）和小波兰地区（Małopolska）］、西里西亚（Śląsk）和桑多梅日（Sandomierz），所以当时的弗罗茨瓦夫、克拉科夫（Kraków）和桑多梅日分别作为这三个公国的首都。在1038年卡西米尔一世（Kazimierz I）统治期间，古都格涅兹诺由于捷克王子布热蒂斯瓦夫一世（Brzetysław I）的入侵而遭到破坏，随后便迁都至克拉科夫，在后来相当长的一段时间内，克拉科夫都作为波兰的首都。但是值得注意的是，在1295—1296年，波兹南（Poznań）曾短暂地成为过波兰地首都，但随后统治者又把首都定回到了克拉科夫；直到1596年齐格蒙特三世（Zygmunt III Waza）将王宫迁至华沙（Warszawa），克拉科夫只保留举办国王加冕大典的功能；1795—1918年波兰亡国期间，克拉科夫成为自由市和大公国所在地，延续了其城邦功能。

现如今，当人们提起波兰的首都最先联想到的一定都是波兰的经济大都市——华沙，其次为小波兰省的首府克拉科夫和波兰的第一个首都格涅兹诺。华沙位于维斯瓦河（Wisła）之上，地处整个波兰的中心，是目前波兰的第一大城市，同时也是波兰政治、经济、文化、教育的中心。华沙曾在第二次世界大战期间有过一段灰暗的历史，整个城市因为战争而变得面目全非，但是值得庆幸的是，在战争结束后波兰政府与人民团结一致以意大利画家加纳莱托（Canaletto）的画来重建华沙，恢复华沙昔日的容貌。

现在的克拉科夫是波兰第二大城市，也是波兰重要的文化、教育、艺术和科技中心，与华沙不同的是，克拉科夫在第二次世界大战期间并没有遭受严重的战火破坏，所以克拉科夫始终保留有中世纪建筑风貌，并有许多文艺复兴时期流传下来的艺术珍品。提到克拉科夫，不得不提到位于老城中心的中央集市广场。广场建于13世纪，是目前欧洲现存最大的中世纪城市广场。著名的纺织会馆就位于广场的正中心，作为城市的地标之一，这座文艺复兴建筑见证了15世纪克拉科夫商贸往来的繁荣景象。位于广场一角的圣玛利亚教堂也充满历史色彩，现在每逢整点，教堂塔楼上都会有号手吹奏乐曲《圣玛利亚的黎明》，以此来纪念历史上一位英勇的哨兵。传说在蒙古军进攻克拉科夫时，有一位勇敢的哨兵在塔上吹响号角以此来警示全城人民，最后这位哨兵在演奏的过程中不幸中箭身亡，演奏也戛然而止，所以后来的整点演奏也都是在曲中突然停止，以此来纪念这位哨兵。

在克拉科夫还有一座举世闻名的城堡——瓦维尔城堡，波兰的历代国王都在城堡的瓦维尔主教堂中举行加冕仪式的，就算后来迁都华沙，但国王加冕的地方仍未发生改变。雅盖隆大学作为欧洲最古老的大学之一，也坐落于克拉科夫，雅盖隆大学建立于1364年，知名校友有日心说提出者尼古拉·哥白尼（Mikołaj Kopernik）、诺贝尔文学奖获得者维斯拉瓦·辛波丝卡（Wislawa Szymborska）、波兰现任总统安杰伊·杜达（Andrzej Duda）等。

格涅兹诺地处波兰中部，靠近波兹南，虽然近年来该城市的经济发展远不及华沙和克拉科夫，但是在此保留有许多独一无二的古建筑和历史文物，是一个充满故事的城市。

五、结语

提起欧洲国家的动物形象，人们最常联想到的就是"法国高卢鸡""英国狮"和"波兰白鹰"。白鹰作为波兰的民族象征已经经历了上千年的历史，白鹰的起起落落也象征着波兰这个国家的命运与发展，历经多少风雨，终能翱翔于天。波兰曾在地图上消失了123年，其间被普鲁士、俄罗斯帝国和奥地利帝国瓜分，历史是沉痛的，但也因此造就了如今这样一个多元化的波兰。很多老一辈的波兰人都会说德语或者俄语，在波兰的有些城市，如弗罗茨瓦夫和格但斯克，还保留有许多当年德国在此留下的建筑，而位于华沙的科学文化宫则极具苏联色彩。来到波兰这个国家就像是翻开了历史的画卷，五彩斑斓的文化细节散发着独有的魅力。

　　这样一个极具戏剧色彩的国家，曾在历史的长河中沉积了多少的血泪与凯歌、辛酸与骄傲，在后来通通都转化成艺术瑰宝。在历史上波兰一共有五位优秀的作家获得过诺贝尔文学奖，艺术和文学上的成就往往与一个国家的社会历史背景有着千丝万缕的关系。

　　一个国家的标识是认识一个国家的初印象，是一个国家的象征，波兰的国家标识从初现到最终确立，历经风雨，也见证了波兰整个国家的发展。从国家标识出发我们可以探析波兰历史，了解波兰的民族精神。

参考文献

陈娟，2018. 波兰颜色词czerwony多义现象的认知隐喻解读［J］. 浙江万里学院学报，1（31）.

高德平，高空，2005. 列国志——波兰［M］. 北京：社会科学文献出版社.

文有仁，单裤，1996. 波兰国旗、国徽、国歌的来历［J］. 当代世界（1）：46.

殷冬水，2016. 国家认同建构的文化逻辑——基于国家象征视角的政治学分析［J］. 学习与探索（8）：74-81.

殷冬水，王灏森，2017. 缔造国家象征——新中国国旗征选的政治逻辑［J］. 社会主义研究（2）：56-63.

非通用语跨文化研究

韩国姓氏文化的溯源及其发展现状

全炳善

（四川外国语大学重庆南方翻译学院　重庆 401120）

摘要：所有的民族姓氏都是从无到有的，本文从韩国文化的角度，对韩国姓氏文化溯源，分析其发展现状，发现韩国拥有凸显民族特点的姓氏。韩国的姓氏文化与传统的姓氏世袭文化存在很大的差异，可以看出韩国正在摆脱传统的姓氏文化世袭观念，向着现代姓氏文化迈进。

关键词：韩国姓氏；姓氏文化；溯源；发展现状

姓氏是表示出生血统或继承同一血统的同胞的称号，是以一定人物为始祖，代代相传的单系血缘集团的一个称谓。

姓氏是姓和氏的合成词，是由古代中国的姓和氏的概念合并而成。到了现代，姓和氏是表示出生系统的同胞的称号，两者的区别逐渐消失。姓氏是单系血缘集团的一个名称，也是区分血族的标准之一。

姓氏经历了复杂而持续的分化过程。因此，即使祖宗相同，也可能不同姓，同姓也可能不同宗。在韩国姓氏文化中，"本"具有重要的意义。"本"也称为本贯、本乡、贯乡、籍贯、先乡等，以始祖的出生地或定居地为"本"。在韩国的姓氏体系中，"本"或"本贯"占据着绝对核心的重要位置。韩国的族谱起源于12世纪中期的高丽时代，在古代韩国，每个姓氏家族都有自己的族谱。如今，韩国氏族的影响力已经变得很小，进入21世纪，韩国正在拥抱核心家庭的模式，而逐渐脱离"本贯"大家庭的观念。

姓氏的起源可以追溯到处于人类原始社会的母系氏族制度时期。在古代韩国，最早使用姓氏是在三国时期。韩国古人的姓氏大都用汉字来标记，说明姓氏的出现和汉字文化关系密切。考其来历，大致可分为三种类型：固有姓氏、外来姓氏和来历不明的姓氏。到了现代，姓和氏是表示出生系统的同胞的称号，两者的区别逐渐消失。姓氏是单系血缘集团的一个名称，也是区分血族的标准之一。

一、韩国姓的历史

虽然不清楚韩国开始使用姓氏的确切时间，但据推测，姓氏可能是与汉字等中国文化产物一起传入韩国的。随着氏族社会和统治某个集团的统治者阶级的产生，姓氏具有了区别其他氏族或被统治阶级的目的，即成为彰显政治身份的标志。

据《三国史记》和《三国遗事》记载，高句丽的始祖朱蒙从国号中取"高"字作为自己的姓氏，并赐给自麾下的忠臣"극"（克）、"중실"（仲室）、"소실"（小室）等姓氏。百济时期有记录的有"사마"（司马）、"수미"（首弥）、"조미"（祖弥）、"고이"（古尔）、"목협"（木劦）等姓氏的人物，王赐予百济的"사"（沙）、"연"（燕）、"협"（劦）、"해"（解）、"진"（真）、"국"（国）、"목"（木）、"백"（苩）等八族姓是代表百济权贵豪门的姓。百济始祖温祚王因自扶余南下，故称"夫余氏"。后世百济君王们将其缩减，使用"여"（余）作姓。另外，还有姓"우"（优）的百济王。《三国史记》等记载的百济开国功臣中有姓"마려"（马藜）的人，现在的马氏以"마려"（马藜）为始祖。新罗时期，"박"（朴）、"석"（昔）、"김"（金）三姓与传说一起流传下来。儒理王6年，以"이"（李）、"최"（崔）、"정"（郑）、"손"（孙）、"배"（裵）、"설"（薛）赐姓于六部的酋长。但是并不清楚这些姓氏是否在唐代被实际使用过，565年《北齐书》中记载新罗真兴王"김진흥"（金进兴）是历史上第一个开始使用金氏姓氏的新罗人。

新罗统一三国后，大部分百姓都没有姓。据推测，在南北国时代的新罗，除了王室以外，"姓"是从崔致远和张保皋等与中国交流频繁的阶层开始使用的。张保皋是南海莞岛的贱民，且只有一个名字叫弓福。他去唐朝当官时，取了当时唐朝大姓之一的"张"姓，名字也改成了中国式。

三国时期，大部分名字都是在固有词中取音，以汉字写出的形式，与现在的三音节姓名有着明显的差异。直到南北国时期，除了极少数特定阶层以外，是没有姓的。甚至贵族出身的高丽太祖王建起初也不是王氏，后世推测其可能没有姓。在包括《高丽史》在内的其他任何资料中，都没有记载高丽太祖的先辈拥有怎样的姓氏，看来高丽太祖的祖辈也没有姓氏。与其说原来也用了王建这个名字，不如说王建本来没有姓，名字不是"建"，可能是从高丽建国开始使用"王"这个姓。同时随着道诜预言的提出，认为其姓是"王"，名是"建"。这样看才比较合理。

据《编年通录》等记载，王建的祖父作帝建曾冒充过唐肃宗的儿子。据《高丽史》记载，忠宣王作为王子前往元朝时，元朝的一位翰林学士与忠宣王来往时向他提出了这样的问题："听说阁下的祖先是唐肃宗（755—762）所生，其根据为何？实则肃宗自幼从未出过宫。还有安禄山之乱时，肃宗在灵武即位，何来闲暇至贵国高丽生子？"忠宣王闻此言，因羞愧而未能作答。

据说，李齐贤在作帝建（王建的祖父）、龙建（王建的父亲，别名王隆）及王建三代人的名字中用上"建"字，其实是新罗时代表示尊敬的"干"（간）字，在用汉

字表示的过程中误传成了"建"（건）。

李齐贤对于王建姓名的批判，表明他不相信高丽王室的宗谱。但是从祖父"作帝建"、父亲"龙建"，儿子（高丽太祖）"王建"的名字中都有"建"字来看，这与西方贵族中儿子的名字和父亲、祖父相同，只在后面加上"二世""三世"的形式类似，还可以认为在父称或姓氏的概念上它们之间存在着某种相似的地方。

总之，高丽初期，姓的使用也曾一度局限在最上层阶级，即使是贵族阶级也有很多没有姓的人物。作为参考，王建与汉字"称王"的"王"毫无关系，可能是当时的纯韩语，即中世纪韩语中具有某种意思的单词。因为该词用汉字分别标记的话，是用表示君主的"王"和表示建立的"建"组成的名字，所以韩国的王氏和中国的王氏虽然汉字相同，但完全没有关联。

随着新罗智证王国号·王号的汉字词修订，法兴王年号·谥号的使用，景德王的两音节地名的修订，文武官职名称的修订等一系列的汉化措施的开展，中国式的名字得以普及。后三国统一后，高丽太祖通过赐姓，使贵族或地方有权势者拥有了姓氏，随着这一政策的实施，姓名制度在韩国开始确立。

帮助太祖王建赶走弓裔并助其称王的四名副长——弘述、白玉三（白玉杉）、能山、沙贵也是只有名而无姓。太祖即位后，赐弘述以"洪"姓，赐白玉三以"裴"姓，赐能山以"申"姓，赐沙贵以"卜"姓，并赐予四人中国式的名字。由此，四人皆有了姓名：弘述为"洪儒"，白玉三为"裴玄庆"，能山为"申崇谦"，沙贵为"卜智谦"。

到了高丽时期，"姓"成为做官的必备条件。推测在1055年（高丽文宗9年）实行"无姓者无资格科举及第"的封弥制度后，姓氏制度成为彰显贵族阶级政治身份和血统的标志。

朝鲜时代实学家李重焕在《择里志》中把韩国姓氏的正式普及时期定为高丽初期。由于主要是统治阶层拥有姓氏，所以即使在朝鲜初期，全国人口的90%都没有姓氏。直到朝鲜后期，姓氏才开始在贱民阶层得以普及。1894年的甲午改革促进了姓氏的大众化，1909年（日本帝国主义统治时期之前）随着民籍法的实施，人人都有了姓氏和籍贯。

朝鲜中期，姓氏普及到了除贱民阶层以外的良民。16世纪朝鲜没有姓氏的"无姓层"比率约占总人口的40%。倭寇入侵和胡人兵乱之后，如果没有姓氏和族谱，就会沦为庶民，还要服军役，于是便有人勾结贵族，企图伪造户籍和族谱。朝鲜中期以后，通过族谱买卖、族谱伪造、空名帖等，部分贱民实现了良民化，随着这一社会变化，无姓层的比率有所下降。朝鲜后期学者茶山丁若镛在《牧民心书》第8卷中写道："我在西邑时，很多人拿族谱来让我看，其中的真族谱不足十分之一。"他还写道，不能只将其看成是某一时期的世俗。台湾政治大学教授金根植（法制史）表示："金、李、朴三大姓氏在韩国人口中占大部分，这是用正常的亲属关系无法解释的，也暗示出平民、贱民对这些姓氏的冒用。"

伪造族谱首次引起社会争议的时期是18世纪后期。值得注意的是，伪造族谱的罪魁祸首并不是贵族。1764年金敬姬伪造销售族谱败露，其身份是中人。金敬姬不是贵族，却能伪造多个族谱，是因为其拥有印刷设施。他从没落的贵族手中购买族谱或向家族代表行贿，让他们多印些族谱，然后再秘密地拿出来。委托族谱交易的顾客如果选择族谱，他就会在确认需要写入顾客名字的页面后，伪造相应的家庭记录，并在另外的纸上用铅字印刷。然后拆掉原来的族谱，取出原有的页面，用伪造好的页面取而代之。

官方的历史记录中看不到有关族谱学的书中出现的内容。虽然以这是有关自家先辈的记载为由，各家都很信任自家的族谱，但其中有不少内容并没有得到验证。具有代表性的族谱造假事例是庆州金氏的《新罗三姓渊源谱》。该书的作者是朝鲜末期仁祖时期出生的金景大，他是庆州市金姓的宗人。此外，还有的伪造族谱中，将编纂《三国史记》的金富轼伪造成了麻衣太子的直系后代。

拥有姓氏的贵族中，也有部分人因牵扯到造反、谋反而被降级为奴仆，或者妾的子女也因"庶子庶孙"的身份受到歧视。从朝鲜王朝实录、朝鲜后期的帐籍、户口单子、筑造水原城时的雇佣劳动者工资记录、诉讼文件等来看，不仅是普通平民，部分奴仆也有金氏、李氏。只是，他们所写的姓氏是否具有籍贯、是否是名副其实的籍贯还不得而知。《华城城役仪轨》中记载着百姓的名字，据推测，朝鲜后期的大部分百姓都没有名字。因此，记录下来的百姓姓名都是以身体特征为基础记录的。

即，个子高的人叫"박큰노미"（朴大老味/朴大个子家伙）"최큰노미"（崔大老味/崔大个子家伙），个子矮的人叫"김자근노미"（金者斤老味/金小个子家伙）、"임자근노미"（林者斤老味/林小个子家伙）、"김작은복"（金者斤福/金小福），像小马驹一样擅长奔跑的人叫"최망아지"（崔马驹），长得像小狗的人叫"김삽사리（金狮子狗）"，眼睛突出来的人叫"이부엉이"（李猫头鹰），瘦得像拐杖的人叫"신지팽"（申之彭/申拐杖），瘤子突出来的人叫"이혹불"（李或不/李瘤子），长得胖又慢吞吞的人叫"박뭉투리"（朴短小），腿短的人叫"조조자근노미"（赵足者斤老味/赵足短家伙），善良的人叫"박선노미"（朴善老味/朴善家伙），"김순노미"（金顺老味/金顺家伙），干活干得好且很独特的人叫"박기특"（朴奇特）、"김기특"（金奇特）。

除此以外，也有因为无法知道百姓的姓氏和名字而草草以年龄命名的情况。因年龄在五十岁上下而叫"김쉰동이"（金五十同），因为不知道名字，只大致知道出生月份而起的"박시월쇠"（朴十月金）等。还有很多下层百姓的名字中带有"김"（金）字和"쇠"（铁、金）字，如"김팔월쇠"（金八月金）、"장막쇠"（张末金）、"정복쇠"（郑福金）、"윤좀쇠"（尹稍金）等。"쇠"就是金的意思，是赚很多钱、幸福地生活的意思。

另外，据黄玹所作的史书《梅泉野录》中显示，朝鲜后期，兴宣大院君为了增加全州李氏的人口，将没有姓氏的百姓中希望获得全州李氏的人都写入了同姓大族谱。因此，那时的全州李氏增加了10万名，兴宣君很是高兴。

1909年施行的民籍法将所有人拥有姓氏和籍贯纳入法制化轨道后，韩国所有国民都获得了姓氏。没有姓氏的奴仆们跟随主人的姓氏和籍贯，也有的贵族解放了所有奴仆，并赋予他们自己的姓氏。"无姓层"拥有姓氏的命令一发出，大部分人都申报了金氏、李氏、朴氏这些人口多的姓氏，导致出现了小部分姓氏占据大部分人口的奇特现象。与姓氏种类超过4000个的中国或超过10万个的日本相比，韩国姓氏种类非常少，而且人口倾斜严重，因此在畸形的人口偏多的籍贯中，很难找到氏族间的连带性。赋予姓氏作为解放身份和秩序的措施，本是试图破坏贵族秩序，但它反而产生了反效果，使原本人口众多的"大氏族"变得更加庞大了。籍贯代表其始祖所在的故乡，目前在韩国，人口最多的姓是金海金氏。各个姓氏都有关于姓氏及籍贯由来的故事。在韩国土生土长的籍贯多与新罗等古代王朝有关联，或多在高丽时期创立，此外还有很多来自中国的姓氏。

二、姓和氏的差异

（一）韩国姓和名

姓是表示出生血统的集团的称呼。《说文解字》是中国释义汉字的最早的字典，其中写到，"姓，人之所生也"，是血统的标志。在韩国，姓是父系血统的标志，跟随父亲的姓，终生不变。与此相比，"氏"是同一血统的人在各地分散时，表示各地分支的标志。也就是说，氏与血缘无关，而是与土地相连的概念，与韩国的籍贯类似。韩国的姓氏以籍贯为必需要素，每个姓都有一个以上的籍贯，即使姓相同，如果籍贯不同，一般就不视为同族。

韩国的姓和名字通常被称为"姓名"，而日本则称为"氏名"，日本的氏大都取自地名。但是，日本直到1870年仍禁止武士以下阶级拥有姓氏。在明治时代的1875年，根据"姓氏义务令"，大部分人才拥有了姓氏，并且大都是根据出生地的地名或地形特征来规定氏，因而与中国或韩国的氏的意义截然不同。

（二）韩国的名字

韩国语"이름"（名字），这个词是动词"이르다"的名词型，在中世纪韩语中被标记为"일홈"或"일훔"等。据推测，更早以前发音是"니르다""니름"。名字狭义上是指姓后面的个人名称，广义上包括姓，或者所有称呼、指代人以及事物的名称。

1. 古人的名字
三国时代百济、新罗名字不分阶层全部使用固有词。据推断，当时的名字大都是多个音节，用汉字拼写，所以很难知道其正确的发音方法。但是新罗统一三国后，统治阶级采用中国式姓名，固有词的名字随之逐渐消失。相反，进入朝鲜时代后，平民以下的普通百姓间长期存在着使用固有词作为名字的倾向，因此根据阶层的不同，出现了差别。

2. 元朝干涉期的蒙古式名字

在元朝干涉高丽内政时期，高丽君王同时拥有蒙古式名字和高丽式名字。第二十九代忠穆王（蒙古语：八思麻朵儿只）、第三十代忠定王（蒙古语：迷思监朵儿只）、第三十一代恭愍王（蒙古语：伯颜帖木儿）等都拥有用汉字标记的蒙古式名字。

3. 日本殖民统治时期的日本式名字

在日本殖民统治时期，1940年开始，韩国民众强制被要求使用日本式姓名，这被称为"创氏改名"。创氏就是"建立新的氏"的意思，这是因为朝鲜式姓名和日本式姓名的概念不同而实施的措施。在日本，没有表示父系血统的姓，只有表示家庭的氏。日式氏名要求一家人都和一家之长的氏一样。例如，如果丈夫是金氏，原本是李氏的妻子就要变成和丈夫一样的金氏。这与朝鲜传统中的不改变姓氏、同姓不结婚、不领养异姓孩子的习俗背道而驰。

实行创氏改名时，进行宣传的日本官员们虽然表示并没有删除户籍上的朝鲜式姓名，但是将原朝鲜户籍标记为"姓名及户籍"并使其只作为参考项，官方上只允许使用日本式氏名的这一做法实际上是想废除朝鲜式姓名。如果拒绝，就会受到各种不利待遇（拒绝入学和升学、就业不便、禁止政府公务等）。

解放后朝鲜颁布姓名复原令，韩国人找回了原来的姓氏和名字。但是，旅日韩国人当中，仍有很多人使用一种叫作"通名"的日本式氏名。而中老年女性中，受到日本帝国主义统治时期的影响，很多人使用着日本式姓名，其中大部分是以"-자"（-子）字结束的名字。有评论认为，以"자"（子）结尾的名字之所以很多，与过去偏爱男孩的思想有关。在韩国，日本式姓名是改名的主要原因之一。男性受到日本式姓名的影响虽比女性少一些，但仍有最后音节为"-랑"（-郎）等日式姓名的名字。

三、现代韩国人姓名的特征

（一）音节数量

现代韩国人中最常见的是由一个音节的姓和两个音节的名字组成的三音节的姓名，其次是带有一个音节（单字）的两音节姓名。以两个音节的姓氏构成的复姓中，不少是单字名字。比三音节多的名字相对来说比较少。这种偏好三音节或者二音节的倾向不仅表现在汉字词名字中，在固有词名字（韩文名字）或外来语名字中也同样有所体现。各种文件的姓名栏上也很少出现超过五个音节的情况。名字大多是按照汉字的意思来命名的，名字中使用的汉字范围是法律明确规定的专用于人名的汉字。在韩语中，汉字的音读原则是一字一音，因此不允许像日本那样进行训读或任意阅读。

（二）辈分字（行列）

男性名字中使用了传统上称为"行列"的表示同族间序列的辈分字。然而使用辈分字的女性或为女性单独指定辈分字的家庭却相当罕见。在西方和日本，父子间经常使用相同的名字或文字，但在儒教传统的韩国或中国却很避讳。今天，很多家庭起名时对辈分没有太多顾虑，但保守的家庭还是存在重视辈分的倾向。

（三）固有词名字

解放以后，由于民族意识的逐步觉醒，韩国出现了恢复固有词名字的趋势。这是从1966年到1987年期间一直持续的首尔大学"为美丽的名字而自豪"活动正式拉开帷幕的。用韩语固有词汇起的名字被统称为"韩文名字"，并逐渐成为一种社会潮流。按不同类型，可以分为来自具体名词的名字（如嘉蓝、露珠、天空、珠子）和来自抽象名词的名字（如智慧、韩光、水雾、国度），以及来自形容词的名字（如青碧、魄力、闪耀、益发、美丽）等等。

另外，还有在固有词中用汉字添加新的含义，起一个具有双重含义的名字的情况。例如，"金娜罗"（김나라）这一名字，单词本身是固有词，同时"娜罗"（表示"美好"之意的汉字"娜"+表示"展开"之意的汉字"罗"）在汉字中也具备美好含义，因此名字具有了双重意义。

（四）名字的性别区分

一般来说，女性的名字比男性名字的数目要有限得多，这是因为在意义和语感上体现女性魅力的汉字或韩文音的数量有限。从女性名字的特点来看，使用汉字时，多使用美、清等与女性美德相关的汉字（美、妍、淑之类）。

另外，女性姓名多以元音结束，或使用带有"ㄴ"收音等给人以柔软感觉的音节。但这些发音在男性名字中也有使用，因此区分并不绝对。

（五）宗教倾向

现代韩国宗教中信基督教的人很多，因此也有使用与此相关的西式姓名的人。新教信徒的名字取自圣书中的人物（约瑟夫、约翰、汉娜等），在罗马天主教会、东方正教会、圣公会，名字则取自圣经或基督教历史上圣人的名字（西门彼得、保罗、马可、马太、以斯帖记、莉迪娅等）。

另外，相当多的新教信徒在名字里用象征上帝和耶稣的"하-"或"예-"作为前缀，例如起名为"예찬"（耶赞：耶稣赞扬）、"하은"（帝恩：上帝的恩惠）等。

（六）入韩国籍人的姓名

外来姓氏有华裔、蒙古裔、女真裔、维吾尔裔、阿拉伯裔、越南裔、日裔、荷兰裔等，其中华裔占比最大。中国人作为主要文化使节经常来韩，此外，在壬辰倭乱等战争时期作为救援军来韩定居，或在中君王朝交替时流亡至韩国的情况也很多。日裔则有以壬辰倭乱时投降朝鲜的日本人金忠善为始祖的金海金氏（金忠善）（友鹿金氏），以及咸博金氏。越南裔有以越南王子李龙祥为始祖的花山李氏、旌善李氏等。蒙古裔则有延安印氏等。

据《朝鲜王朝实录》记载，加入朝鲜时期国籍的金氏中，最多的是来源于女真族的金氏。六镇开拓时期，世宗赐予了数百名入籍的女真族金氏。此举可能与12世纪女真族阿骨打建立的金国有关。《朝鲜王朝实录》中记载，入籍朝鲜的女真族中有很多带着金姓做了官。光海君时期，因女真族可以在朝鲜任何地方生活，所以他们随处可见。但是，现在没有一名金氏以女真族为始祖。现在以女真族为祖先的金氏之所以少，可能是因为慕华思想。朝鲜中期以后，族谱开始如雨后春笋般出现，那时正是慕华思想高涨的时期。当时的满洲蛮夷是人们蔑视的对象。即使以女真族或契丹族中入籍朝鲜的人为祖宗，他们也会掩盖这一点。现在，以女真族为始祖的姓氏只有青海李氏。

最近，随着居住在韩国的外国人数量不断增加，以及跨国婚姻的普遍等原因，由加入韩国国籍的人而新产生的姓氏和籍贯也在不断地增加。入韩国籍的有名人士中，虽然也有人使用入籍时户籍上登录的韩国式姓名，但也有很多人同时使用入籍前的名字。在开化时期，基督教的传教士不管入籍与否，都要用韩国式姓名。

2000年以后，随着来韩的外国移居者在韩国找到新的落脚之地，越来越多的人换掉让韩国人陌生的名字，更改为通用的韩国式名字。虽然对这个问题还没有进行过详细的研究，但大部分人都是采用已有的单字姓氏，或在已有的单字姓氏的基础上取自己的国名或出生地的音节与之相配，以此方式来给自己起姓氏。

（七）海外韩国人的姓名

在中国的韩国人后裔，他们与大韩民国或朝鲜民主主义人民共和国同样使用韩国式姓名。但是，为了避免在韩国和中国因偏好的文字或发音等差异，导致韩国式名字写成中文名字时表达不自然的情况，也会有人起初就起韩式名字。

在日本的韩侨经常使用称为"通名"的日式名字，而加入日本国籍的大多会换成日式氏名。在美国的韩侨大多会在韩国的姓氏上加上英语式的名字。在俄韩侨也大多使用韩国的姓氏和俄罗斯式的名字。在俄韩侨的情况与在华或在日韩侨不同，因为不是生活在汉字文化圈，所以原来的姓氏在户籍登记过程中发生变形的情况较多。

四、名字和文化

（一）与姓名有关的法律

（1）姓氏

在韩国和朝鲜，原则上是子女遵循父亲的姓氏，除非是入国籍的人，否则不能任意建立新的姓氏（不准创姓）。而且，女性结婚也不改变姓氏。外国人入韩国籍时，要重新建立姓氏和籍贯并进行申报。但是，从2008年1月1日起，在韩国父母登记结婚时，若同意遵循母亲的姓氏和籍贯，子女可以随母亲的姓，领养、父母离异或再婚的，经家庭法院批准，子女可改为母亲、养父或继父的姓氏。大韩民国在1997年以前，法律禁止同姓同籍之间结婚，一些异姓同籍中，也有一部分户籍不得结婚的惯例。随着1997年宪法法院做出的"宪法不一致"决定，以及2005年实施的民法修订，同姓同籍禁婚规定在法律上被废除，但是避讳同姓同籍结婚的倾向仍然遗留下来。

关于柳（류/유）和罗（라/나）等几个姓氏是否适用于韩文姓氏标记的头音规则问题，在韩国存在着很大的社会争议。一直以来，居民登记的韩文姓氏都是根据个人的选择，自由地使用两者中的一个，户籍上则只用汉字登记。之所以出现这一现象，是因为韩国对韩文姓氏规定了统一的头音规则，因此引发了用"류"（柳）姓或"라"（罗）姓人的抗议。在这种情况下，法院规定，若当事人提交了更正许可申请，那么户籍上的姓氏就可以不遵循头音规则。并最终于2009年在国语审议会的"韩语正字法解说书"中废除了姓氏必须遵守头音规则的相关规定。

（2）名字

在韩国人的名字中所使用的汉字，目前除了大法院规定的用于汉字教育的基础汉字、专用于人名的追加汉字、专用于人名的汉字许可字体外，其他都有所限制。这些限制适用于1991年以后出生的人。而在此前出生的人，改名时也必须在专用于人名的汉字范围内确定新的名字。此外，名字中所用的字数最多可登记五个字（除姓氏外），即使父母希望起一个特别的名字，在法院判定时也会经常遭到拒绝。

在韩国，更改姓氏是非常难的，而改名方面相对来说比较容易。如果要改名，必须有适当的理由，如果被判为理由不当，法院将不予批准改名。主要改名理由有：名字成为笑柄的情况；与罪犯等引起社会争议的人名字相同的情况；男性的名字像女人或女性的名字像男人的情况；日本式名字；名字不好的情况；与影视剧中戏剧化的人物名字相同的情况；近亲中有同名的情况等等。

（二）姓和男女平等

在韩国社会中，一直存在着对随父姓的传统体制和家庭法修订之前的户主制度的批判意识。因此，20世纪90年代后期开始，韩国的女性主义者和拥有进步思想的部分知识分子就展开了一场"共同使用父母姓的运动"。但是，韩国的姓制度除了姓以外，还把"籍贯"作为必需要素。所以，这在法律上并不被认可，这种运动对普通大众的影响也微乎其微。

另一方面，关于随父姓的"父姓主义"观点，韩国的宪法法院判定"父姓主义本身不能说它违反了宪法，但无一例外必须跟随父姓的政策却是违反宪法的"。也就是说，在出生后给子女起名时，如果父亲已经死亡或父母离婚，母亲有可能单独行使抚养权来养育子女的情况，未婚生子的情况，领养或者是再婚的情况等，在这些情况下，不允许变更姓名的话，就是侵犯了个人的人权。因此，在得到家庭法院的许可后可更改姓氏。但是宪法法院有列举姓氏的"变更理由"，除此之外也不允许附加其他理由。所以这也有可能被大众评价为是违宪的制度。

（三）本名以外的称呼

韩国人除正式名字外，还会有多个称呼。在汉文化的影响下，人们会起如"号"和"字"的称呼。但"号"大多是文人或政治家等名人扮靓所起的，并不普遍，"字"也一般不使用。另外，人们所说的乳名，指的是在正式起大名之前，家里父母或兄弟姐妹之间叫的名字。

（1）乳名

乳名又叫乳号，主要是小时候在家中父母对孩子亲切的称呼时所用的名字。以前为了让孩子可以无病无灾健康长大，有故意起贱名的习俗。偶尔会用汉字起名，然后直接用来当成正式名字的情况。

（2）宅名

宅名就是根据这个人的出生地来称呼其名的一种说法。一般在妇女出嫁之前，其他人会根据其娘家的地点来称呼她。例如：安城家、龙仁家、利川家等。有时也会根据丈夫的职业来进行命名。例如：社长-社长家、金老师-金老师家等。

（3）堂号

堂号指的是根据房子名称对居住在这里的房子主人所起的称呼。

（4）宗教名字

韩国的名字中，有一些是根据宗教所赋予的。以佛教为例，普通人如果皈依佛门，想成为佛家弟子，相当于在俗世时的父母监护人作用的师傅就会给起一个新的名字。此名称为法名。若受法名者经修行成为正式僧侣，通过各种学业及修道积累法纳，则除法名外，还可获得法号。

天主教徒在受洗礼时会接受洗礼名，该洗礼名大多使用天主教圣人的名字。

（四）称呼礼仪

韩国人在回答或者问对方姓氏的时候，一般不只是单独回答"金"。而是加上"氏"字，回答"金氏"。告诉别人自己父母或者老师姓名的时候，会在名字的各个字后面加上一个"字"字。例如用"洪、吉字、童字"这类表达。这种表达被认为是有礼貌的，是对直接称呼父母全名的失礼行为的一种避讳。

称呼对方时，不只称呼姓氏，必须后面加敬称，根据敬称的种类和姓名的组合，每个称呼的语感不同，应区别对待。

在韩国，与长辈直接对话时通常称长辈的职称，很少直接使用姓名。询问陌生人的名字的时候，郑重尊敬的问法是用"성함"（"姓名"的敬称）来询问对方姓名。

（五）罗马字标记

在韩国，有用罗马字标记韩语的标记法，但是人名的适用情况并不严格，因此在一个名字上可以使用多种标记。朝鲜一直使用过去的马科恩-赖肖尔标记法。

姓和名的顺序过去是按照欧洲式，先标记名后标记姓的情况较多，但最近则按照韩国式来标记，先标记姓氏的情况也很多了。如果要给自己起一个英文名的话，韩国人倾向于寻找一个跟自己韩文名发音类似的英文名。

（六）南北差异

朝鲜半岛南北分裂后，两国在文化上断绝了联系，韩国与朝鲜的人名命名习惯出现了一些差异。韩国的取名在某种程度上是随着时代的流行而变化的，但朝鲜的取名基本上还是固守着传统的命名方式。在韩国，采用固有词来命名的人占很大的比率，但在朝鲜人身上却看不到。他们会给辈分相同的兄弟用同一个字放到姓和名之间，以此来命名。以女儿为例，常会采用"正"字或"顺"字放到姓和名中间，因为这两个字蕴含着正直、端庄的意思。

（七）中国、越南、日本姓名的比较

韩国命名体系在形式上与中国和越南有很多相似点，如汉字标记的"姓"和两个字的名等。但是，根据文化的不同，它们各自进化，因此在细节上存在很大的差异。与韩国不同，现代越南根本不使用汉字，因此基本不用担心因汉字标记而引起国籍混淆的情况。韩国人的名字和中国人的名字都用汉字标记，虽然也有混淆国籍的情况，但是通过两国常使用的汉字、音节或姓氏的不同，大致上可以区分出来。首先，朴氏在中国基本上是比较罕见的姓氏，所以如果说是朴氏的话，大多可以被认为是韩国人。姓氏"曹"，中国字写作"曹"，韩国汉字写作"曺"。还有姓氏"裴"，中国字写作"裴"，韩国汉字写作"裵"，我们可以通过这些不同来区分。还有中国人起名喜欢用重叠字，如玲玲、翠翠等。在韩国基本上见不到这样的名字。

从各国排名前十位的姓氏来看，中国和韩国有李、赵、张三姓重叠。韩国和越南在前十名的姓氏中没有重叠的姓氏。

日本的姓氏以两个或三个汉字组成的复姓为主，因此与韩国、中国、越南等其他

汉字文化圈国家的姓氏有所不同。但是，在日本的单字姓中（因为训读只发其中一个字的音，一个不发音），有几个姓与中、韩、越重叠，由于同时使用汉字命名，有时也会出现相似的名字。

（八）韩国的姓氏

韩国姓氏共有286个，一般由直系亲属或起名所起名，名字前面用"姓氏"，是祖祖辈辈传承使用的意思。

据介绍，在286个姓氏中，有130多个是外来姓氏，其中韩国的十大姓氏是김（金）、이（李）、박（朴）、최（崔）、정（郑）、윤（尹）、강（姜）、조（赵）、장（张）、임（林）。

1486年（成宗）《东国舆地胜览》中记录有277个，1766年（英祖）《道谷总典》中记录有298个，1908年《增补文献备考》中记录有496个，在1960年大韩民国国税调查中，显示有258个姓氏。

韩国的姓氏与世界各国的姓氏不同。与世界各国相比，韩国姓氏中表现出独特的特性。韩国的姓氏是以父系血统为本位的称呼，因此即使婚姻所属的家庭发生变化，姓氏也不会改变。

韩国历史最悠久的姓氏是"鲜于"，至今仍存在。在韩国，子女可以跟随母亲的姓氏，母亲再婚的话可以换成继父的姓氏。此外，还有使用父母双姓的情况。父母双姓是指在子女的姓氏中同时使用父母两人的姓，又叫"父母姓同用"。这一现象在韩国、中国、越南等传统上不使用婚姻姓氏的地区出现了争议。现在在韩国之所以不使用婚姻姓氏，是因为使用婚姻姓氏的话父母姓氏就相同，因此使用双方姓氏就显得毫无意义。

对韩国姓氏世袭文化产生巨大影响的是韩国的户主制。"户主制"是指2007年12月31日之前以户主和其家人组成的家庭为基准，整理家庭关系的民法家庭制度或户籍制度。这是以户主为中心，在户籍上组建家族集团，并通过从父亲到儿子的男性血统继承，使家族代代相传的制度。在韩国，孩子的姓和祖籍不是跟随户主的姓和祖籍，而是跟随父亲的姓和籍贯，夫妻不同姓的原则非常明确，因此子女的姓氏和籍贯与户主制无关。

户主制于2008年1月1日废除以后，实施了《家庭关系登记法》，个人家庭关系不再以家庭为单位，而是以个人为单位在家庭关系登记簿上填写登记。

影响姓氏世袭文化的另一个因素是子女的姓与籍贯。韩国《关于子女的姓氏和籍贯规定》中，子女的姓氏和籍贯原则上遵循父亲的姓氏和籍贯。如果是没有父亲的情况，允许孩子随母亲的姓氏和籍贯。如果是无父无母的情况，则可以自己决定姓氏。

2005年民法修订之前，在自己决定姓氏和籍贯之后，如果又找到了亲生父母的话，必须改回自己亲生父母的姓氏和籍贯。但在民法修订之后，也可以根据个人意愿，选择继续使用自己决定的姓氏和籍贯。

另外，非亲生子女的话，原则上子女是要跟随父亲姓氏和籍贯的，但是如果父母有所协商，也可以根据协商情况继续使用之前的姓氏和籍贯。如果协商不成或是无法协商的情况，可以交由法院办理，经法院许可，继续使用之前的姓氏和籍贯。

在民法修订之前，只有在不知道父亲是谁的情况下，才能随母亲的姓氏和籍贯。除非母亲在进行婚姻登记时候就有协议，申明了以后的孩子要随母亲的姓氏和籍贯。

另外，如果父亲是外国人的情况，也允许子女跟随母亲的姓氏和籍贯。在民法中，姓氏原则上是不能改变的，在不知道父亲是谁的情况下或者不是亲生子女的情况下才会改变，而此时的改变是强制性的。

2005年民法修订后，在为了子女的福利有必要变更时，由父母一方或子女提出请求并得到法院的许可后，可以变更。但是，如果本人是未成年人，且其监护人或监护人的法定代理人不能提出申诉的情况下，亲属或者检察官可代为提出申诉。

五、结语

从总的来看，韩国的姓氏文化与传统的姓氏世袭文化存在很大的差异，受现代世界政治思想文化的影响很大，可以看出韩国正在摆脱传统的世袭观念，向着现代姓氏文化迈进。

韩国由于特殊的地理位置，自古以来与中原进行了频繁的交流，深受中原文化的濡染，并与之产生了千丝万缕的联系。韩国姓氏形态之所以与中原汉民族姓氏如出一辙，有其深刻的历史根源。可以说中原文化对韩国文化及韩国姓氏的影响是深远的。

参考文献

罗千洙. 韩国姓氏传自中国之研究［J］. 叶玲君，译. 韩国研究（6）.

房睿，李广，2011. 关于韩国人的姓氏的研究［J］. 商情（45）：95—219.

金德泉，1995. 韩国人姓氏溯源［J］. 当代韩国（01）：86—87.

嫩恩高娃，1997. 韩国人姓氏与婚姻习俗［J］. 黑龙江对外经贸（96-96）.

王秋华，2004. 明万历援朝将士与韩国姓氏［J］. 中国边疆史地研究（02）：121-123.

新历史编幕会，1992. 韩国人的姓氏及其根源［M］. 山心图书出版社.

俞成云，2015. 韩国文化通论［M］. 南京：南京大学出版社.

从"加齐"精神看现代土耳其
多线作战的历史渊源[①]

陈子芮

（上海外国语大学新闻传播学院　上海　201620）

摘要：本文试图追溯至奥斯曼帝国的建立、巴尔干战争直至第一次世界大战时期，以探究土耳其如今多线作战的历史渊源。关于奥斯曼帝国的早期建立，奥地利历史学家保罗·维特克提出了"加齐起源说"。其中体现出来的"加齐"精神，在一定程度上调和了世俗与宗教，把武力战争与宗教上攻击异端相结合，以此获得相关的政治经济利益。之后的巴尔干战争与第一次世界大战期间的军事宣传运动也体现了该精神，将战争胜利、民族自信和国家身份认同相结合。前后贯穿的"加齐"精神在如今现代土耳其谋求地区大国身份、制定地区战略时有着重要影响。

关键词：奥斯曼；土耳其；加齐起源说；巴尔干战争；第一次世界大战

在近期的阿塞拜疆与亚美尼亚关于纳卡地区的冲突中，土耳其对阿塞拜疆表示"无条件"的支持，显示了其强势介入的意愿。然而，类似的对周边地区冲突的介入，对于土耳其来说早已是家常便饭。在叙利亚、利比亚、伊拉克北部、北塞浦路斯多地都有土耳其特种部队的身影。海外派兵无疑是土耳其谋求地区大国影响必需的手段，但多线作战往往是兵家大忌，土耳其显然对这一点毫不避讳且有一套自洽的逻辑。而这些冲突地区无一不和前奥斯曼帝国有着千丝万缕的联系，在土耳其扩大地区影响力诉求的背后，还是有着前奥斯曼帝国思维的深刻影响。本文试图追溯至奥斯曼帝国的建立、巴尔干战争直至第一次世界大战时期，以探究土耳其如今多线作战的历史渊源。

由于史料的缺乏，至今没有直接的证据表明奥斯曼帝国到底是如何建立的。除了开国人确定是奥斯曼·加齐（Osman Gazi），创建时间与创建地点都有不同的说法。20世纪30年代，奥地利历史学家保罗·维特克（Paul Wittek）提出了"加齐起源说"，这是至今最广为流传、意义最深远的一个理论。虽然该理论现在同样饱受争议，但即

---

① 此文得到程彤老师的一些建议，在此表示感谢。

便是反对，许多学者，如美国学者希思·沃德·洛里（Health Ward Lowry），也是在系统批判维特克的理论基础上提出了"劫掠同盟假说"。①简单地说，维特克的"加齐起源说"强调宗教作为奥斯曼建国的动力，勇敢无畏的"加齐"战士们通过"圣战"不断征服异教徒的土地来扩大奥斯曼帝国的版图。土耳其学者塞马尔·卡法达尔（Cemal Kafadar）注意到了维特克的支持者哈利勒·伊纳尔贾克（Halil İnalcık）把"加齐团体"称呼为"加齐雇佣团体"（gazi mercenary bands），强调了其有通过俘获异教徒获利的特点，且这一特点实际上维系了团队内部的凝聚力。此外，在商人和工匠之中还有一个等同"加齐"的团体——艾希（Ahi）兄弟会，它以浮图瓦（Futuwa）原则——每个穆斯林都应有的品格和行为准则而建立。②

然而，如果不把"加齐"仅仅看作是宗教意义上、"圣战"信念下的战士，"加齐"作为一种好战尚武、注重现实利益的精神似乎更能联系社会整体，在它的联结下，宗教和世俗达到了一种微妙的和谐。军事上征服异教徒土地，一面有着伊斯兰教"圣战"攻击异端的合法性，一面也有着战士们紧紧团结到领导人周围的现实利益。一部分对维特克把宗教力量作为国家动力的反驳是，当时不仅军队中存在着基督徒和穆斯林的混合，其攻击的王朝有时也可能是同为伊斯兰教的国家，但如果从俘虏获利的角度出发，这一点就能被理解。同样的，这种"加齐"精神还联系着社会其他阶层，且深入穆斯林品格的塑造之中。商人和工匠组成的艾希兄弟会在宗教上是合法抗击基督教十字军，世俗上却是为了获得实在的政治权力。这在一定程度上或许也能解释另一种对维特克的反驳，那就是当一些学者查阅邻国拜占庭的历史而试图弄清奥斯曼帝国的起源时，在关于奥斯曼的记载上拜占庭的记录更多的是一种政治上而非宗教上的对抗。此外，之后艾希兄弟会虽然确实因为伊斯兰教正统性的问题而渐渐消亡，但土耳其著名经济历史学家奥墨尔·吕特菲·巴尔坎（Ömer Lütfi Barkan）在其1942年发表的题为《征服期间的移民突厥德尔维希和扎维亚》（"The Colonizer Turkish Dervishes and Zawiyas During Conquest Periods"）的文章中，为艾希兄弟会在当时的政治权力体系中成为一大重要影响因素进行了强有力的说明。③

其实，历史上但凡同游牧部落产生过摩擦，发源于农耕文明的民族或者国家，对这种将武力与现实利益灵活结合的"加齐"精神都不会感到陌生，其好战尚武且注重实际利益的特点完美契合了早期游牧民族的经济社会属性。以古代中国为例，西汉、东汉同匈奴连年作战以至于常有统治者以和亲为策略，然而无论是同匈奴战或和都不曾被视作上策。一个重要原因就在于，游牧民族常常在中原国运昌盛时低眉顺耳，国力衰竭时又趋利而来。这其实也是一种必然，当忍受大自然严酷支配的游牧民族看到繁荣的农耕文明时，后者在经济上、社会上的优势是如此明显，以致二者间的矛盾根

---

① 姜欣宇、韩志斌：《从"劫掠同盟假说"到"部落-国家理论"——20世纪中后期西方学者关于奥斯曼早期国家的历史阐释》，载《历史教学问题》，2020年第4期，第136—143，168页。

② Kınlı O，Kınlı İ Ö："Is Every Turk Born a Soldier? A Historical-Processual Analysis"，Historical Social Research/Historische Sozialforschung，2020，45（171），pp. 65–86.

③ Kınlı O，Kınlı İ Ö："Is Every Turk Born a Soldier? A Historical-Processual Analysis"，Historical Social Research/Historische Sozialforschung，2020，45（171），pp. 65–86.

本无法调和。前者随时准备好了凭借武力优势向后者进发，迅速创建出强大帝国，同时其灵活实际的特性又很大程度上巩固维护了统治，"在北京，他成了半个中国人，在伊斯法罕和剌夷，他成了半个波斯人"①。虽然后来游牧经济逐渐没落，但这并不代表游牧文化的灭亡，"加齐"精神也可以说是对此的一种延续。

而奥斯曼帝国晚期的军事与早期相反，自1699年《卡洛维兹条约》签订后开始呈现兵败如山倒的趋势，在与欧洲强国的对抗中奥斯曼开始处于明显的劣势。显然，这时战争冲突对它来说已经不能再和经济政治收益画等号，但"加齐"精神却没有因此被放弃，反而更加深刻地融入了军事政治宣传运动中，开始与维护国家统一息息相关，在巴尔干战争与第一次世界大战中尤为如此。

1912—1913年的巴尔干战争常常被看作是第一次世界大战的序章，结果是奥斯曼帝国在欧洲失去了大片非穆斯林地区的土地。在这场战争期间，奥斯曼帝国在常规战场之外开辟了宣传战场，一时之间"动员不再局限于军事领域，相反，由于这些战争的动员和政治宣传运动，社会被军事化了"②。也就是在此期间，联合主义者（Unionists）进一步通过媒体大力宣传军国主义和民族主义，宣传"士兵的国度"（nation of soldiers）这一概念。③可以说越是在战争中遭遇失败，人们就越是怀念昔日帝国的辉煌，越是将"加齐"精神融进骨血。此时的奥斯曼帝国正符合剑桥大学教授多米尼克·李文所说的帝国的困境，那就是"一旦帝国沦陷，对于那些依旧以帝国思维处世的人来说，必须不惜一切代价在剩余的国土上完成民族、意识形态、文化、宗教乃至政治上的同质化"④。从当时奥斯曼国内的各种军事动员宣传中就可以看出，这种帝国思维显然将当时的精英阶层束缚在内，也使得帝国国民虽然有着与帝国早期完全不同的思维路径，却甚至变得更加依赖"加齐"精神，也就是通过军事上的胜利来建立民族自信以及国家认同感。而对于陷入帝国思维僵化中的奥斯曼精英阶层，Uğur Ümit Üngör在其所著书中进一步指出直到土耳其共和国早期，领导人依旧维持了与当时联合进步委员会党人一样的特点，施行一样的策略。⑤

巴尔干战争对奥斯曼帝国的影响通过军事动员宣传运动自然而然地留存到了第一次世界大战时期。土耳其历史学家凯末尔·哈辛·卡帕特在奥斯曼参战问题上就明确指出，"在许多人为了团结改变自己的观点之前，土耳其人、议会以及内阁中的大多数一开始都是反对战争的"⑥。这儿的"团结"一部分就是之前巴尔干战争的遗留物，

① 勒内·格鲁塞：《草原帝国》，蓝琪译，北京：商务印书馆，1999年，第6页。
② Çetinkaya："Atrocity Propaganda and the Nationalization of the Masses in the Ottoman Empire during the Balkan Wars（1912‐1913）"，*International Journal of Middle East Studies*，2014，Vol. 46，Issue 4，pp. 759–778.
③ Zürcher E J：The Young Turk Legacy and Nation Building，Bloomsbury Publishing，2010，p.118.
④ Mikhail A，Philliou C M："The Ottoman Empire and the Imperial Turn"，*Comparative Studies in Society and History*，2012，Vol. 54，Issue 4，pp. 721–745.
⑤ Üngör U Ü：The Making of Modern Turkey：Nation and State in Eastern Anatolia（1913–1950），Oxford University Press，2012，p. 251.
⑥ Karpat K H："The Entry of the Ottoman Empire into World War I"，*Belleten*，2004，Vol. 68，Issue 253，pp. 687–734.

体现了"加齐"精神和国家存亡的深刻关联。战争期间，公众对帝国的大力支持被描述为"盲目的"，因为当时即便联合进步委员已经因做出坏决定和玩忽职守而"臭名昭著"，他们的所有命令也被一一执行了①。最终，想通过纯粹的武力再次使奥斯曼崛起的努力失败了，所谓的"团结"和"盲目的"支持并没有得到想象中的回报。然而，土耳其在第一次世界大战中的失败依旧没有使"加齐"精神被真正放弃，没有使后来的土耳其人淡化这种军事胜利与民族自信以及国家认同感的过度连接。恰恰相反，"军队精英将军事价值观传递给土耳其人民，一个20世纪的理想的土耳其公民被描述成必然与荣誉、辉煌、责任和对誓言的忠诚相连"②。

无论是奥斯曼建国时联结了宗教和世俗的"加齐"精神，还是之后巴尔干战争及第一次世界大战期间同国家兴亡相捆绑的"加齐"精神，都在追求现实利益时选择了类似的叙事方式，将武力战争抑或是军事胜利与之联系在一起，使得前奥斯曼时期穆斯林应有的品格与20世纪理想的土耳其公民有了互通之处。而自阿拉伯之春后，土耳其外交政策转变之时的新奥斯曼主义尤其强调通过奥斯曼和伊斯兰文明来确立国家身份，强调土耳其在区域权力中的重要地位，即便与西方合作，也是以自身在全球范围内的利益为基础。③因而土耳其也被指责在突尼斯政变之后就放弃了扮演调解员的角色，原本能和伊朗、以色列和叙利亚同时进行对话的它，开始追求自己作为主角的地位，中心国家的思想也开始在外交中显现。④2020年，即便是在同非洲国家一道的经济和商业论坛上，埃尔多安也不忘在开幕式演讲的结尾提及纳卡问题，呼吁非洲国家同阿塞拜疆站在一起，解放纳卡地区。面对曾经在"零问题"政策下多方商议都没能解决的纳卡问题，如今土耳其一边倒的言行也是多少在意料之中了。这种对前奥斯曼帝国思维的不放弃，强调自身利益且不惜以武力作为解决问题手段的表现，无疑是"加齐"精神在现代的一种延伸。

在土耳其处理与欧洲的国际关系问题上，有学者把土耳其曾经的欧洲化到选择性欧洲化乃至如今的去欧洲化称为务实的交易主义，更注重短期利益而非长远利益。⑤其实，土耳其并不只是在处理欧洲相关事务上表现出来对短期利益的青睐，在如今其向欧亚非三洲进行的海外派兵上也有所体现。如今的土耳其依旧试图通过最直接有效的方式获利，这种受"加齐"精神影响之下的思维使它从不排斥武力，因此也就不会刻意避免继续对武力手段的运用。截至2019年，已知的土耳其海外军事基地有10个以

① Kınlı O，Kınlı İ Ö："Is Every Turk Born a Soldier? A Historical-Processual Analysis"，*Historical Social Research/Historische Sozialforschung*，2020，45（171），pp. 65-86.

② Kınlı O，Kınlı İ Ö："Is Every Turk Born a Soldier? A Historical-Processual Analysis"，*Historical Social Research/Historische Sozialforschung*，2020，45(171)，pp. 65-86.

③ 李秉忠、涂斌：《埃尔多安时代土耳其外交的转型及其限度》，载《西亚非洲》，2018年第2期，第87-106页。

④ 萨瓦斯·根奇、法提赫·阿吉：《中东精英如何认知土耳其外交?》，载《西亚非洲》，2015年第6期，第108-123页。

⑤ Bashirov G，Yilmaz I："The Rise of Transactionalism in International Relations：Evidence from Turkey's Relations with the European Union"，*Australian Journal of International Affairs*，2020，Vol. 74，Issue 2，pp.165-184.

上，分别位于波黑、科索沃、阿富汗、阿尔巴尼亚、阿塞拜疆、卡塔尔、索马里、伊拉克、叙利亚和北塞浦路斯，并且未来还会继续增加。[①]这可能仅次于美国、排名世界第二的海外军事基地数量，自然会给土耳其带来相当程度的军事开支。然而与一些认为军事支出与经济增长呈正相关的假设相反，Akcan采用1982—2017年之间的数据，分析认为该假设对土耳其无效，尽管公共投资支出和私营部门投资对经济增长有积极的作用[②]，但是考虑到中东地缘政治的复杂性，军事国防开支并不能产生类似投资的效果。这也在一定程度上印证了土耳其在处理地区纷争，派遣海外部队时，更基于眼前利益来做出判断与决定，而非进行长远的思考。这就使得它更易倾向于延续"加齐"精神，延续以最直截了当的手段获利的本质，在频繁的海外派兵中不可抑制地透露出其一直以来渴望的大国梦。

不可否认，现代土耳其也开始越来越强调软实力，试图通过公共外交政策来改变其负面的国家形象，但想要讲述一个独特"土耳其故事"的它依旧在表达例如自身传统的奥斯曼—伊斯兰文化是超越国界的，是拉近同阿拉伯世界距离的。[③]引人瞩目的还有其引入人道主义外交这个新角度，在这一方面它也确实对国际社会给予了一定的帮助。在最近的"移民：未来20年的预测与超越"国际会议上，土耳其总统埃尔多安强调一直以来土耳其为解决难民问题做出的巨大努力与牺牲，包括对受难中库尔德人的收留与包容，质疑尤其是希腊等欧盟国家的不作为及其他恶行。但需要指出的是，土耳其的"新人道主义"力量与传统的西方人道组织不同，是完全政治化的，是将官方援助与其政治目标结合起来的，自然在国际社会引发诸多争议，如与以色列发生冲突的"蓝色马尔马拉号"事件。[④]这种强烈的政治色彩还是给这种"新人道主义"打上了一个问号，让人觉得似曾相识，同美国打着人道主义的旗帜有着相似的味道。

战争这个意向之所以通常和残酷、流血、牺牲联系在一起，就是因为即便是胜利的国家也往往在其中付出了惨痛的代价。但在"加齐"精神中，从一开始，战争就不仅在宗教意义上是合法的、必需的，还代表着对经济利益和政治权力直接有效的获取。通过"加齐"精神，武力战争居然成为调和宗教和世俗的手段，成为宗教上进攻异教徒和世俗上经济政治获益的代名词。而随着历史的发展，"加齐"精神也开始在巴尔干及第一次世界大战期间通过军事宣传运动与国家统一、民族兴亡相结合，人们更加依赖其来建立民族自信和国家身份认同；乃至如今成了包裹在层层外衣之下的一种对短期利益的青睐，依旧不放弃前奥斯曼帝国思维，屡屡进行海外派兵，始终未改其以最直接手段获取最直接利益的本质。

---

① Özgen C："Türkiye'nin Denizaşiri Askeri Üs Kurma Girişimleri：Tespitler ve Geleceğe Yönelik Öneriler"，Güvenlik Bilimleri Dergisi，2019，Vol. 8，Issue 2，pp. 381–408.

② Akcan A T："Türkiye'de Yatırım ve Askeri Harcamalarının Ekonomik Büyümeye Etkisi：1982–2017 Ardl Sınır Testi Yaklaşımı"，Uluslararası Yönetim İktisat ve İşletme Dergisi，2019，Vol. 15，Issue 2，pp. 359–369.

③ Kalın İ."Soft Power and Public Diplomacy in Turkey"，*Perceptions: Journal of International Affairs*，2011，Vol. 16，Issue 3，pp. 5–23.

④ Gılley B："Turkey，Middle Powers，and the New Humanitarianism"，*Perceptions: Journal of International Affairs*，2015，Vol. 20，Issue 1，pp. 37–58.

尽管有学者如琳达·达令提出要重塑"加齐"叙事法，强调事实上"加齐"这个概念在特定的时间、地点有着动态性的解释，它虽然在奥斯曼历史上占据着重要的地位，但不应是奥斯曼人唯一的身份标识，也不得不承认土耳其至今一代又一代的人依旧接受着原叙事的教育影响。"许多教科书在关于奥斯曼帝国的部分：一上来就把奥斯曼人定义为加齐战士，受圣战思想和人口压力驱动，一开始在安纳托利亚后来在巴尔干半岛，劫掠且征服基督教拜占庭的幸存者。"[①]而现在这种"加齐"精神的影响更是渗透进了土耳其谋求地区大国身份、制定地区战略的行为决策中。更不必说，在这次纳卡事件中尝到甜头的土耳其必然会期待着下一个纳卡事件，即便未来因类似的行为遭遇挫折，它也很难转变这种长期以来无意识中形成的思维模式。尽管从历史文化的角度出发，"加齐"精神是土耳其这个国家集体意识中的重要一点，但并不能因此而简单概括一个国家所有的行为模式。漫长历史中形成的民族性格不可能是单一、静止的，本文所论述的"加齐"精神还需要更多文献资料的补充说明，也有待未来更多事件的佐证。

参考文献

姜欣宇，韩志斌，2020. 从"劫掠同盟假说"到"部落—国家理论"——20世纪中后期西方学者关于奥斯曼早期国家的历史阐释［J］. 历史教学问题（4）：136–143+168.

格鲁塞，1999. 草原帝国［M］. 蓝琪，译. 北京：商务印书馆.

李秉忠，涂斌，2018. 埃尔多安时代土耳其外交的转型及其限度［J］. 西亚非洲（2）：87–106.

根奇，阿吉，2015. 中东精英如何认知土耳其外交？［J］. 西亚非洲（6）：108–123.

Akcan A T, 2019. Türkiye'de Yatırım ve Askeri Harcamalarının Ekonomik Büyümeye Etkisi：1982–2017 Ardl Sınır Testi Yaklaşımı［J］. Uluslararası Yönetim İktisat ve İşletme Dergisi, 15（2）：359–369.

Bashirov G, Yilmaz I, 2020. The Rise of Transactionalism in International Relations：Evidence from Turkey's Relations with the European Union［J］. Australian Journal of International Affairs, 74（2）：165–184.

Çetinkaya Y D, 2014. Atrocity Propaganda and the Nationalization of the Masses in the Ottoman Empire during the Balkan Wars（1912–13）［J］. International Journal of Middle East Studies, 46（4）：759–778.

Darling L T, 2011. Reformulating the Gazi Narrative［J］. Turcica, 43：13–53.

Gilley B, 2015. Turkey, Middle Powers, and the New Humanitarianism［J］. Perceptions：Journal of International Affairs, 20（1）：37–58.

Kalın İ, 2011. Soft Power and Public Diplomacy in Turkey［J］. Perceptions：Journal of International Affairs, 16（3）：5–23.

Karpat K H, 2004. The Entry of the Ottoman Empire into World War I［J］. Belleten, 68（253）：687–734.

Kınlı O, Kınlı İ Ö, 2020. Is Every Turk Born a Soldier? A Historical–Processual Analysis［J］. Historical

---

① Darling L T. "Reformulating the Gazi Narrative", Turcica, 2011, Issue 43, pp. 13–53.

Social Research/Historische Sozialforschung，45, 1（171）：65–86.

Mikhail A，Philliou C M，2012. The Ottoman Empire and the Imperial Turn ［J］. Comparative Studies in Society and History，54（4）：721–745.

Özgen C，2019. Türkiye'nin Denizaşiri Askeri Üs Kurma Girişimleri：Tespitler ve Geleceğe Yönelik Öneriler ［J］. Güvenlik Bilimleri Dergisi，8（2）：381–408.

Üngör U Ü，2012. The Making of Modern Turkey：Nation and State in Eastern Anatolia，1913–1950 ［M］. Oxford：Oxford University Press.

Zürcher E J，2010. The Young Turk Legacy and Nation Building ［M］. London：Bloomsbury Publishing.

越南流行音乐文化的兴起与发展

李　凌　李瑞琦

（西南林业大学外国语学院　云南昆明　650224）

摘要：流行音乐作为流行文化的重要组成部分，推动了一个国家流行文化的发展，同时还反映出一个民族在该流行音乐时期的生活状况和社会观念。本文论述了越南流行音乐三个主要阶段的发展特点，探讨越南流行音乐文化的发展规律和其对越南社会的影响。

关键词：越南；流行音乐；文化；发展

一、引言

流行音乐一直都是流行文化的重要构成部分，流行音乐"往往构成整个流行文化传播和扩散的重要媒介和推动力量"[1]。它能够反映一个国家当时的社会状况和人们的生活习惯、生活观念。近年来，随着社会经济的高速前进，越南的流行音乐也开始呈井喷式发展。越南流行音乐，自2005年开始逐渐以"V-pop"这一名称出现在大众的视线中，V-pop即是英文Vietnamese pop（越南流行音乐）的缩写，虽然V-pop这一概念的提出仅有十多年时间，但在发展过程中，其所涵盖的概念已经在逐渐的扩大化并形成了一种独特的流行文化，对越南青少年乃至整个越南社会的影响都极其重大。

越南的流行音乐历史不算长，主要可以分为三个发展时期，"流行音乐的发展规律是一种没有规律的规律，因为流行音乐的受众基本是青少年一代，他们的兴趣、爱好和品味是变动不定的"[2]，因此不同时期的越南流行音乐所呈现出的发展趋势也各有不同。

---

[1] 高宣扬：《流行文化社会学》（第2版），北京：中国人民大学出版社，2015年，第174页。
[2] 高宣扬：《流行文化社会学》（第2版），北京：中国人民大学出版社，2015年，第185页。

二、战争时期的越南流行音乐

1954年，根据《日内瓦协议》，越南分裂为北越社会主义制度的越南民主共和国，与南越资本主义制度的越南共和国。南越政权在美国的支持下，从20世纪50年代起便接受了大量美国的资源，作为典型的资本主义商品，美国的流行音乐文化也开始从南越传播到整个越南。

20世纪60年代，正值越南战争时期，随着战争的持续与扩大化，美国国内爆发了年轻人针对越南战争的反战运动，在此背景下"嬉皮士"思想应运而生。这一思想以流行音乐为载体，"嬉皮士"风格的音乐一般都具备反战争内核，其核心是"和平与爱"，旨在以简单的生活来对抗战争。"嬉皮士"青年们常常喊出"要爱情不要战争"的口号，作为"反战思潮"的音乐文化载体，也跟随战争一起传播到了越南西贡。受当时反战思潮的影响，"嬉皮士"风格的音乐很快便在越南西贡地区的青少年中流行开来，并出现了如凤凰乐队（Ban nhạc Phượng Hoàng）、埃尔维斯·方（Elvis Phương）、长旗（Trường Kỳ）、南禄（Nam Lộc）、松江（Tùng Giang）、青兰（Thanh Lan）、卡萝尔·金（Carol Kim）等知名乐队和歌手。这些乐队和歌手的出现，让越南流行音乐文化的发展达到了一个顶峰。由于这一时期的流行音乐文化主要集中在西贡地区的年轻人之间，因此越南大众又习惯将其称为"西贡年轻人音乐"。

随着1975年4月30日越南南方解放日的到来，由越南共产党执政的北方政权统一了越南，大量支持南越政权的歌手和乐队出走海外，这一事件也直接导致越南流行音乐文化的衰退。

由于历史和政治因素的影响，加上越南南部经济发展程度一直领先于北部，所以战争时期越南的流行音乐文化发展一直集中在以胡志明市为中心的越南南部。早期的越南语流行音乐文化带有浓重的美国文化色彩，音乐风格主要以流行、摇滚、民谣为主，乐队和音乐人也习惯在自己的名字中融入美国元素，例如当时南越的著名歌手埃尔维斯·方（Elvis Phương，真名范玉芳，Phạm Ngọc Phương），其名字便是取自美国著名摇滚巨星"猫王"埃尔维斯·普雷斯利（Elvis Presley）。由于受"嬉皮士"音乐的影响，这一时期越南流行音乐常常用爱、和平、聚会生活的具象内容来表达对主流社会的远离和对战争的厌恶。

三、革新开放时期

20世纪90年代，越南政府颁布了革新开放政策，越南开始积极融入国际社会，整个越南的社会、经济、文化都开始进入开放发展的状态，开放和宽松的社会环境让流行音乐也在越南迎来了新的春天。

1997年，胡志明市人民电台下属的FM99.99调频设立了"绿色浪潮"（Làn Sóng Xanh）奖，以表彰那些对越南流行音乐有贡献的音乐人。越南歌手蓝长（Lam

Trường）以前卫的造型和出色的音乐才能，成为首位获得"绿色浪潮"最受欢迎歌手奖项的歌手。蓝长也被称作越南的第一位偶像歌手，"绿色浪潮"奖章和蓝长的出现，拉开了越南20世纪90年代流行音乐发展的帷幕。

这一时期越南的流行音乐虽然迎来了发展的春天，但是相对落后的经济导致了越南流行音乐的发展长期处于简单模仿外来流行音乐文化的阶段。以中国流行音乐为例。1991年11月，应江泽民总书记和李鹏总理的邀请，越共中央总书记杜梅、部长会议主席武文杰率团访华，中越两国关系实现了正常化。这一时期，民间的文化交流使得大量的中国流行音乐涌入越南：中国香港刘德华、周慧敏等歌手的歌曲在越南广为传唱；21世纪初随着中国台湾影视剧行业的发展，飞轮海、周杰伦等歌手的歌曲也被越南民众所接纳；迈入信息时代，随着中国大陆经济发展而崛起的内地流行音乐被越南年轻人所青睐，类似TFBOYS这样的偶像团体受到了越南年轻人的疯狂追捧，随之而来的"饭圈"偶像文化也进入了越南。早期越南对于中国流行音乐的接纳方式比较直接、单一，往往是采取翻唱的形式，即把中国流行歌曲的歌词改为越南语，再对原曲进行稍加编排，像《上海滩》《潇洒走一回》《青花瓷》《黄昏》等中国人耳熟能详的歌曲都有越南语的翻唱版本。

越南在地理位置上与中国接壤，自秦汉时期开始，中越两国便在政治、经济和文化上有着深入的交流，越南人的传统世界观深受中国儒家思想的影响，越南人把中国传统思想中的阴阳五行、仁孝礼仪和三纲五常等作为自己的传统世界观、人生观，越南大众对于中国文化也就更加有认同感，接纳度也更高，因此中国流行歌曲能够大量在越南被翻唱并被越南大众所接受。

同样的，曾经在20世纪90年代在整个亚洲掀起风暴的韩流文化对越南流行音乐有着深刻的影响。在这一时期，越南流行音乐也对韩国流行音乐进行了大量模仿，时至今日越南很多流行音乐偶像团体从流行音乐的风格、服装、舞蹈上都还有着韩流文化深刻的烙印。

革新开放时期，越南政局稳定，经济复苏，社会内部的稳定让越南青少年们的关注转向爱情、浪漫情节、享乐经验等，因此这一阶段，越南流行音乐的内容更多的是歌颂爱情和欣欣向荣的美好生活，音乐风格也比较舒缓。

四、20世纪末至21世纪时期

步入21世纪，科技发展所带来的电子媒体为流行音乐的创作、演出和传播都创造了最佳的条件，互联网和移动电话的普及，加速了流行音乐的传播速度。随着越南经济的不断发展，更加开放和包容的社会环境进一步促进了越南流行文化的发展。这一时期的越南流行音乐开始呈现出百花齐放的状态，在吸纳了欧美、日本、韩国和中国流行音乐文化之后，越南流行音乐逐渐发展出了自己的特色。

20世纪末至21世纪，消费主义的盛行让这一时期的越南青少年更愿意趋向于享乐至上、我行我素以及对于传统的叛逆，上一时期对国外流行音乐单一、直接的接纳方式已经无法满足越南青少年们的需求。这一时期越南流行音乐的内容往往以表达自我为主，传达的内容也往往是打破传统的反叛精神，说唱、摇滚这样剧烈、反叛的音乐风格更为突出。形式上，越南流行音乐也开始逐渐摒弃了以往对国外流行音乐的直接翻唱，转为在学习国外流行音乐风格的基础上，创造出自己新的流行音乐作品。2014年，创作型歌手山松M-TP（Sơn Tùng M-TP）的出现，标志着越南流行音乐开始转向自我创作，并逐渐走向国际。山松获得过欧洲MTV音乐奖、亚洲Mnet音乐奖等国际音乐奖项，2019年山松与美国知名说唱歌手史努比·狗狗（Snoop Dogg）合作的歌曲《请给我》（Hãy trao cho anh）在知名视频网站YouTube首发便达到了629 545的播放量[1]，受到了国际流行音乐界的高度关注。2019年由阮陈忠君（Nguyễn Trần Trung Quân）演唱的歌曲《自心》（Tự Tâm）通过互联网快速传播，一度在中国年轻人之间形成了短暂的"越南热"，自此越南的流行音乐在强调音乐内容的同时，更加注重与之相关的音乐短片的叙述和表现。

流行音乐作为典型的流行文化代表，必然受到政治、经济、文化力量的影响，往往也是政治角逐的重要手段和工具。

为提升本土文化的影响力，越南政府有意在民众中强调民族主义教育，流行音乐中的民族利益和民族尊严等内容的表现也越来越突出，大量表达越南民族自豪感的内容充斥在流行音乐中。这一举措直接促使了越南流行音乐与越南传统文化的极大融合，流行音乐歌曲的内容和与流行音乐紧密相连的音乐短片都开始着重表现越南服饰、建筑、风俗以及传说、小说等传统文化，并通过流行音乐这一媒介，号召青少年以自己的民族文化为荣。以越南著名流行女歌手黄垂玲（Hoàng Thùy Linh）为例，在歌曲《汤圆》（"Bánh trôi nước"）的音乐短片中，黄垂玲展示了多套印有越南参考图案的服装。在《汤圆》这首歌曲大获好评之后，黄垂玲又发行了歌曲《让梅说给你听》（"Để Mị nói cho mà nghe"），在歌曲的音乐短片中，出现了越南作家南高（Nam Cao）作品中的志漂（Chí Phèo）、氏若（Thị Nở）、老鹤（Lão Hạc）以及作家苏怀（Tô Hoài）作品中的梅（Mị）和阿甫（A Phù）等人物形象。同样将越南传统文化和民族文化融入音乐作品中的还有女歌手芝芙（Chipu），她在歌曲《请你留下来》（"Anh ơi ở lại"）中讲述了越南家喻户晓的民间传说《碎米和细糠》（Tấm Cám），以及女歌手和明智（Hòa Minzy）在歌曲《不能共度一生》（"Không thể cùng nhau suốt kiếp"）中讲述了越南阮朝末代皇帝保大（Bảo Đại）和南方皇后（Nam Phương Hoàng Hậu）的爱情故事。

最近随着流行音乐短片兴起的"越服复兴"现象，一开始只是越南年轻人借由互联网对中国"古风"文化的喜爱，逐渐发展成为古风音乐在越南年轻人之间的流行，从而形成了目前越南流行音乐中"古风"元素的丰富化，越南借鉴中国将大量越南古代文化元素融入了流行音乐短片中，其中又以服装元素最为突出。越南从官方到民间

① Hằng Bùi：Áp dụng tính năng công chiếu MV, 'Hãy trao cho anh'của Sơn Tùng M-TP đạt kỷ lục tại Việt Nam, đuổi sát Ariana Grande, https：//saostar.vn/am-nhac/tinh-nang-cong-chieu-mv-hay-trao-cho-anh-son-tung-dat-ky-luc-5523977.html, accessed on 2019-07-01.

都借由流行音乐短片，积极复原和推广越南历史上不同时代的服装，这一举措本意是复兴越南传统文化，但在"去中国化"的政治目的下，中国对于越南传统服装文化的影响以及中国古风文化对越南流行文化的影响部分被刻意淡化甚至否定。

经济和政治因素的影响，让20世纪末至21世纪时期的越南流行音乐逐渐摆脱了早期的落后模仿模式，音乐内容在表达自我、打破传统的同时，融入了大量的强调民族自豪感的内容。在此基础上，越南民众对自己的流行音乐文化也更有自信，越南政府也有意趁此趋势把越南流行音乐作为文化外交手段之一，打造为像韩流那样的"越流"文化，以流行音乐作为载体，将越南的传统服饰、民俗、饮食、历史等文化内容对外进行输送。

五、流行音乐文化对越南社会的影响

流行音乐文化对每个国家的社会发展都有着巨大的影响，尤其对青少年的生活影响最为明显。流行音乐能够在青少年间流行开来，并不仅是依赖于音乐本身，其背后所蕴含的生活方式、社会观念等内涵也是导致其流行的原因之一。偶像们在音乐中所描述的生活方式和对事物的认知观念，都会受到年轻人的追捧，从而在年轻人中形成模式化的生活方式和社会观念的流行，进而影响到青少年们的精神面貌。

20世纪90年代，韩流涌入越南，韩式风格的音乐在越南大行其道，歌手们的韩式穿衣风格和发型被越南年轻人争相模仿，越南商场中所贩售的服装也多为韩流风格，时至今日韩流对于越南年轻人的影响依然还存在。随着韩国唱跳流行音乐出现的"女团舞"在越南年轻人之间成为一种潮流，引起了大批越南年轻人的模仿，甚至出现了Heaven、The A Code、Stay Crew等由越南年轻人自发形成、在互联网以模仿"女团舞"走红的舞蹈团队。21世纪，饱含反叛精神和自我表达的嘻哈音乐给越南年轻人带来了美国的街头文化，宽大夸张的嘻哈穿衣风格以及和嘻哈文化相关的滑板运动也出现在越南的大街小巷。同样的中国古风音乐文化带来的"越服复兴"，让一批批越南年轻人开始以穿着越南传统的日平袄、寸袄、交领衣等服装为潮流，传统文化的复兴也受到越南年轻人所青睐。

流行音乐不仅给年轻人带来了新的生活方式，也带来了这些生活方式中所包含的社会观念、韩流音乐带来的爱情观、嘻哈音乐带来的街头反叛精神、古风音乐带来的文化复兴……这些观念都在对越南年轻人的社会观念进行着潜移默化的影响。在深受越南年轻人喜爱的网站kenh14，通过大量越南当代青年人们所拍摄的街头采访视频可以看到，在流行音乐的影响下，当代的越南青年更乐于表达自我，思想观念更为开放，对于事物的认识更为独立和自我。

六、结论

越南的流行音乐兴起于20世纪六七十年代，主要经历了战争时期、革新开放时期和20世纪末至21世纪时期三个发展阶段，通过对不同时期越南流行音乐发展特点的探索可以发现，越南的流行音乐文化发展主要有以下这些特点：

受经济发展制约。马克思主义哲学告诉了我们物质决定意识，精神文化的发展完全是基于物质文明发展的，越南南北经济发展的不平衡，造成了越南流行音乐文化"南强北弱"的局面。早期越南落后的经济让流行音乐文化在越南的发展也相对滞后，大部分的流行音乐都是在模仿其他国家，步入21世纪后，特别是近五年来，随着越南经济的惊人增长，越南流行音乐的发展程度也令人刮目相看。在科技的加持下，越南的流行音乐逐渐摆脱了以往的单一模仿模式，开始走向国际，并形成了强调音乐短片叙述性和表现性的流行音乐风格。

受政治因素影响。越南流行音乐的发展既受到不同时期政治因素的影响，同时其也是越南政府政治博弈的重要手段之一。战争、政局的变动，让越南的流行音乐经历了衰退和复苏，同样的，越南政府也利用流行音乐让青少年们重拾对越南传统文化的喜爱，在强调民族自豪感的同时也达到去除外国文化对越南的影响的目的。

强调民族传统文化。越南政府在借由流行音乐实现政治目的的同时，也直接让越南传统文化大量融入了流行音乐中，21世纪的越南年轻人们通过流行音乐表达自己的民族认同感和民族自豪感，这也间接促进了越南传统文化的复兴和国际化。

越南流行音乐的发展，也是越南社会发展的一个缩影，将会随着越南经济的崛起不断发展。

参考文献

高宣扬，2015. 流行文化社会学（第2版）［M］. 北京：中国人民大学出版社.

古小松，2018. 越南文化的特点、发展趋势与中越文化交流［J］. 文化软实力（2）：58–67.

衣远，2014. 越南文化外交发展初探［J］. 南洋问题研究（1）：41–49.

顾强，蓝瑶，2019. 越南文化外交及其影响探析［J］. 广西社会科学（1）：145–149.

杨武，2007. 越南文化艺术中的中国因素［J］. 东南亚纵横（6）：54–56.

古小松，2010. 越南国情报告2010［M］. 北京：社会科学文献出版社.

杨然，2013. 试论越南民族文化的发展和对外交流［J］. 东南亚纵横（8）：21–23.

钟珊，2013. 近代越南文化的变迁［J］. 东方论坛（5）：52–57.

宗麒梦，2020. 融媒体背景下韩国流行文化的国际传播——以BTS为例［J］. 科技传播（12）：26–28

Hằng Bùi.Áp dụng tính năng công chiếu MV, "Hãy trao cho anh"của Sơn Tùng M-TP đạt kỷ lục tại Việt Nam，đuổi sát Ariana Grande［DB/OL］，https：//saostar.vn/am-nhac/tinh-nang-cong-chieu-mv-hay-trao-cho-anh-son-tung-dat-ky-luc-5523977.html，2019–07–01.

女性视域下捷克电影《分道不扬镳》中的女性形象建构①

杨杏初

（四川外国语大学重庆非通用语学院 重庆 400031）

摘要：第二次世界大战题材电影历来是捷克电影重要的组成部分，捷克诸多优秀的导演以不同的视角讲述了第二次世界大战带给捷克民族、犹太人以及世界人民的伤害，创作出了许多脍炙人口的经典电影。《分道不扬镳》就是一部成功走出国门的捷克第二次世界大战题材电影，讲述了在犹太人遭受纳粹迫害之时，一对普通的捷克夫妇藏匿一名犹太人、自我牺牲的故事，影片女主角玛丽亚的形象给人以深刻印象，她不是传统战争题材电影中需要被保护的受害者形象，而是一名勇敢、聪慧又独立的拯救者形象。本文将在女性视域下分析该影片女主人公——玛丽亚人物形象的建构。

关键词：捷克电影；第二次世界大战；女性形象；《分道不扬镳》

一、《分道不扬镳》电影概述

（一）导演：扬·霍布雷克

扬·霍布雷克（Jan Hřebejk）是捷克当代著名导演，同时也是一名优秀的编剧和演员，他创制了多部经典的捷克电影，如《甜蜜的永远》（*Pelíšky*，1999）、《分道不扬镳》（*Musíme si pomáhat*，2000）、《谁来为卡夫卡塑像》（*Pupendo*，2003）、《川崎的玫瑰》（*Kawasakiho ruze*，2009）等，凭借独特的风格斩获无数国内奖项，并多次在柏林国际电影节和卡罗维发利国际电影节获奖。扬·霍布雷克与其御用编剧培特尔·亚尔乔夫斯基（Petr Jarchovský）合力创作的《分道不扬镳》更是在2001年提名奥斯卡金像奖最佳外语片奖。此外，扬·霍布雷克和培特尔·亚尔乔夫斯基相互欣

---

① 本文系2020—2021年校级科研项目"捷克二战题材电影中女性人物形象研究"（项目编号sisu202036）之阶段性研究成果。

赏、惺惺相惜，共同制作了一部部经典的捷克电影，如"反思电影三部曲"，即《甜蜜的永远》《谁来为卡夫卡塑像》和《川崎的玫瑰》[1]，颇受观众的喜爱，故而两人也被誉为捷克影坛的"双驾马车"[2]。

扬·霍布雷克继承了捷克电影惯用的荒诞传统，悲剧背景与喜剧元素相融合，让人时而悲伤落泪，时而欢笑不已，沉重的故事情节搭配欢快的音乐，灰暗的叙事配上明亮的色调，给观众以奇妙的观感体验，也正因如此，他的诸多作品倍受观众喜爱。

（二）影片内容简介

《分道不扬镳》的捷克语片名是"Musíme si pomáhat"，意思是"我们必须互相帮助"，英语版片名为*Divided We Fall*。影片讲述了第二次世界大战期间在小镇上的人们相互帮助、互相救赎的故事。约瑟夫和玛丽亚帮助了在逃的大卫，在影片最后大卫保护了被指认是叛徒的约瑟夫；霍斯特帮助他们三个躲过了纳粹最后一次搜查，最后约瑟夫和大卫从盟军枪下救下了霍斯特。

故事发生在第二次世界大战末期，约瑟夫和玛丽亚夫妻俩住在捷克的一个小镇上，虽结婚多年，但玛丽亚一直没有怀孕。虽然时局动荡，物资紧张，但"好在"有霍斯特的接济。霍斯特是约瑟夫的好友，曾受过约瑟夫的帮助，他们一起在大卫家的商店里工作。如今霍斯特帮着纳粹做事，靠着纳粹的庇护，他不时带些礼物来探望他们。霍斯特只是为了取悦玛丽亚，他一直对好友的妻子有着非分之想，纵使夫妻俩都知道霍斯特的不轨心思，但形势逼人，他们也只能虚与委蛇，应付霍斯特的"热情拜访"。纳粹迫害犹太人，先是没收财产，使得约瑟夫之前的雇主大卫一家搬离别墅，一家四口寄住在约瑟夫家的婴儿房中。1941年大卫一家又被送往波兰集中营。1943年约瑟夫发现了从集中营里逃出的大卫，无奈之下只能把他带到家里，若被纳粹发现藏匿犹太人，夫妻俩便只有死路一条，但如果他们不帮助大卫，那等待大卫的必然也是悲剧。在自保和道义之间，善良的约瑟夫和玛丽亚决定收留大卫，把他藏在了衣柜后的隔间里。他们每天小心翼翼，生怕霍斯特和邻居们发现，在这人人求自保的时代，他们无法信任任何人。靠着霍斯特偶尔的接济，三人就这样战战兢兢地过了一年。正当三人逐渐习惯这样的生活时，霍斯特却企图侵犯玛丽亚，玛丽亚情急之下以怀有身孕为由拒绝了他，然而约瑟夫和玛丽亚多年未能受孕成功是街坊邻居都知道的事，霍斯特根本不相信玛丽亚的说法，威胁说一定要看到医生的诊断证明才会罢休。夫妻俩在求助无门的情况下，只能选择唯一的出路，让大卫帮玛丽亚受孕，以躲过此次危机。

当纳粹败退，小镇被盟军解放后，约瑟夫因曾经帮纳粹做过事，被邻居误以为是叛国者。正当约瑟夫险些被盟军当作叛徒击毙之时，大卫出面向邻居和盟军解释约瑟

---

① 王文斌：《创伤书写的纷呈景观——论新世纪捷克政治反思电影》，载《当代电影》，2017年，第9期，第78页。

② 卡米拉·多罗金娜、罗姣：《踏着自己的足迹寻找本身——捷克电影现状》，载《世界电影》，2013年，第5期，第16页。

夫和玛丽亚在过去的近两年时间里都在保护着他，并作证在此期间受到了霍斯特的接济，救下了约瑟夫。而这时玛丽亚也最终生下了孩子，象征着英美盟军的将军、代表着苏联的红军士兵，以及代表当地捷克人民的邻居和代表战争受害者的犹太人大卫都围在玛丽亚旁边，为新生命的诞生而庆祝。在电影结尾，人们开始重建战后家园。废墟之中，约瑟夫推着婴儿车慢悠悠地走着，他仿佛看见在战争中死去的大卫的家人、邻居家被纳粹枪杀的狗和当逃兵被杀的德国小男孩。

（三）影片评价及获奖情况

扬·霍布雷克通过展现拨动伤怀心弦的、令人心酸的现实生活，传达温馨的幽默和感伤，创造出对立双方最终和解的气氛，以轻松喜剧的形式缓解观众紧张不安的情绪。[1]在影片《分道不扬镳》中，霍布雷克和亚尔乔夫斯基通过轻喜剧风格，把战争中纳粹与捷克人及犹太人的矛盾降解在政见不同的邻里间的冲突里，严肃沉重的政治主题则消解在日常叙事中。[2]《分道不扬镳》虽讲述的是一个第二次世界大战期间犹太人被屠杀的题材，但其传达的价值观，以及影片中大量使用的金黄暖色调、轻松幽默的配乐等视听语言，使得影片具有了强烈的亦庄亦谐、悲喜杂糅的通俗主义属性，从而不仅赢得了观众的青睐，还受到捷克国内评论界的好评。影片不仅获得了包括捷克电影金狮奖最佳影片奖、最佳导演奖等在内的15个奖项，还获第73届奥斯卡金像奖最佳外语片提名，成为近年来最成功的捷克电影之一。[3]

二、玛丽亚的形象建构

（一）外貌形象

1.青春焕发，充满活力

电影中的玛丽亚正值芳华，充满活力。时局动荡，生活艰苦，丈夫因不愿帮纳粹做事而待在家里，夫妻俩只能靠着储存粮生活，但她还是对生活抱有热情，对未来抱有希望，在温馨舒适的家里不停地忙碌着，把一切打理得井井有条。无论屋外的世界多么喧嚣，她都努力在屋内打造温馨的两人三餐世界。

---

① 卡米拉·多罗金娜、罗姣：《踏着自己的足迹寻找本身——捷克电影现状》，载《世界电影》，2013年，第5期，第17页。
② 王文斌：《创伤书写的纷呈景观——论新世纪捷克政治反思电影》，载《当代电影》，2017年，第9期，第79页。
③ 王文斌：《全球语境与本土故事——论新世纪捷克"二战"题材电影》，载《当代电影》，2017年，第10期，第82页。

2. 明艳动人，亭亭玉立

朴素的着装也难盖玛丽亚姣好的身形，皓齿明眸，一头金发更添其韵味。令人欣慰的是，导演没有为了表现战争的残酷和时局的艰难而刻意丑化其形象。即便时局动荡，她依旧娟好静秀，如盛开在断壁残垣中的花朵，令人不免感叹严酷的环境中那旺盛的生命力，燃起对生命的希冀和对美好生活的向往。也正是因为如此，即便她是自己好友的妻子，多次遭到拒绝，霍斯特也一直对她抱有不轨之念。

3. 举止优雅，言行有礼

玛丽亚是一个优雅的女人。对于霍斯特不定时的拜访，她淡然处之；听到霍斯特粗鄙荒诞的说辞，她一笑置之；甚至在与霍斯特激烈争执之时，也不忘与服务员道谢。当发现大卫情绪抑郁时，她会在一旁陪着大卫吃饭；在大卫提及遇难的家人时，她也不过多追问，只做一名沉默的倾听者。当霍斯特执意要把失势的德国长官安排在他们家居住时，约瑟夫慌乱不已，找不到合适的理由拒绝，这时玛丽亚首先向德国长官表达了哀悼，然后诚恳地表示已怀有身孕，不便收留他，既避免了大卫被发现的危险，又不得罪德国人。

（二）性格特征

1. 沉着冷静

面临突如其来的种种危险和考验，玛丽亚始终是从容的，能够冷静地寻找对策。在约瑟夫因藏匿大卫而焦躁不安、不停抱怨时，她明白丈夫只是在宣泄压力，否则丈夫也不会把已经送到城外的大卫再次带回家里，所以她直接反问丈夫要不要举报大卫，让丈夫考虑清楚自己的本心。即使是在自己一人面对强势的霍斯特时，她也没有慌乱无措，而是冷静地想办法自救。在霍斯特偷偷上门送漂亮裙子时，她先一步反问霍斯特是不是给妻子的礼物，意在提醒霍斯特他们都是各自有家室的人，警告他除去不该有的心思；面对霍斯特的出游邀请，她断言拒绝；后来面对盛怒的霍斯特，她冷静地好言相劝，试图安抚他的情绪。

2. 坚韧不拔

玛丽亚内心坚韧，她有时甚至比男主约瑟夫表现得更坚强。亲纳粹的好友霍斯特不定期来拜访，四周邻居也都盯着他们，面临随时被发现的风险，在高强的压力下约瑟夫偶尔会对大卫发泄情绪，但玛丽亚不仅自己消解压力，安抚约瑟夫的情绪，在藏匿大卫的近两年时间里一直细心照顾着大卫，不曾抱怨。为了给生病的大卫买药，玛丽亚自己称病，为避免引起邻居们的怀疑，她不敢和街坊邻居交流，只能一个人待在家里。在霍斯特企图暴力侵犯她时，玛丽亚奋力反抗，担心霍斯特伺机报复，玛丽亚无奈之下说自己怀孕了。在玛丽亚快生产之时，她一边忍着剧痛，一边教大卫准备生产需要的东西。

3. 勇敢果断

在纳粹的屠刀下挽救一个犹太人，并把他藏在自己家中，是需要莫大的勇气的。在约瑟夫两次把大卫带回家中时，玛丽亚没有慌乱苦恼，反而平静地接受了，仿佛大卫只是来串门的邻居。和丈夫商定后，她决定和约瑟夫一起保护大卫，即便要冒生命危险。这与第一个发现大卫的邻居的反应形成了强烈对比。邻居是小镇上第一个发现大卫的人，但他选择了自保，高声向纳粹士兵举报发现了犹太人。当夫妻俩为了保护大卫不得不杀掉玛丽亚养的宠物兔子时，相信观众们在看到玛丽亚面色如常地剥兔皮的场景时都会被震惊：约瑟夫抓住兔子后，很自然地把它递给了拿着刀的玛丽亚，玛丽亚一边和约瑟夫说话，一边熟练地剥皮。

（三）女性意识形象

"女性意识首先是以女性立场为出发点，探寻和审视女性自身和外部世界之间的关系；其次是以女性的视角来看待女性自我的内心世界。"[①]

1. 独立人格

玛丽亚是一个有着独立人格的女性，有着自己的思想，她不是一味地听从丈夫的安排，也不是逆来顺受的服从者。她和与约瑟夫始终是平等的。第一次丈夫把大卫带回家时，大卫说要和朋友离开小镇，他们没有劝阻，玛丽亚帮大卫准备了食物。第二次丈夫带大卫回家，玛丽亚和约瑟夫共同商量后，两人下决心保护大卫。玛丽亚对大卫的保护不仅仅是把他藏在家里，还包括照顾大卫的衣食起居和心理情绪。玛丽亚坚持自己的爱情观，她对丈夫的爱是纯粹圣洁的，即便两人多年未能生育，但她依旧深爱着约瑟夫。玛丽亚一直知道霍斯特的卑劣心思，她只能尽力化解霍斯特时不时的言语骚扰，但当霍斯特想暴力侵犯她时，玛丽亚奋力抵抗，哪怕知道可能会面临霍斯特的报复，她也不愿背弃自己的爱人。

2. 甘于担当

玛丽亚是一个成熟理智的女性，对自己做的每个决定都是负责的。当她和丈夫商量好藏匿大卫时，她便决定不计一切代价来保护大卫。玛丽亚细致地照顾大卫的起居，和大卫聊天疏解其情绪；当吃猪肉被霍斯特和邻居怀疑时，她不得已杀掉了自己的宠物兔子；当霍斯特时不时的拜访增加了暴露的危险时，玛丽亚便劝丈夫考虑接受霍斯特提议的职业，去帮纳粹做事；当霍斯特支开约瑟夫偷偷上门约玛丽亚出游时，玛丽亚直接拒绝，但强势的霍斯特不容反驳，且不断暗示玛丽亚他知晓她家里可能藏着什么，玛丽亚只好随他出行，以防他真的搜查。影片最后，为了保全他们三人的性命，玛丽亚甚至同意了让大卫帮忙受孕。这一件件事证明，玛丽亚是一个敢于负责，

---

① 孟晨曦：《性别的"她者"——论娄烨电影中的女性意识》，载《视听》，2021年，第3期，第105页。

敢于担当的女性。

3. 自我牺牲

一反大多数战争题材电影中女性弱者的形象，如《大街上的商店》中的老太太劳特曼①，玛丽亚是一名自我牺牲的拯救者。在人人自保的危难时刻，她和丈夫共同决定帮助犹太人大卫。在丈夫精神焦虑、不停抱怨，甚至对大卫严苛以对时，玛丽亚反而是冷静的、从容的，她细心帮大卫准备食品和衣物，疏导大卫的情绪。大卫躲在柜子里近两年时间，玛丽亚切切实实履行了当初帮助大卫的这个承诺。为给大卫腾出空间，不得不吃掉储藏的猪肉，而这又被"突袭的"霍斯特发现，为掩人耳目，玛丽亚牺牲了自己养的宠物。为了圆怀孕的谎言，保全三人的性命，玛丽亚同意了让大卫帮助她怀孕。在霍斯特试图侵犯她时，玛丽亚曾不顾后果地反抗，因她深爱着丈夫，不愿与其他任何人发生关系，但在保护大卫的过程中，玛丽亚不仅仅牺牲了自己的宠物和肉体，同时她也牺牲了自己一直坚持的爱情观和婚姻观。

三、结语

"打仗是男人的事，战争电影自然也是男人的天地。铁血硝烟、刀光剑影似乎天生就该属于男性。然而从古到今，从来没有任何一场战争能让女人真正走开。"②在战争时期，女性也同样遭受了许多的苦难和考验，除了生命，她们往往还面临其他牺牲，如《分道不扬镳》中的玛丽亚。

第二次世界大战题材的电影层出不穷，但绝大多数都是以男性视角叙事，着重刻画男性英雄形象，而忽略了女性形象的塑造，忽视了女性在战争中的牺牲和贡献。战争题材电影中塑造的女性形象往往如纸片人般单薄，或是逆来顺受的受害者，或是没有反抗意识的被拯救者，或是只能依附于男性的弱者。随着女性主义运动的发展和女性意识的觉醒，观众对于战争电影中女性形象的塑造也有了相应的期许。有部分战争题材电影尝试塑造立体的女性形象，或徒有独立女性的名号，或为凸显女性角色而贬低男性角色，都不尽如人意。《分道不扬镳》为当代战争题材电影表达女性话语提供了一个借鉴，成功地塑造了一个独立自主、镇定从容和自我牺牲的女性形象，充分表达了其女性话语，同时影片中每个人都是立体鲜活的，没有十足的恶，也没有十足的善，他们只是生活在战争年代的普通人。

近年来战争电影中女性话语的表达愈发受到重视，观众对战争题材电影也有了更高的要求，战争题材类电影的制作也应顺时而变，在塑造女性形象、传达女性意识方面下苦功夫，探索如何建构战争电影中独立的女性形象。唯有借鉴优秀电影，谋求自

---

① 杨杏初：《捷克斯洛伐克犹太题材电影的叙事手法》，载《今古文创》，2020年，第8期，第66页。

② 张东：《枪炮与玫瑰——谈战争片中的女性形象》，载《当代电影》，2010年，第1期，第80页。

我创新，对观众的期待做出回应，战争题材类电影才能留住观众，获得新的发展。

参考文献

多罗金娜，罗姣，2013．踏着自己的足迹寻找本身——捷克电影现状［J］．世界电影（5）：14-21．

孟晨曦，2021．性别的"她者"——论娄烨电影中的女性意识［J］．视听（3）：104-105．

王文斌，2017．创伤书写的纷呈景观——论新世纪捷克政治反思电影［J］．当代电影（9）：78-82．

王文斌，2017．全球语境与本土故事——论新世纪捷克"二战"题材电影［J］．当代电影（10）：80-84．

杨杏初，2020．捷克斯洛伐克犹太题材电影的叙事手法［J］．今古文创（8）：65-66+27．

张东，2010．枪炮与玫瑰——谈战争片中的女性形象［J］．当代电影（1）：80-83．

韩国饮食习俗中的糕文化研究

冯　倩

（重庆外语外事学院 重庆 400031）

摘要：在韩国，糕可以说是伴随着韩国人一生的食物，从出生、百天、周岁、生日、高考、入职、结婚、生子、升职、搬家、祭祀、花甲、死亡，没有哪一个环节可以离开糕，糕在韩国传统美食中可称得上是节日食品的"台柱子"。糕是在一年开始之日食用，意味着添了一岁，因此也叫作添岁饼。因春节是神圣的，作为春节节食，糕的白色意味着洁净、明亮、纯粹，也象征着超越性的光、太阳、启蒙，其圆形形状也寓意着太阳。稻米作为糕的原料，残留着远古祭奠的特征，是祈愿全家平安的宗教性食物。本文探析了韩国的糕文化，分析糕在韩国人的生活中如此重要的原因。

关键词：韩国；饮食；糕；文化

一、饮食习俗文化的理解

饮食是人们吃喝的所有东西的一个总称。饮食文化是一个广泛的社会概念，是一个国家在饮食方面的历史、特色、习惯以及内涵的统称，代表着一个国家本身文化特点，具有较为强烈的地域特色，能够充分反映一个国家或一个地区的人文特色。

想要正确了解韩国的饮食文化，首先就要理解韩国的自然环境。韩国在地理位置上位于中国和日本之间，与这两个国家文化交流频繁。但是，地形和气候的自然条件和传入食材的独立发展，造就了饮食文化的差别。韩国特殊的自然环境是生产朝鲜半岛农产品、水产品、畜牧产品等的基础，由此也产生了其他地区没有的饮食文化。韩国是一个四季分明的国家，人们利用各季节的时令食材制作营养均衡的食物，另外还配合二十四节气制作各种时令饮食，食物种类丰富多样。韩国自古以来以谷物为主食，并用各种蔬菜、肉类、海鲜制作各种形态的菜肴，形成了他们传统的饮食文化。

想了解韩国的饮食文化，还要了解制作韩国饮食所需的丰富食材。韩国位于亚洲大陆东北部，是一个海岸线绵长的半岛国家。北面与中国、俄罗斯接壤，其他三面分别临西海、东海、南海，因此渔业比较发达。其中东海海岸线单一，南海和西海的海岸线较为曲折，周围有很多岛屿，海产品丰富。

从地形上看，韩国70%以上的国土由山地组成，森林资源十分丰富。因此可食用的野菜种类繁多，同时可以通过种植进行人工栽培。另外，洛东江、汉江、锦江等汇聚形成江河，向西海方向延伸形成宽阔的平原。因此，朝鲜半岛西南部多种植水田，东北部多种植旱田。

韩国作为亚洲东北部地区的半岛，有着明显的四季之分和气候地域差异，各地食品资源种类多样。特别是在朝鲜时代，有以宫中饮食为基础的贵族饮食和一般百姓的百姓饮食等，各地区的乡土饮食都特别发达。这种食物一直传承到今天，我们能看出它的科学性和必然性。以套餐为例，除米饭、泡菜、酱汤外，还搭配有拌凉菜、酱菜、煎鱼、腌鱼、烤肉等5种菜，不仅能保证每天摄取的营养，食物味道也非常鲜美。

韩国饮食的多样性还表现为四季、时令食材的多种口味和丰富的营养。即使是同样的食材，由于每个季节的味道和营养不同，烹饪时令食物的方法也各有不同。韩国的夏天炎热潮湿，春秋多晴朗干燥，食材丰富。而寒冷的冬天，人们就用干菜或泡菜摄取蔬菜营养。另外，在南方地区，用盐腌鱼发酵的鱼酱制作产业非常发达。这体现了韩国人在处理食物时，如何应对寒冬和酷暑的智慧。只是近年来气候变化，韩国受到亚热带气候的影响，时令食材的种类也在逐渐发生变化。

韩国的饮食文化离不开韩国人制作食物的真诚和努力。韩国饮食是需要花费大量心血和时间才能完成的食物。成为韩国饮食基本调味品的酱油、大酱、辣椒酱等酱料是代表性的慢食品（Slow-food）。韩国饮食在一种食物中可以均匀地加入酱油、白糖、葱、大蒜、芝麻盐、香油、胡椒粉、辣椒粉等，这些佐料不仅烘托出食材本来的味道，而且使食物的味道更加醇厚丰富。调味料和香料互相融合，再经过长时间的精心发酵和制作，散发出独特的味道和香气。

另外，比起使用整块食材，韩国人喜欢将食材切成一口大小或剁碎做成食物，口感柔和易食。一般来说，只有好的食材、厨师、火力、调料四个要素都具备时，才能烹饪出好的食物。

与其他国家的饮食相比，韩国料理需要付出更多的努力和时间，通过烹调过程可以自我修炼，也可以看作是自己领悟到了正确的态度和做出正确味道的要领。在这样的过程中，韩国饮食文化被确立下来并传承至今。

二、韩国饮食文化的特点

（一）和谐均衡的饮食文化

1. 主食与副食的明显区别

韩国的主食有米饭、面条、年糕、粥等，副食是主食的配餐。各种食物用不同的方法烹制而成，也常被称为菜肴。像这样把饭和菜同时端上桌的，叫作"盘桌"。比如，一碗饭，用小菜汤、泡菜、拌凉菜、煎鸡蛋搭配。虽然有时会准备粥或面条等简单的主食，但不会因为这样就只用一碗结束用餐，哪怕是额外再准备泡菜或酱菜等小菜，也必定要搭配起来一起吃。

2. 空间全开型

韩食的摆席是"空间全开型"，上桌就全部摆好。相比之下，西餐则是"时间全开型"。这两种形式截然不同。西餐是每个食物按时间间隔一盘一盘地摆出来，但韩餐是一次性摆上桌，然后每个人都用自己的筷勺吃饭。

韩食的另一个特点是共同用餐，很多人围着一个饭桌共享菜肴。但据研究发现，比起传统的空间全开型，近来在韩国有朝着西餐方式演变的趋势。所以，人们按照从汤开始吃的西餐方式，先吃粥，然后各自单独端起自己的食物吃，最后再吃米饭和汤。但也有很多人不喜欢吃西餐的方式，因为觉得吃西餐有一种自由被束缚的感觉。

把所有的食物摆到一起是韩餐独有的饮食方法。从在被称为"小盘"的小饭桌上摆上两三种米饭和小菜的朴素饭桌，到将数十种食物放在被称为"大方桌"的大桌子上的华丽宴席食物，这样的方法可谓千差万别。

3. 谷类食物和发酵食物发达

韩国夏季气候高温多湿，从古代开始就主要种植水稻，此外还会种植大麦、大豆、荞麦、小麦、蜀黍等旱地作物。因为其定居文化，所以可以制作出各种需要很长时间的发酵食品。因为谷类做的饭或粥等比较清淡，需要咸的调味食品，所以发酵食品起到了作用。酱油、大酱、辣椒酱等酱类和鱼酱、泡菜是举世闻名的韩国发酵食品。说起韩食的特征时，常用的"深味"一词，意味着是通过长时间发酵获得的发酵食品所特有的味道。

4. 肉类和蔬菜的完美搭配

韩食材料有谷类、蔬菜类、肉类、鱼贝类、海藻类等。韩国人将这一特征称为"陆海空军"。这句话的意思是，均匀地使用陆地、大海、天空的材料。山上挖的植物的根、叶、果等可以拿来生吃，也可以焯水或煮过再吃。甚至有的还会晒干后保存好，过几个月或几年后再烹调食用。并且韩国没有特定的宗教禁忌食品或厌恶食品。正因为如此，韩餐的烹饪方法变化多端。即使用同样的材料，烹饪方法雷同的情况也不多见。

5. 可根据喜好食用的食物

韩餐的最大优点之一是可以根据自己的喜好选择食物。没有新鲜蔬菜的话可以吃晒干的菜或泡菜，想吃肉的话就吃海鲜或烤肉。但是西餐却不行，不能发挥自己的自由和创造精神。沙拉就只能吃蔬菜，牛排就只能吃牛肉。在西餐中，想要蔬菜和肉一起吃并不容易。

但是韩餐中，吃肉的时候可以根据自己的意愿加入泡菜、大蒜、包饭等。肉要这样和蔬菜一起吃，而西餐却剥夺了这种自由。也许，像西餐一样只吃一种主菜，对受过西方文化熏陶的人来说，会显得潇洒，但却不合理。那就是"应该自主性地吃食物，为什么只能给什么，就吃什么呢"。

（二）阴阳五行思想

阴阳五行说，阴阳两气生出天地，再生出"木、火、土、金、水"五行。五行有五色，根据方位不同，以中央和四方为本，中央为黄，东为青，西为白，南为赤，北为黑。清与黄的间色为绿，清与白的间色为碧，赤与白的间色为红，黑与赤的间色为紫，黑与黄的间色为硫磺，这些被称之为五间色或是五方杂色。

黄色是能增加食欲的维生素颜色。富含类胡萝卜素和叶黄素的食物实际上也呈黄色。众所周知，传统上黄色是保护脾脏和胃肠功能的，以抗氧化和抗癌效果著称的胡萝卜、南瓜、柿子、杏、栗子等是典型的黄色食材。

红色是给身体注入活力和热情的颜色。据说，红色有保护心脏和小肠的功能。红色辣椒对心脏有好处，是能够净化血液的食材。

白色是洁净身体的纯色，能排出有害物质，减少胆固醇和降低血压，抑制氧化作用。以保护肺和大肠功能著称的白色，多为富含类黄酮的食物。梨、卷心菜、大蒜、沙参、桔梗是典型的白色食材。

青色是万物生长的年轻的颜色。富含叶绿素、儿茶素的材料使细胞可以再生。此类食物有富含膳食纤维的白菜、芹菜、黄瓜、韭菜、绿茶等。

黑色是提高免疫力的颜色。有保护肝脏、防止老化和胆固醇积累的作用。代表性食物有茄子、红洋葱、紫薯、黑豆、海带、江白菜等。

（三）药食同源和滋补饮食

韩食的基本思想之一是，饮食不只是为了美味，更是为了健康长寿。韩国人认为，正是因为人们相信食物会成为良药，所以才会用好的食物来款待自己的身体。当韩国人身体有所不适，感到疲劳或体力下降时，会经常吃补品也是因为这个原因。韩国人的祖先们相信，身体的和谐一旦被打破就会生病，所以他们想要通过饮食重新找回这种和谐。因此，在制作食物时，把可以成为药材的生姜、桂皮、五味子、枸杞、薄荷、沙参、桔梗、人参、薏仁、木瓜、石榴、柚子、艾草等也作为食材使用。

滋补食品是为了保护身体而吃的食物。食品本身所含的多种成分在体内相互作用，能迅速恢复体力，并使我们的身体按照原来的功能继续运作。因此，为了维持气和血，阴和阳的协调与平衡，韩国人认为，均衡摄取每一种滋补食品的营养是很重要的事情。

韩国人最喜欢的滋补品还是伏天吃的食品。伏天是指阴历六月至七月之间的初伏、中伏、末伏。伏天每隔10天就有一次，从初伏到末伏大概需要20天左右。伏天是夏季里最热的时期，此时的天气叫"三伏天"。伏天准备特别的食物是韩国古老的传统，其中韩国人吃得最多的还是参鸡汤。这是一种在鸡肚子里放入糯米、大蒜、大枣、人参等，倒入水煮熟后食用的食物。此外，牛肉汤也是不可或缺的。将牛肉煮烂后捞出，与蕨菜、绿豆芽、葱等一起放入辣椒粉，拌成红色，再放入汤中煮熟。韩国人吃一碗就会汗流浃背，但越吃他们就越相信这是很好的滋补食物。鳗鱼也是滋补食品中必不可少的食材。据了解，鳗鱼是高蛋白食品，富含维生素A、维生素B和维生素C、不仅可消除疲劳，还有皮肤美容、抗衰老、增强体力等作用。

（四）时令饮食料理法的发达

韩国饮食的特征还体现在四季与时令食材的多种口味和丰富营养上。即使是同样的食材，由于每个季节的味道和营养不同，因此使用时令食物的烹饪方法也很多。韩国的夏天炎热潮湿，春秋多清燥，食材丰富。但在寒冷的冬天，人们只能用干菜或泡菜摄取蔬菜类营养。另外，在南方地区，非常盛行使用盐腌鱼发酵的鱼酱类食材。从中我们可以看出，这是韩国的祖先们为了度过寒冬和酷暑而得出的智慧。只是近来气候变化多端，韩国也渐渐受到亚热带气候的影响，时令食材的种类也在逐渐发生变化。

（五）勺筷的使用

韩国饮食的特征还与饮食工具有关。与使用刀叉的西餐不同，韩餐使用的是勺子和筷子。同属东亚文化圈的中国和日本也和韩国一样使用筷子，但几乎不使用勺子。重视汤匙可以说是韩国饮食文化里独特的一面，韩国人爱用勺子是因为喜欢喝汤。韩食中的汤不像西餐那样是菜的辅食，而是主食。韩国人自古以来就喜欢喝汤，如牛杂碎汤、泡菜汤等。即使是在吃生鱼片的时候，最后也一定要煮辣鱼汤来喝。由此可见韩国人对汤的喜爱程度。

三、糕的历史和种类

（一）糕的历史

1.三国时代的糕文化

虽然还无法确切推算出糕登场的具体时间，在大部分人们认为新石器时代和青铜器时代因为出现了糕的制作材料以及制作工具，所以人们推测从这个时候开始就出现了糕。从新石器时代开始，人们开始种植粮食，种植高粱等杂粮，但在新石器时代无法普及，青铜器时代正式开始了农耕生活，开始种植现代的水稻、杂粮和大米。从出土的蒸笼来看，三国时代人们制作糕的技术逐渐提高，通过古代壁画内容也可以判断出人们开始制作糕。人们通过蒸糕方式制作糕，随着能力逐渐提高，糕的普及，甚至糕也开始出现祭祀食物中。

2. 高丽时期的糕文化

进入三国后期，面食餐桌逐渐变高，各式各样的餐桌构图登场，饭也成了主食，糕点也发展了很多，各种各样的糕点出现在人们的生活中。

根据资料《三国史记》和《三国遗事》这个时期记载了栗糕制作方法：烘干栗子去除水分，磨碎粉末，与糯米混合煮熟后食用。从资料中可以看出这个时期的糕点形态主要是以蒸为主[①]。但资料《三国遗事》中记载，当时糕点被用作祭祀活动这一点来看，糕点并不是人们的日常饮食。更多的记录显示，随着文化和技术的进步，糕的作用和用途也在逐渐扩大，可以肯定的是糕已经成了韩国人生活中很重要的一部分。

3. 朝鲜时代的糕文化

随着时代的进步，人们制作糕的方法不断提高，糕种类越来越多，朝鲜时代的农业迅速发展，这为人们提供了容易获取糕的原材料。而且，由于儒学对韩国的影响，产生了阶级理念，糕不再是普通糕点，而是更加华丽地接近富贵。朝鲜时代糕种类繁多，制作手段多样，受儒教的影响，糕也适用于祭祀、婚嫁风俗等。[②]

4. 现代的糕文化

随着文化的变化，现代的糕变得更加大众化，在商店可以买到各种各样的糕，可以搭配糕点和其他食物食用，而且不是只能在商店里购买，还可以利用网上购物的手段购买糕。糕的制作不再复杂，可以大量生产。不仅如此，糕的形状也越来越精致，作为人们节日的礼物流传下来，在人们的日常生活中起着很大的作用。

（二）糕的种类

根据不同的制作方法，糕分为多种。其中，蒸、炸、煎和煮四种方法是最主要的制作方法。蒸糕是将糯米粉和水混合，在蒸锅里煮熟后吃的糕。糕的种类有白糕类、蒸糕类、发糕类和松糕类。把白糕类直接放进蒸笼里蒸。蒸糕类要加豆浆面或者蜂蜜。打糕是用石器和锤子打磨而成。根据材料是粳米粉还是糯米粉，其种类和形态是不同的。发糕与添加白糖不同，加入红豆、栗子、柿子等水果或坚果类进行辅助。

---

① 일연, [삼국유사] 권2, [기이] 제2, 효소왕대 죽지랑조.

② 이종미, [한국의 떡 문화, 형성기원과 발달 과정에 관한 소고], [한국식생활문화학회지]
제7권 제2호, 한국식생활문화학회, 1992, 182-183쪽

四、糕的文化

（一）糕和民谣

民歌是在悠久的历史上，在国民之间产生的一种能够体现宗教、生活、感情和工作独特民族色彩的歌曲。它能表达民族的情感和追求，具有这个民族的独特色彩。在多种韩国民谣中，以糕为主题的民谣很多。与韩国人的生活有关。

下面是与糕相关的代表民谣。

> 정월 대보름 달떡이요 이월 한식 송병이요 삼월 삼진 쑥떡이로다 떡사오 떡사오 떡사려오 사월 팔일 느티떡에 오월 단오 수리치떡 유월 유두에 밀정병이라 떡사오 떡사오 떡사려오 칠월 칠석에 수단이요 팔월 가위 오려송편 구월구일 국화떡이라 떡사오 떡사오 떡사려오 시월 상달 무시루떡 동지달 동지날 새알시미 설달에는 골무떡이라 떡사오 떡사오 떡사려오.[①]

通过上面的民谣，我们可以更加证明韩国人在12个月内区分分类和食用，根据不同的季节吃糕或使用糕，进行社会活动，糕和韩国国民的生活紧密相连。

（二）糕和谚语

谚语是从广大人民中流传下来的，具有一定的意义和价值，在悠久的历史中人们不断总结变化，在这样的历史长河中，关于糕的谚语也很多。随着历史的发展，糕的谚语也广为人知。

- 밥 위에 떡.
- 굿이나 보고 떡이나 먹지.
- 떡나무 심은 격이다.
- 아이 가진 떡이다.
- 입에 문 떡도 못 먹는다.
- 웃는 아이 떡 하나 더 준다.

上述谚语说，糕有着美丽的友谊，是人们珍惜的粮食，用祭祀的材料祈求美好事物的产生。"大半夜哪儿来的糕""祝愿好事发生""爱哭的孩子有糕吃"，从这些谚语中可以发现糕是韩国人生活中非常重要的食物。正因如此，人们把糕比喻成好的东西来表达糕在他们心目中的特殊地位。

---

① 한국세시풍속사전 홈페이지. http://fdlkency.nfm.go.kr/sesi/index.isp검색일：2015.11.14

（三）糕和地名

由于年糕和人们的生活关系密切，融入人们的日常生活，以糕命名的地方逐渐出现。

庆尚道有一个叫떡곡재的名字，这个名字的意思是只有在这个村吃打糕之后才能去别的村。村里的女人为了卖糕，经常去别的村，并根据地理位置和人文气候，所以有了这个名字。

江陵的地理位置就像做糕时使用的工具一样，中间不平，因此有名。

忠清道有三个岛，位于忠清南道保宁市5000米以外。这三岛样子都像糕，像高粱糖堆积的糕一样有名。

（四）糕和节日

韩国有各种各样的节日。一到这样的节日，人们就会举行各种各样的庆祝活动。其中糕就占据了无法取代的地位。以下表格是韩国人在节日时使用的年糕的种类分类。

표1　떡과명절

절기	절기 떡	절기	절기 떡
설날 (1월1일)	가래떡, 떡국	유두 (6월15일)	수단, 밀전병, 상화병
상원 (1월15일)	약식	삼복	증편, 주안
중화절 (2월1일)	노비송변	추석 (8월15일)	송편
삼짇날 (3월3일)	진달래 화전	중양절 (9월9일)	국화전
한식	쑥떡	상달 (음력 10월)	무시루떡, 애단자, 밀단고
초피일 (4월8일)	느티떡	동지	새알심
단오 (5월5일)	수리취절편	납월 (음력 12월)	골무떡

按照上表中显示的资料，我们看到糕在韩国人的节日庆祝中具有十分重要的地位，起着重要作用，与他们的生活息息相关。新年当天，韩国人会做白色的糕，煮年糕汤。因为年糕是白色的，所以新年第一天年糕汤具有圣洁的意义。另外，新年也是长了一岁，在韩国只有吃了年糕汤才能说自己长了一岁。新年一过，就是正月十五。在这个季节，人们通过各种风俗活动祈愿新年农耕，运用坚果和糕来进行一年的农耕祈愿活动。

中和节当天根据奴婢的年龄，发放多种松饼，鼓励他们努力耕作。

每年3月3日，金达莱花盛开，将摘来的金达莱和糯米粉混合在一起做糕吃，可以感受到春天的气息。同时，在寒食节到来时，去高山上采摘艾蒿，做成糯米糕吃。

4月初8榉树长出新芽的时期，智慧的韩国人将其磨成粉，做成糕混着吃。

5月5日事韩国的端午节，韩国人举行各种武术和祭祀活动，巫俗表演、农乐表演、跳绳、假面舞等传统游戏和体验活动。这时又出现了用粳米粉搅制而成的糕。

在三伏天里发现糕可以和酒一起保管很久，于是开始喝酒吃糕。

中秋利用早稻制作松糕，将松糕和松叶一起蒸，感谢一年间的耕作，是十分有意义的一天。

重阳节人们用古香古色的菊花做菊花糕。农历十月，利用萝卜和红豆制作糕，分享制作好的糕，同时分享自己的喜悦。

冬至当天是夜晚最长的日子，虽然当天没有特别的糕，但是有在红豆粥里放糕的饮食习惯。

（五）糕和一般活动

不仅随着时令不同，糕文化有所区别，在不同的庆祝活动中，也有着不同的糕文化。根据不同的纪念活动，人们使用糕的方法和意义也不同。在这其中，也表现出了不同的思想追求。以下表2说明人们对糕的另一方面的使用。

표2 떡과활동

의례명	종류
삼칠일	백설기
백일	백설기, 붉은팥고물 찰수수경단, 오색송편
돌	백설기, 붉은팥고물 찰수수경단, 오색송편, 대추, 밤 설기떡
책례	오색소편
흔례	붕치떡, 달떡, 색떡
회갑	백편, 꿀편, 승검초편, 화전, 주악, 단자, 부꾸미
제례	녹두고물편, 꿀편, 거피, 팥고무ㄱㄹ편, 주악, 단자, 인절미

出生21天，这一天为了母亲的辛苦，祝贺年幼孩子们的出生的人们用糕来庆祝。

出生后100天，这一天是百日。父母为孩子们进行百日庆典。在百日宴上，各种雪白的蒸糕、大红的红豆糕、五彩的松饼，这些五彩的颜色具有万物和谐的意义。每家每户分着吃百日糕，也祝愿孩子茁壮成长。

之后是孩子出生1周岁的日子。那天也会有很多种类的糕登场。与百日宴相差无几。特别是红豆、糯米具有希望健康的意义的糕。由于婚礼对每个人的意义都很突出，所以使用的糕和意义也多种多样。这时人们用糯米做糕。这个糕分为2层，夹着红豆和大枣，寓意着结婚后夫妻的生活和美丽。婚礼上摆放着形状像月亮一样的长条糕，然后是形状像一对鸡一样的漂亮的糕，放在庙里象征夫妻。新娘家还制作各种糕送到新郎家。

为老人庆祝60岁生日的当天是花甲宴。花甲宴上的糕华丽且高高的炒年糕里面也添加了多种材料。还添加了蜂蜜、坚果、水果等。花甲宴结束后，一家人将分享这个巨大的糕。

最后是人们祭奠死去的祖先的活动。这是严肃的一天。这时人们用大米、米饭、野菜和糕一起祭祀，糕上也放上绿豆和蜂蜜，人们以忠诚之心悼念的祖先。

四、结论

糕已经与韩国人的生活紧密相连，对韩国人的生活产生了深远的意义。在历史的发展过程中，糕已经深深地融入了韩国人的血液中，是长久的历史发展和人们生活的变化和选择。

每个时代都有他们的独到见解。独特的糕文化在上个时期积累经验，不断进行自我改变，形成自己的糕文化，每一代人的糕文化无法复制，独一无二的东西值得我们研究和学习。糕不单单是人们日常餐桌上的普通食品，每逢季节的每一天都赋予了与糕不同的生命，不同的季节，糕起着自己独特的作用，有着自己的重量，这是不可或缺和取代的。糕不仅在节日期间担当重要的角色，而且糕贯穿韩国人一生，生来老去，糕是永恒的陪伴。

参考文献

崔吉城，2000. 韩国民俗纵横谈［M］. 沈阳：辽宁民族出版社.

李文丽，2019. 中韩年糕文化对比研究［J］. 北方文学.

李在雄，2013. 中韩饮食俗语比较［D］. 曲阜：曲阜师范大学.

吕春燕，赵岩，2010. 韩国的信仰和民俗［M］. 北京：北京大学出版社.

叶轻驰，2015. 韩国的糕喂春节［J］. 沈阳：老同志之友.

창작마을，2001.『한국민속의 세계』［M］.서울：고려대학교 민족문화연구원.

김선풍，2005.『한국민속학인물사』［M］.서울：보고사.

국립민속박물관，2010.『한국민속 신앙사전』［M］.서울：국립민속박물관.

이상억，1998.『속담의 형태적 양상과 지도방법』［M］.이회문화사.

최운식 외，1998.『한국민속학 개론』［M］.민속원.

非通用语教育教学研究

《欧洲语言共同参考框架》
对意大利语教学的启示①

陈英　Fabrizio Leto

（四川外国语大学法语意大利语系 重庆 400031）

摘要：目前，中意两国在各领域合作日益密切，语言互学也进入新阶段，国内意大利语教学面临更大挑战，引入语言等级考试是意大利语教学大势所趋。同时外语教学也要求学生有融入国际社会的能力，《欧洲语言共同参考框架》（CEFR）对语言教学影响深远，意大利对外国人的意大利语教学积累了很丰富的经验。近些年，意大利学者根据CEFR框架，制定了符合意大利语特点、操作性强的《意大利语L2教学大纲》（Sillabo）。本文结合我国实际情况，分析CEFR和Sillabo给中国意大利语教学带来的启示。

关键词：CEFR；意大利语教学；语言水平；Sillabo

一、中国意大利语教学的现状和趋势

外语教学与国家关系相互促进，相互影响。2000年之后，中意政治、经济、文化交流取得了很大进展。2004年，中国与意大利建立全面战略伙伴关系；2006年，中国与意大利政府联合举办了"中国意大利年"系列活动。在教育方面，2005年7月4日中国与意大利签署了《中华人民共和国政府与意大利共和国政府关于相互承认高等教育学位的协议》，留学意大利的中国学生人数逐年增加，2014年意大利驻华使馆发放了大约8300份留学签证。② 2012年，中国与意大利政府签订了《中华人民共和国政府与意大利共和国政府教育部关于开展教育合作的执行计划2012—2015》。2016年9月，意大利教育部正式颁布的《适合全意高中汉语文化教学实际的国别化大纲》③标志着汉

---

① 项目名称：四川外国语大学2020年校级一流专业建设项目。
② 刘春红：《外语教学与国际关系的相互促进与影响——以中国意大利语教学和中意两国关系为例》，载《外语研究》，2017年，第34卷第2期，第18–21+29页。
③ 陈晓晨：《汉语文化教育纳入意大利国民教育》，载《光明日报》，2017–04–05（015）。

语文化教育首次被纳入意大利国民教育体系。2017年2月，意大利总统马塔雷拉访华，希望将"一带一路"倡议与意大利本国发展战略衔接起来，使之成为中意两国深化经济、文化等各领域合作的助推器。①2017年，汉语纳入了意大利高中会考科目。2019年3月，习近平主席访问意大利，中意签署了关于共同推进"一带一路"建设的谅解备忘录，这也是中意关系发展的新里程碑。②

目前，中国开设意大利语专业的大学日益增多，"到2019年国内已有22所本科院校和5所专业院校开设了意大利语专业，9所高校将意大利语作为专业的第二外语，已经建起多层面、立体化意大利语培养体系"③。据统计，2017年意大利在华留学人数达到6430人；2019年，中国在意大利的留学生已经达到2.4万人。④从中意合作的发展势头来看，语言互学是拓展其他领域合作的基础，在"一带一路"倡议的促进下，意大利语学习者人数持续上涨，意大利语已成为非通用语中的通用语，意大利语教学与国际接轨，建立统一的等级考试体系也指日可待。

二、国内大学意大利语教学的目标与要求

经过几十年的发展，国内意大利语教学的课程体系基本成形。以四川外国语大学为例，意大利语系列语言基础课程可以保证学生熟练掌握意大利语听、说、读、写的基本技能，具备较强的语言运用能力。具体课程安排如下：

大学一年级："初级意大利语"系列课程（综合、语法、视听、口语）；

大学二年级："中级意大利语"系列课程（综合、语法、视听、口语、阅读、写作）；

大学三年级："高级意大利语"系列课程（综合、语法、口语、写作）。

2017年12月20日，教育部发布了《普通高等学校本科专业类教学质量国家标准》（以下简称《国标》）实施通知，《国标》对意大利语等其他非通用语种的核心课程设置要求如下：基础专业外语、高级专业外语、专业外语视听、专业外语写作、专业外语口语、专业外语语法、专业外语汉语互译、专业外语文学史、对象国或地域文化等。⑤落实到意大利语教学中，除了翻译、文学和文化课程，本科教育的大部分课程围绕着意大利语听、说、读、写能力的培养和提高。2020年4月出版的《普通高等学校本科外国语言文学类专业教学指南》提出：专业核心课程——外语技能课和专业知识课

① 陈晓晨：《"一带一路"倡议助推中意关系发展》，载《光明日报》，2017-03-01（010）。
② 钟声：《引领中意关系进入新时代》，载《人民日报》，2019-03-25（003）.
③ 李宝贵、庄瑶瑶、陈楷沅：《"一带一路"背景下中意高等教育合作交流的特点、挑战与对策》，载《现代教育管理》，2019年，第11期，第18-23页。
④ 《习主席访问将开启中意友好合作新篇章，访中国驻意大利大师李瑞宇》，载《新华每日电讯》，2019-03-20（008）。
⑤ 教育部高等学校教学指导委员会：《普通高等学校本科专业类教学质量国家标准》，载《出版参考》，2018年，第8期，第93页。

程，应占总课时的50%~85%，外语技能课包括听、说、读、写、译方面的课程。[①] 大学意大利语是零起点教学，外语技能课所占的比重通常大于其他专业知识课程，是核心课程中的重点。目前就国内意大利语教学而言，还缺乏一个具体而统一的参照标准来制定教学大纲；学生在大三修完高级意大利语系列课程之后，也没有统一的测试来检验学生达到的语言水平和掌握的外语技能。目前国内意大利语教学还没有类似于法语"专四"的等级考试，但随着中意交流的飞速发展，举行意大利语等级考试是时代的要求和意大利语教学的发展趋势。

意大利语教育要面对市场，面对未来。如何让学生在人才市场上具有竞争力，能够应对职场的要求（大部分语言类招聘都要求意大利语达到B2水平）和升学要求（大部分意大利大学研究生课程入学条件要求学生达到意大利语B2水平），这是首先要考虑的问题。目前虽然国内大学意大利语专业都不要求学生在大学期间通过语言等级考试，意大利语也没有列入翻译等级考试，但专业发展要未雨绸缪，要通过进一步优化大纲来强化学生的语言基本功，增强学生的核心竞争力，保证大部分本科生通过B2等级考试，鼓励优秀学生参加C1、C2等级考试，这是现阶段大学意大利语教学合理、客观的目标。同时等级考试对于学习者具有反拨和促进作用，会对语言教学产生良性引导。总的来说，国内大学意大利语语言教学的最终目标并不是通过等级考试，但等级考试可以检验语言教学的效果，也为学生之后的工作和研究提供坚实后盾。

在国内，意大利语能力测评体系建设还处于刚刚起步阶段，但在意大利，意大利语言能力测评体系已经取得了初步成就。意大利是一个移民众多的国家，到2020年1月，意大利境内有526万移民，基本接近全国居民的十分之一[②]，在意大利外来人口中，中国移民居于第四位[③]。意大利语L2教学和语言能力测试在意大利已经相对成熟。从2010年开始，意大利内政部出台了具体标准，要求申请长期居留的移民应掌握意大利语常用语句和表达，意大利语水平应达到《欧洲语言共同参考框架》的A2等级。意大利语等级考试主要有CILS、PLIDA、CELI和IT。[④]意大利对外国人的语言教学积累了很丰富的经验，尤其是近些年，意大利学者在对中国学生的语言教学方面取得了丰富的研究成果，有很多值得借鉴的地方。

三、Sillabo和意大利语等级考试

《欧洲语言共同参考框架》（The Common European Framework of Reference for

---

① 教育部高等学校外国语言文学类专业指导委员会：《普通高等学校本科外国语言文学类专业教学指南》，北京：外语教学与研究出版社，2020年，第141页。

② 意大利国家统计局数据：http://dati.istat.it/Index.aspx? QueryId=19103，检索时间：2020-06-22。

③ 2018年意大利移民总数超500万，华人30万，排第4位，http://yn.people.com.cn/n2/2019/0708/c378441-33120315.html.

④ 李宝贵、史官圣：《意大利语言政策的演进及其特点》，载《辽宁师范大学学报》（社会科学版），2019年，第42卷第1期，第104–109页。

Languages：Learning，Teaching，Assessment，简称CEFR）公布之后，对语言教学影响深远，意大利学者根据CECR制定了符合意大利语特点、操作性强的《意大利语L2语言教学大纲》（Sillabo di italiano L2，简称Sillabo）①。

国内意大利语基础教学层面，急需具体目标和标准来引导教师教学和学生的学习。根据意大利语言等级Sillabo来调整课程大纲，把等级考试，尤其是B2考试列入教学目标安排，无疑会给意大利语教学改革带来很大启发。结合我国意大利语教学的实际情况，这一节我们具体分析CEFR和Sillabo对国内大学意大利语专业教学的启示。

（一）Sillabo的编写原则和内容

2001年，《欧洲语言共同参考框架》公布之后，在欧洲得到不断推广，"已经成为语言习得、教学和评估的重要参考，是欧盟各国语言教学最有影响力的指导文件，《框架》的影响日益深远，已经不仅限于欧盟内部"②。新形势要求教育要与国际接轨，中国外语教学和测试也需要参照国际标准，CEFR在国内有很大的应用空间。CEFR包括两大部分：第一部分是陈述性方案（Descriptive Scheme），它主要描述在语言运用、语言学习和教学中涉及的内容，主要包括技能、策略、活动、领域和条件，以及决定语言运用的限制条件；第二部分是共同参考水平体系（The Common Reference Level System），包括等级说明，提供描述性方案中语言熟练水平的说明书。"共同参考水平等级"的核心是语言运用（can-do）熟练水平的说明。③中国学者这些年也很关注CEFR的研究与实践，有学者提出，CEFR也可以运用于设计外语学习计划，如在不同级别的教育之间建立分割线，制定课程指南和教科书。为促进欧洲与中国的合作，欧洲国家所运用的语言资格公认标准同样适用于中国。④

Mariani对CEFR在意大利语言教学中的运用有这样的看法："CEFR已经成为很多应用者必需的参考，从国家学校教育的政策制定者到编写教材的教师和研究者，还有广大语言教师和学生。那些敏锐的教师会感到框架提出的概念和术语非常有用，他们会做相应的调整，运用到实际语言教学中……"⑤CEFR在意大利最显著的影响是随之产生的系列教材、研究工具和参考——Sillabo，以及评估体系，比如CILS语言等级考试。

Sillabo是意大利帕多瓦大学针对外国人的语言教学制定的。之前意大利语言培训是

① Maria G，Lo Duca：Sillabo di italiano L2，Roma：Carocci，2006，p.163.
② 邹申、张文星、孔菊芳：《〈欧洲语言共同参考框架〉在中国：研究现状与应用展望》，载《中国外语》，2015年，第12卷第3期，第24-31页。
③ Council of Europe：*Common European Framework of Reference for Languages：Leaning，Teaching，Assessment*，Cambridge：Cambridge University Press，2001.
④ 付桂芳、Peter Broeder：《欧洲外语技能培养与评估》，载《高教发展与评估》，2011年，第27卷第1期，第110-115+121页。
⑤ Mariani，Luciano："Il Quadro Comune Europeo di Riferimento e la sua valenza formativa"，in Arcuri A.e Mocciaro E.（a cura di），"Verso una didattica linguistica riflessiva.Percorsi di formazione iniziale per insegnanti di italiano lingua non materna"，Palermo：Università degli Studi，pp.163-180.

委托给私人机构完成的，但到了21世纪这项任务转移到了大学内部，意大利的大学必须进行意大利语课程建设，设定教学大纲，对学生语言水平进行测试。Sillabo根据具体教学经验制定，应用于教学实践，主要指导意大利大学"语言中心"（CLA）针对外国学生的语言课程，同时这个研究项目也加入了"帕维亚计划"①。Sillabo分为两大部分，第一部分是基于一般语言能力和语言交际能力，制定的"主题大纲"对应CEFR的陈述性方案；第二部分是"等级大纲"，对应CEFR的水平体系。② Sillabo目前是在意大利最通用的大纲，"在意大利，应用最广泛的大纲是Lo Duca编写的Sillabo，因为它最完整，也最符合CEFR框架提出的原则。除了对于CEFR的参考，Sillabo也参照了《意大利语FL教学等级框架》③，这是在意大利推行'交际法'的开山之作"。④

Sillabo也可以细分成三个部分，对应CEFR的三个功能：第一部分（交际任务和语言功能）对应的是CEFR语用部分，第二个部分（任务和文本）大体上对应CEFR的社会语言能力；最后第三部分（形式、结构和意义）对应的是CEFR的语言能力⑤。前两个部分致力于培养学习者在一个特定环境中，需要应对的语言交流问题，比如日常生活、调节社会关系、描述、讲述、分析、陈述、并对意大利语学习进行反思。第三部分是为交际任务得以实现提供各类型文本参照。

（二）意大利语等级考试

意大利的语言等级考试主要有CILS、PLIDA、CELI和IT，其中CILS影响力最大，在中国已经开始得到承认，在国内已经设了一些考点。CILS等级考试是意大利锡耶纳大学设立的，全称为"外国人意大利语水平证书"（Certificazione di italiano come lingua straniera），主要是针对教学评估、入学考试、居留证申请、外国学生进入意大利大学的入学考试、在语言教学过程中的测试等。⑥ 到2020年，CILS已经有27年历史，积累了丰富的经验。表1以CILS为例，说明欧洲语言共同参考框架中的等级和CILS等级考试

---

① Il progetto di Pavia，由帕维亚大学发起，意大利很多大学响应，主要研究意大利作为第二语言的习得问题，并获得了意大利教育、大学和研究部（Miur）的资助。

② Maria G，Lo Duca：Sillabo di italiano L2，Roma：Carocci：2006.

③ Galli de' Paratesi，Nora：Livello soglia per l'insegnamento dell' italiano come lingua straniera，Consiglio d' Europa，Strasbourg.

④ Giuseppe Paternostro，Adele Pellitteri："Insegnare la pragmatica della L2 nella L2.Problemi teorici e suggerimenti metodologici"，in Arcuri A.e Mocciaro E.（a cura di），"Verso una didattica linguistica riflessiva. Percorsi di formazione iniziale per insegnanti di italiano lingua non materna"，Palermo：Universit à degli Studi，pp. 285–339.

⑤ Giuseppe Paternostro，Adele Pellitteri："Insegnare la pragmatica della L2 nella L2.Problemi teorici e suggerimenti metodologici"，in Arcuri A.e Mocciaro E.（a cura di），"Verso una didattica linguistica riflessiva. Percorsi di formazione iniziale per insegnanti di italiano lingua non materna"，Palermo：Universit à degli Studi，pp. 285–339.

⑥ Convegno per i 25 anni della certificazione CILS，https：//cils.unistrasi.it/187/25_Anni_Cils.htm，accessed on 2020–06–25.

的对应。[①]

表1　"欧洲语言共同参考框架"与CILS等级考试的对应

掌握难度	欧洲语言共同参考框架	CILS考试等级
熟练运用	C1	CILS 4–C2
	C2	CILS 3–C1
独立运用	B2	CILS 2–B2
	B1	CILS 1–B1
基础水平	A2	CILS A2
	A1	CILS A1

四、Sillabo对国内意大利语教学的启发

目前，国内意大利语教学研究还处于初级阶段，需要一个成熟的教学、测试体系作为参照。Sillabo可以为外国人意大利语教学经过验证提供有效参考，但目前在国内还没得到介绍，在知网上甚至没有和Sillabo相关的文章。虽然在意大利开展的针对外国人的意大利语教学（FL）和在中国开展的作为第二语言（L2）的教学有所差别，但Sillabo依然有很多值得借鉴的地方。正如上文所说，意大利语核心课程中大部分都是听、说、读、写基本语言技能的培养。在国内意大利语语言教学中，虽然通过等级考试并不是语言技能课的目标，但Sillabo可以给基础教学提供重要参考，国内的大学可以按照意大利语言等级标准要求，调整课程大纲、课程内容、课程资源、教学模式，对考核方式进行改革。

以四川外国语大学意大利语专业为例，本科大一到大三开设了综合、口语、写作、视听、语法、阅读等课程，课程体系很完整，但这些课程之间缺乏统一性和协调性，难以实现"一体化"教学。如能按照CEFR框架和Sillabo大纲重新规划语言课程，在综合课程中引入不同阶段的知识点和能做（sapere fare）的技能，使得听、说、读、写课程围绕着综合课程展开的话，学生学到的语法、词汇知识能在听、说、写课程上进行演练，无疑会提高学习效率，也会促进教师之间的协作，让教师有纲可循，催生基于CEFR和Sillabo，为中国大学生量身定做的听、说、读、写、语法教材。

在学生习得方面，通过Sillabo大纲可以进行阶段性监控，在各个阶段的教学中引入等级测试，为学生设定每个阶段学习的目标，这些测试的激励效应和反拨作用势必会激起学生的学习动力。这也有很强的操作性：比如，在大二开学第一周对学生的语言能力进行综合测试；在第二周各门课程的老师进行讨论，按照Sillabo框架调整教学大纲

---

① I livelli CILS, https: //cils.unistrasi.it/79/Il_sistema_di_Certificazione_CILS.htm, accessed on 2020–06–25.

和内容；在第七周再对学生进行语言水平测试，检验学生是否达到框架要求的水平；到第八周任课老师再次进行交流，调整进度和教学内容。按照这种方式监控学生的语言水平，在学生语言水平达到B2时，鼓励学生参加证书考试，加快专业国际化步伐。

Sillabo大纲对于意大利语教学是一个具体参照。在等级大纲中，除描述每个阶段的交际能力要求外（例如"A1"等级要求可以自我介绍"包含姓名、年龄、学习的课程、国籍、住址、电话号码等信息"），对于需要掌握的语音语调也有具体描述[①]，甚至对每个阶段需要掌握的名词、动词、副词、连词的语法点，以及要掌握的句型也都列举出来了，这对于制作各门课程的教学大纲是一个精确的参考，同时也可以让各门课程协调统一起来。

五、结语

"如何适应国家经济和社会发展的战略需要，建立符合素质教育的要求，促进学生能力发展，提升教师专业发展层次，提高我国外语教育质量的评价体系，是我国外语教育、外语课程和外语测评改革的一项重要任务。"[②]CEFR是外语教学、考试大纲，为设计外语能力评价体系以及编写外语教材提供了参照标准，这也是意大利语L2教学和评估的指南。意大利帕多瓦大学基于CEFR制定了符合意大利语情况的Sillabo。根据目前意大利教学的发展阶段和中意交流与合作的发展趋势，中国意大利语教学的大纲制定、教材编写和语言能力测试可以借鉴Sillabo标准，调整本科阶段语言基础教学大纲，引入语言水平测试，进一步探索，在听、说、读、写测试中加入"译"的内容和标准，建立意大利语专业等级考试制度。

参考文献

习主席访问将开启中意友好合作新篇章，访中国驻意大利大师李瑞宇［N］. 新华每日电讯，2019-03-20（008）.

付桂芳，BROEDER P，2011. 欧洲外语技能培养与评估［J］. 高教发展与评估，27（1）：110-115+121.

刘春红，2017. 外语教学与国际关系的相互促进与影响——以中国意大利语教学和中意两国关系为例［J］. 外语研究，34（2）：18-21+29.

教育部高等学校外国语言文学类专业指导委员会，2020. 普通高等学校本科外国语言文学类专业教学指南［M］. 北京：外语教学与研究出版社.

教育部高等学校教学指导委员会，2018. 普通高等学校本科专业类教学质量国家标准［J］. 出版参考（8）.

---

① Maria G，Lo Duca：Sillabo di italiano L2，Roma：Carocci，2006，pp.171-180.
② 吕生禄. 中国外语能力测评体系建设的实现路径与思考［J］.全球教育展望，2015，44（8）：114-122.

李宝贵，史官圣，2019. 意大利语言政策的演进及其特点［J］. 辽宁师范大学学报（社会科学版），42（01）：104–109.

李宝贵，庄瑶瑶，陈楷沅，2019. "一带一路"背景下中意高等教育合作交流的特点、挑战与对策［J］. 现代教育管理（11）：18–23.

邹申，张文星，孔菊芳，2015.《欧洲语言共同参考框架》在中国：研究现状与应用展望［J］. 中国外语，12（03）：24–31.

钟声，2019. 引领中意关系进入新时代［N］. 人民日报，2019–03–25（003）.

陈晓晨，2017. "一带一路"倡议助推中意关系发展［N］. 光明日报，2017–03–01（10）.

陈晓晨，2017. 汉语文化教育纳入意大利国民教育［N］. 光明日报，2017–04–05（15）.

COUNCIL OF EUROPE，2001.Common European Framework of Reference for Languages：Leaning，Teaching，Assessment［M］.Cambridge：Cambridge University Press.

NORA G，1981. Livello soglia per l'insegnamento dell'italiano come lingua straniera，Consiglio d'Europa，Strasbourg.

GALLI M，2006. Lo Duca.Sillabo di italiano L2［M］.Carocci，Roma：2006.

MARIANI L，2014. Il Quadro Comune Europeo di Riferimento e la sua valenza formativa［C］// in Arcuri A.e Mocciaro E（a cura di）. Verso una didattica linguistica riflessiva. Percorsi di formazione iniziale per insegnanti di italiano lingua non materna. Palermo：Università degli Studi.

PATERNOSTRO G，PELLITTERI A，2014. Insegnare la pragmatica della L2 nella L2.Problemi teorici e suggerimenti metodologici［C］// Arcuri A.e Mocciaro E.（a cura di），Verso una didattica linguistica riflessiva. Percorsi di formazione iniziale per insegnanti di italiano lingua non materna.Palermo：Università degli Studi.

韩国高等教育中的慕课应用①

元善喜

（四川外国语大学东方语言文化学院 重庆 400031）

摘要：受2019年底暴发的新冠疫情影响，慕课成为"停课不停学"的重要措施之一。韩国的慕课建设历经十余年，形成了独有的规范、特点，并取得了不小的成绩。本文主要针对韩国慕课建设情况以及在韩国高等教育中慕课的应用情况进行分析，整理出其建设经验，为中国慕课的建设提供借鉴。

关键词：韩国；慕课建设；慕课质量；高等教育

1995年5月，韩国教育改革委员会（总统咨询机构，以下简称韩国教改委）为构筑"开放的教育社会"和"终生学习的社会"提出了学分银行制。其目的就是鼓励公民努力获得学位，从方便学习的角度增加他们获得高等教育机会。韩国教改委于1996年2月提出了"学分银行"制度具体实施方案，并开始试点运营。1997年9月，韩国教改委规定了认证制度和标准化课程，首次提出对教育机构和课程进行评定，进一步严格规范了学分银行制度的操作过程。1998年3月起，韩国教育开发院开始负责学分银行制度的运行和管理，且学分银行制度开始全面正式实施。从2008年开始，学分银行制由韩国国家终身教育振兴院负责运作。

韩国的学分银行制是一个认证各种校内外学习经历，并根据《学分认证法》认定先前学习经历的教育体系，当学分累积到某个特定标准时即可获得学位，以此创造一个开放的、终身学习的社会。

经过20多年的发展，韩国逐步建立了从中央主管机构到地方各类教育机构连贯一体的组织管理体系。各级各类组织机构在运行过程中分工明确、权责一致。目前，韩国国家终身教育振兴院是学分银行的中央主管机构，其下设的"学分银行总部"负责学分银行相关政策的制定、实施与业务指导工作。韩国学分银行主要由教育科学技术部、国家终身教育振兴院、各省级（市、道）教育办公室等机构负责日常管理工作。

---

① 本文系2020年度重庆国际战略研究院研究项目"2020年重庆市高校国际化人文特色建设非通用语国别区域研究"的研究成果（项目编号：CIISFTGB2011）。

截至2020年2月，其下属的教育机构共有432所，其中大学附属终身教育院以200所机构位居第一，其次是各类职业专门学校共有65所。而韩国慕课（K-MOOC）也于2019年1月（试行）起加入这一行列。

一、韩国慕课建设的背景

（一）韩国慕课的起源

韩国在2004年4月出台了缩减民办教育经费的政策，由此，韩国教育广播电视公司通过EBSi①创建了线上课程网站，视频课程服务开始投入使用，韩国远程教育正式拉开了帷幕。早期的线上课程，学生在官网进行线上申请后即可听课。学生如有疑问或讨论事项，均可在指定区域留言，老师再进行解答。这样的远程教育让学生的自主学习不再受时间和空间的限制，可谓是创新之道。不过，远程教育也有一定的局限性，即难以像线下课程那样实现师生间关系建立和互动。金义英（音译）（2007）的研究显示，线上学习过程中师生间的互动会影响学生注意力，但同时，远程教育可以利用授课方式、过程评价和总体评价来完善这种互动。人们对远程教育的学习方式不断进行探索，慕课的开发也随之诞生。

慕课是一个可实现双向学习的课程平台，它不同于传统的线上课程，而是致力免费或以低成本向大众提供参与全球名校课程学习的机会。慕课被视为一种"创新之举"，它不仅向大众公开各所大学封闭管理的知识和信息，更是通过网页实现师生、同学间的互动，构建知识体系。慕课自2012年在美国首次问世后，陆续在Udacity、edX、Coursera等多个平台投入使用，并于2013年登陆法国慕课平台FUN和英国慕课平台Futurelearn。

K-MOOC问世前，韩国也曾为了跟上全球开放高等教育的潮流，推出过韩国开放课程（KOCW, Korea Open Course Ware）等各种各样的服务平台。同时，韩国的多所大学也开始自主开发运营本校的慕课平台。这一切为K-MOOC服务在政府主导下实现飞速发展奠定了坚实的基础。

韩国开放课程（KOCW）是由韩国教育研究信息院（KERIS）提供的一种高等教育教学资源共享服务，同时利用韩国国内大学和国外开放教育资源（OER, Open Education Resource）的开放课程资源（OCW, Open Course Ware），共享课程资料和信息。而开放教育资源就是向开放课程资源提供的开放式免费教学资源，允许教学者和学习者自由使用。具有代表性的开放教育资源机构有MIT、UNESCO和GLOBE等。创作共用协议（CCL, Creative Commons Licence）规定，可依据承载信息的免费开放条件来使用开放教育资源。韩国在2007年引进韩国开放课程并开始构建相关系统，2008年12月韩国开放课程开始试运营，2009年3月起正式投入使用。截至2020年2月，韩国

---

① EBSi是面向韩国高中生的线上教育网。

开放课程提供了韩国国内187所大学、29个相关机构等共216个机构的18 511门课程和272 376份课程资料。此外，有九所国外大学和相关机构、三个开放档案倡议（OAI，Open Archives Initiative）等参与其中，提供了15 506门课程和147 042份课程资料。[①]

从文件类型来看，上传在该平台的课程资源大致有视频资源、文件资源、网络教学资源及其他形式的资源。视频资源为WMV.格式的视频和课程制作教程；文件资源为转换成PDF格式的HWP或PPT文件；网络教学资源主要为Flash动画格式的课程资源；其他形式的资源则包括语音资源等。所有课程资源中，视频资源占54%，文件资源占29.4%，网络教学资源占15.1%，相对于网络教学资源或语音资源，以视频为主的课程资源占据了较大的比例。

但是，韩国开放课程不具备展开多种教学活动的功能，所以其功能仅限于提供课程视频。此外，韩国开放课程还难以实现师生、同学间的互动，缺乏发放结业证书等相应的认证制度，难以激发学生的学习动力。为了完善这些不足之处，韩国联合麻省理工学院等机构不断地尝试将开放课程资源转变为慕课。

为顺应全球发展趋势，以国家终身教育振兴院（隶属于韩国教育部）为主导，"韩国慕课"（K-MOOC）于2015年10月正式问世。

（二）韩国慕课发展的必要性

慕课有别于传统的大学课程和线上课程，以下四大原因促进了慕课在韩国的发展。

1. 实现大学的教学方式和学习方式创新，培养创新人才

目前，以教学者为主的知识传播和被动学习模式需要转变为以学习者为主、创新主动的新型学习模式。在这样的背景下，韩国慕课课程则被视为实现这种新型学习模式的基础。另外，在国内外公开和普及慕课等优秀课程模式的大背景下，韩国慕课课程也可以作为助燃剂，有效推动大学课程实现务实创新。

2. 韩国慕课的问世可推动实现真正公平的高等教育

目前，在经济合作与发展组织成员国当中，韩国的大学升学率处于较高水平，基本实现了高等教育的普及。但各大学的教学质量仍存在较大差距，有碍于实现真正公平的教育。这时，有必要向大众公开共享利用信息通信技术（ICT，Information and Communications Technology）打造出的高质量韩国慕课课程，为实现真正公平的高等教育奠定坚实基础。

3. 韩国慕课的崛起可有效应对慕课的全球化普及和高等教育模式的转变

慕课的前身为开放教育资源运动，其初衷是公开教育资源，自2012年起逐渐发展

---

① 参见http://www.kocw.net/home/kocwStatistics.do，检索时间：2020-04-30。

成现在的模式。慕课发源于美国，正在向欧洲、亚洲等地区扩张。在此背景下，韩国也急需大力发展本土的慕课。此外，韩国大学对国外的慕课日渐关注，但由于国外的慕课课程多用英语授课，对韩国的教学者和学习者来说具有较大难度。随着韩国国内慕课需求增大，韩国本土慕课平台的构建和相关负责部门的推进工作则显得尤为重要。

4. 韩国慕课是韩国全民百岁时代和终身教育的基础

如今，不断提升个人能力可有效应对社会老龄化现象，增加工作选择的优势，这导致人们对面向高等教育的终身教育需求日渐增加。这时，就有必要构建韩国本土的K-MOOC系统。通过该系统，可以将大学的优质学习资源数字化并系统地公开共享，从而达到为终身教育奠定基础、为国家人力资源开发做贡献的目的。

二、韩国慕课的发展现状

2015年2月，韩国国务会议部门工作报告针对韩国慕课提出了具体的推动方案。同年4月，韩国指定10所大学参与韩国慕课建设，正式推动慕课课程开发。韩国慕课的基本目标是提供免费课程，以缩小各大学间的教学质量差距，实现真正公平的高等教育。而其终极目标，则是为面向高等教育的终身教育奠定基础，为国家培养人才做贡献。从这一点来看，韩国慕课与由开放课程资源衍生而来的国外慕课不同。韩国慕课是国家从终身教育层面出发，不断向慕课靠拢的创新之举。另外，韩国在2015年才开始推进韩国慕课建设，与英国、法国、日本、中国等国家自2013年便开始普及慕课服务相比，起步较晚。

韩国慕课指定当前特定领域的权威人士（如大学教授）为授课讲师，完全开放课程内容，大众可利用慕课教育平台获取课程资源。部分大学还通过本校的慕课平台向本科生提供课程服务，以小规模限制性在线课程（SPOC，Small Private Online Course）的形式有效利用慕课。今后，随着慕课的量化普及，供需双方达到最大值时，一定会促进迷你慕课（Mini-MOOC）的建设，最近部分大学，如韩国科学技术院（KAIST）就在试运营慕课的衍生产品微型慕课（SMOC）平台。

（一）建设机构

通过韩国出台的《2015年K-MOOC试运营基本计划（大纲）》和《2016年刺激服务业的线上公开课（K-MOOC）运营计划（大纲）》可确认韩国慕课建设的主要机构。韩国教育部全权负责慕课建设计划，教育部针对慕课建设计划制定各个年度的工作目标，发布慕课建设通知，制定标准选定参与建设的大学。此外，教育部还负责选拔和表彰优秀课程及参与建设的优秀科研人才。

国家终身教育振兴院负责落实韩国慕课建设的运营工作，根据教育部制订的基本计划，出台和落实具体的建设任务。具体流程就是根据教育部的慕课建设通知，国家终身教育振兴院选定参与慕课建设的大学，并与这些大学签订相关的协议，向签约的大学提供经费，管理和支持选定大学的慕课建设工作。

而另一个重要的机构——参与慕课建设的大学则主要负责开发、运营和使用慕课。大学根据教育部发布的通知，提交参与慕课建设的申请书，该申请一旦被教育部通过，该大学要遵照申请书进行建设，同时获得国家终身教育振兴院的资金支持。在韩国慕课课程建设和开发过程中，以及后期运营和收集学生意见反馈过程中，大学的作用至关重要。慕课建成后，后期的管理及维护都由大学负责，并形成相关报告书提交。

（二）平台与课程建设

韩国慕课是由国家终身教育振兴院利用开放资源软件——开放在线课堂（OpenedX）构建而成的共享平台，并充分考虑解决了早期服务的稳定性、课程内容的国际兼容性等重要问题。2015年10月，平台构建和课程开发告一段落，韩国国内10所大学共27门课程正式上线试运营，学习者可在韩国慕课主页（www.kmooc.kr）申请听课。2015年韩国慕课开发的27门课程整理如下（见表1）。

表1　2015年韩国慕课开发课程表

大学名称	专业	科目	课程时长（周）	学习时间（小时）
庆熙大学	社会科学	世界公民教育	14	35
	人文科学	政治	14	35
高丽大学	法律	民法学入门	15	60
	语言、文学	古典文献和历史文化	10	30
	电气、电子	Quantum Mechanics for IT/NT/BT	14	45
	数学、物理、天文、地理	广义相对论	10	30
釜山大学	生物、化学、环境	生命起源	13	60
	经济管理	企业经营管理	13	60
首尔大学	经济管理/社会科学	经济学入门	13	75
	生物、化学、环境、数学、物理·天文、地理	宇宙和生命	13	75
成均馆大学	语言、文学	论语	16	64
	生活科学	创新思维	16	48

续表1

大学名称	专业	科目	课程时长（周）	学习时间（小时）
延世大学	语言、文学	文学概论	13	26
	经济管理	服务设计	7	17
	数学、物理、天文、地理	宇宙认知	13	26
梨花女子大学	数学、物理、天文、地理	现代物理学和人类思维的变化	13	42
	语言、文学	电影剧情理解	7	17
	美术、造型	人类行为和社会结构	16	45
	社会科学	从建筑看社会文化史	16	45
浦项工科大学	电气、电子	数字通信系统：变幅槽和电子光谱	16	45
	机械、金属	连续介质力学和有限元素解析	16	45
韩国科学技术院	机械、金属	动力学（Dynamics）	13	60
	电气、电子	人工智能和机械学习	13	75
汉阳大学	建筑	建筑空间论	9	45
	经济管理	管理数据采集	15	36
	社会科学	信息社会学入门	14	60
	社会科学	政策学概论	14	60

　　虽然平台运营初期只有10所机构参与运营，上线课程只有27门，但随着韩国教育部投入300亿韩币的资金支持，上线课程数也在不断增加。2016年课程数为143门，2017年为324门，2018年为510门。2019年，参与运营的大学达116所，共开设745门课程。

　　自2018年起，为了满足学习者的课程需求，韩国慕课改变了公开征选课程的方式，从传统的以大学为单位转变为以课程（个别课程和综合课程①）为单位。同时，为了收集国民意见，了解国民对韩国慕课课程开发的需求，韩国慕课平台设置了意见窗口，充分收集国民意见，以此来选择2020年的课程开发领域。②

　　表2为截至2019年8月K-MOOC平台上各学术领域的课程数统计数据。从比例来看，人文学占比最高（27.0%），其后依次为社会学（23.4%）和工学（23.2%）。

---

① 提供集4~5门特定领域（第四次工业革命、专业人才培养等）的课程于一体的综合课程。
② 征集问题为"希望在韩国慕课上学到的课程有哪些？"，共收集1738条意见。

表2　韩国慕课平台各学术领域课程统计

学科	人文学	社会学	工学	自然学	艺体学	医药	教育学	总计
课程数	142 （27.0%）	123 （23.4%）	122 （23.2%）	57 （10.9%）	31 （5.9%）	31 （5.9%）	19 （3.6%）	525 （100%）

数据来源：韩国教育部2019年8月公开数据

自2015年起，韩国慕课课程的学完率持续增长，2019年1月至2019年7月，学完率达19.2%。不同年度的韩国慕课学完率见表3。

表3　不同年度的韩国慕课学完率统计

年度	2015	2016	2017	2018	2019	平均
学完率（平均）	3.2%	11.9%	12.7%	14.0%	19.2%	13.63%

数据来源：韩国教育部2019年8月公开数据

除了人文学、社会学和工学，教育部还不断开发、提供关于第四次工业革命和职业教育等多领域的韩国慕课课程，并有望于2022年上线超过1200门课程。

2020年教育部计划大纲[①]提出了要开发170门新课程，并于2021年累计开发900门课程的目标。为达成上述目标，教育部主要提出了以下计划：

（1）选定15所第二批一流慕课大学，争取每年开发出两门以上的个别课程和微课，以保证稳定开发优质课程，维护品牌形象。

（2）选定5门综合课程，此类综合课程以第四次工业革命和专业人才培养等领域内容为主，分别集4~5门课程知识于一体。

（3）理工科的基础学科、大学公共课（如选修课等）、职业教育、韩国学等涉及国家战略开发的领域，争取开发出40门课程。

（4）集中开发20门人工智能课程。根据不同学习者的基础知识和学习目的，在目前的韩国慕课平台上向不同的学习者提供和普及人工智能（AI，Artificial Intelligence）技术系统选课体系图，以供学习者选择AI课程。在此基础之上，通过AI技术系统选课体系图（共55科）和已开发的慕课课程映射，完成AI课程开发。

（5）确保开发30门自选课。大学、公共机构等部门有效利用政府财政支持和自身的财政收入，确保开发30门慕课的自选课。

（三）使用情况

大学认可韩国慕课的课程学分，同时韩国慕课还可以提供公司在职人员内部培训、公务员培训、教师培训的课程，并提供培训成绩。较有特点的是，韩国慕课修订了相关规定条例，于2019年9月推出了"K-MOOC学分银行制课程"[②]，使得普通学习

---

① 教育部国家终身教育振兴院，2020年K-MOOC基本计划，2020年，第4页。
② 2019年6月认可K-MOOC课程学分的大学为6所，课程为11个。

者不再停留在上课学习知识的层面，其课程进修结果不受时间限制可以积累并得到认证。K-MOOC学分银行制与非学分银行制课程的区别见表4。

表4　K-MOOC学分银行制与非学分银行制课程的区别①

分类		学分银行制课程	非学分银行制课程
申请	申请期限	开课前2周以内	开课后也可自由申请
	申请课程数	不能超过学年、学期可选学分	无限制
	申请人员	根据课程性质和申请顺序而定	无限制
学习	学习方式	每周考勤及参与课题	开课过程中可随时参与
	学习费用	免费*	免费
评价	评价指标	出勤率+成绩	成绩
	学分认证标准	出勤率为80%以上，成绩为60分以上	无

*申请课程为免费，但在学校过程中会因具体情况产生相应费用（如申请公证书、注册学分银行学习者身份等）。

在多重努力之下，使用韩国慕课平台的学习者不断增加。截至2019年8月，该平台上的累计申请听课次数达100万，注册用户数达45万，已成为名副其实的国家级远程教育项目。表5和图1反映了平台用户数据变化。

表5　2019年用户数据

访问数（次）	听课申请（次）	注册用户（名）
10 483 045	1 042 185	454 264

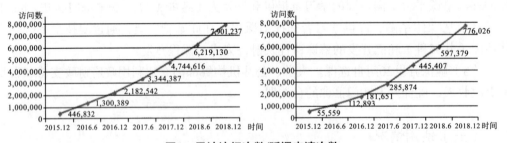

图1　累计访问次数/听课申请次数

据统计，截至2018年12月，根据注册者的年龄、性别、学历统计，20～29岁的注册者占比最大（32%），其次为40～49岁（18%），20岁以下和30～39岁的注册者均分别占17%。由此可知，注册使用韩国慕课的学习者主要为20岁以上的成年人。另外，

---

① 参见https://cb.kmooc.kr，检索时间：2020-04-30。

从性别分布情况来看，年龄在20岁以下和20～29岁的注册者中，女性多于男性，但30岁以上的注册者中则是男性多于女性。这表明，成年男性对通过韩国慕课学习更有兴趣。最后，从韩国慕课注册者的学历分布情况来看，持学士学位的成年人最多（约36%），其后依次为硕士（14%）、博士（5%）。由此可见，该平台有超过一半的注册用户为学士及以上学历。

截至2019年8月，注册用户的年龄分布情况显示（见表6），用户年龄为20～29岁的最多（45.1%），其后依次为20岁以下（16.3%）、30～39岁（13.8%）、40～49岁（12.7%）。这与2018年的用户年龄分布有了较大的改变。

表6　2019年8月K-MOOC注册用户年龄统计表

年龄段	人数	占比
未满20岁	73 518	16.3%
20岁~29岁	203 641	45.1%
30岁~39岁	62 194	13.8%
40岁~49岁	57 231	12.7%
50岁~50岁	39 776	8.8%
60岁以上	15 041	3.3%
合计	451 401	100.0%

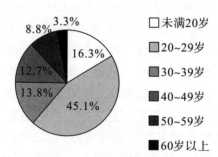

图2　K-MOOC注册用户的年龄分布情况[①]

以上统计结果显示，截至2019年，韩国慕课的主要用户为大学生。其中20%～30%的用户选择了认可学分的课程，这些用户与普通用户的不同之处在于他们的选课率很高，有利于稳定的课程运营。

同时，从大学生用户的听课动机来看，主要是比较容易修得学分。使用韩国慕课不但能减轻线下课程的压力，还能修得学分，这便是吸引大学生用户的最大优势。

此外，使用者可以通过韩国慕课满足自己的兴趣学习，也可以学习关心但不擅长

---

① 教育部未来教育规划科：《通过开发多领域课程及提高学完率等措施持续提高K-MOOC的成果》，2019年，第3页。

的领域。出于个人兴趣通过韩国慕课学习的用户，选择的课程多为自己本专业以外的感兴趣关心的领域，他们希望了解自己感兴趣领域的基本知识，而非对此进行深入学习。韩国慕课提供的程序化教程也深受使用者的欢迎，使用者可利用该平台自学这些课程，提升自己。

三、韩国慕课发展展望

（一）韩国慕课发展中形成的特点

世界慕课行业权威第三方评论网站班级中心（Class Central）于2017年12月进行了问卷调查，参与问卷调查的人中有45%为研究生及以上的高学人员。这一调查结果体现了韩国慕课与海外慕课不同的特点，即韩国慕课平台的理念是打造面向大学生和非大学生的终身教育。同时，调查结果还显示，海外慕课根据授课目的决定免费或收费形式提供课程，而韩国慕课是免费提供所有课程。因此，班级中心表示，韩国慕课应规划好目前课程的改进和管理[①]，慕课与传统在线学习特性不同，韩国慕课应摸索出适用于新型远程教育系统的授课方式。

韩国慕课的主要用户为大学生，运营主体是国家，国家大力提倡推广利用慕课，并允许运营学分认证的课程，这是韩国慕课的另一大特点。从韩国慕课的中长期发展方向来看，在第一各阶段就明确了发展目标——共同开发课程，试行学分认证，提供稳定的慕课服务。截至2017年第二学期，韩国慕课针对33所学校的101门线上和线下课程学分进行同等认证，有11所学校认可其他学校的韩国慕课课程学分。运营学分认证的课程，激发了大学生学习动力，保证了慕课的使用率，学分认证课程的运营规模不断扩大。国外慕课也以各种方式实现学分认证，但与韩国慕课有一定的差异。首先，从课程运营的角度来看，哈佛大学、麻省理工学院运营的EDX和斯坦福大学的Coursera对提供给本校生的课程和向大众提供的课程采用了不同的运营方式，而韩国慕课提供给非大学生的课程和提供给大学生的课程运营方式是一致的。从认可学分的角度来看，美国一部分慕课认可学士和硕士课程的学分，个别专业修满课程后甚至可以获得硕士学位，这是轻松就读大学或研究生的一种手段，也可以看作是缩减攻读学位所需课程的一种方法。日本慕课（JMOOC）主要是民间运营，政府不参与其中，日本慕课的主要用户为渴望实现自我提升的在职人士，大学、民间各种机构都可以开发运营，开发建设的课程以实用为主，难以做到课程学分认证。韩国慕课规定，修读慕课课程的学分等同于大学里相应的常规线下课程的学分，因此韩国慕课平台上修读学分认证课程的用户占比达20%～30%。美国和日本慕课用户也以大学生为主，但韩国慕课的用户大学生的比例更高一些。

---

① 奇英华（音译）：《全球慕课的学习形态和K-MOOC学习经验分析》，载《教育文化究》，2018年，第24期，第65-86页。

（二）韩国慕课发展过程中存在的问题

（1）需引进可监督用户自主学习的系统。自律性是远程教育成功与否的关键。平台无法强制用户学习，有些学生因为时间等原因不能按时完成学习任务，这些都会导致学习者难以坚持长期在线学习、学习效率低下、学习效果不理想等。所以，韩国慕课需引进可监督学习者自主学习的系统，分析在线学习情况。比如，提供学习进度提示、发布作业、安排考试、提供学习效果分析等服务，在一定程度上可对学习者有一定的监督作用，提高学习效果。韩国慕课支持学分认证，学习者有效的时间管理对韩国慕课也会产生有益影响，引进可监督用户自主学习的系统不但能督促学习者长期坚持在线学习，还能提升用户对韩国慕课平台的满意度。

（2）韩国慕课课程须设计教师与学生、学生与学生间有效互动的环节。韩国慕课使用的平台是Open edX，与注重互动的cMOOC（强调自学、互助模式的慕课）相比，韩国慕课被称为注重知识传达的xMOOC（基于行为主义的在线学习模式慕课，接近于传统教师授课的在线教学模式）。xMOOC更注重提供模式化的视频、阅读资料、在线提问、解疑答惑和讨论等功能，难以实现互动是该平台的最大问题。不能和老师互动是学习者难以坚持长期在线学习的重要原因，美国慕课通过各种方式实现线上交流和线下会议，从而实现师生间、学习者间的有效互动。韩国慕课课程应参考美国方式，多设计有效互动的教学环节。同时，韩国慕课平台应鼓励用户多使用能促进有效互动的其他辅助工具，选出优秀案例，并推广到所有的课程中。修读学分认证课程的学习者反映，在和老师互动的过程中，韩国慕课平台和本人所在学校学习管理系统间的连接、兼容也常出现问题，要求平台解决这些问题，这将更有利于学分认证课程的稳定运营。

（3）在课程内容方面，不但要确保提供各领域的课程，还要细分课程难度，提供优质课程。慕课平台特点之一就是综合课程的开放性，用户无法根据不同的大学专业系统地选择课程，而是根据自身目标和计划自由选择综合课程，从而不断积累专业知识。让用户自行选择有兴趣的综合课程，这个选择过程也是学习的一部分。韩国慕课在运营过程中也应充分考虑这一问题，细分课程难度，打造出更加专业的课程内容。尤其是针对选读学分认证课程的大学生用户，学分认证课程的目的是代替大学的线下课程，所以，给学习者提供更加多样化的选择才能使他们更加满意。另外，课程内容是影响能否利用慕课坚持长期学习的重要因素，日本JMOOC针对的用户是拥有高学历的在职人士，一直提供用户有直接需求的非常实用的课程内容，吸引用户长期坚持学习，保证了用户的忠诚度。所以，如果能在课程内容方面有所改进，韩国慕课的大学生学习者一定会成为终身用户。

（4）韩国慕课只运营韩国国内的大学课程，而其他国家的慕课不仅运营大学课程，还让博物馆、图书馆、企业等机构共同参与课程开发和运营。韩国慕课有必要在今后让其他机构参与开发建设并运营课程，同时加强与海外其他国家慕课的联系。海外慕课为了盈利打造出多种收益模式，也建立了学分认证和修读学分获得学位的多种实用模式，韩国慕课在今后的发展中也应该制定多元化的制度，提高平台的利用率。

四、韩国慕课的不足之处

韩国慕课经过十多年的发展取得了突出的成绩，由于使用便捷而深受用户好评。但还存在一些不足之处。

（1）慕课由于是远程授课，不会强制要求学习者在某一时间段内上课，有的学习者就会将课程积攒在一起上。目前韩国慕课系统的功能尚不完备，不能分析学习者的上课情况以提供相关信息，这导致学习者不能很好地安排自身的学习，学习效率不高。

（2）缺少互动，这是远程授课相对于线下授课的一大劣势。目前，韩国慕课配备了讨论区和论坛、提问区等互动工具，但这些工具在实际课程运营中效果并不理想。

（3）韩国慕课自运营之日起便致力保证网站的稳定运行，但目前用户在使用过程中仍出现了许多问题。具体有"进行问答时可重复输入同一问题""网页运行速度慢""上传作业时网页总是出错"等。目前，韩国慕课对自主学习监控不够，学习效率不高。认可学分的课程，学习后在连接大学的学习管理系统学分认证时经常出错。为了实现韩国慕课的稳定运营，保证用户的长期活跃度，在增加可认可学分课程的同时，保证稳定连接大学的学习管理系统也十分必要。

此外，课程清晰度低、音质差的问题也较为明显。韩国慕课平台不但致力实现现有课程的标准化，同时还追求实现课程国际化，但仅就目前情况来看，单是课程标准化方面仍存在很多不足，有待完善。

参考文献

教育部国家终身教育振兴院，2017．提高K-MOOC（韩国慕课）使用率的方案研究［R］．韩国教育部．

教育部未来教育规划科，2019．通过开发多领域课程及提高学完率等措施持续提高K-MOOC的成果［R］．韩国教育部．

教育部国家终身教育振兴院，2020．2020年K-MOOC基本计划［R］．韩国教育部．

金义英，2007．线上教学中网上互动给予学生学习投入度的影响：以成人教育网页为中心［D］．梨花女子大学．

李正民（音译），陈正我（音译），2019．有关申请K-MOOC课程的大学生认知度的分析［J］．IT融复合研究（17）．

奇英华（音译），2018．全球MOOC的学习形态和K-MOOC学习经验分析［J］．教育文化研究（24）．

全秀景（音译），2019．如何积极使用开放式课程网页：以KOCW和K-MOOC为中心［J］．人文社会21（10）．

高速视听读训练在口译教学中的应用

冯月鑫

（重庆外语外事学院 重庆 401120）

摘要：本文详细介绍了高速视听读训练的步骤与方法，着重从脑科学的角度分析高速视听读训练在口译教学中的作用。高速视听读训练作为提高语言能力的基本方法，不仅可以改善语音面貌，提高语言表达能力；还可以激活右脑，提高记忆力、听力理解能力、注意力等综合能力。将此训练方法应用到口译教学中，能够提高学生的综合素质，有助于培养高质量的口译人才。同时，为了将好的方法落实到实践中，提高训练任务的完成度，本文主张利用微信端的课程打卡小程序构建"在线移动教室"，营造良好的学习氛围，让学生在每日打卡中逐渐形成良好的学习习惯，最终提高口译教学效果。

关键词：高速视听读；口译；右脑；记忆力；听力理解能力

一、引言

口译是一项特殊的活动，具有瞬时性和一次性的特点，要求译员在极短的时间内对源语信息进行听辨、理解与记忆，最终完成译语表达。Gile将口译的完成定义为"听力理解与分析，短时记忆和翻译产出"三项基本任务的配合过程。[①]也就是说，口译过程可以简单分为三个阶段，即"听得懂、记得住、译得出"。听、记和译三个环节环环相扣，任何一个环节出错，都无法顺利完成口译工作。在口译教学中，笔者发现学生真正的问题并不在译，而是前两个阶段的听和记。良好的听力理解与记忆力是口译活动的前提和基础，要想提高口译能力，提高听和记的能力是关键。通过实证研究，笔者发现，日本教育学家七田真博士提出的高速视听读训练能够有效地提高这两种能力，是训练口译基本功的一项重要的方法。

[①] 张玉翠：《口译中的短时记忆及其训练》，载《常熟理工学院学报》（教育科学版），2009年，第6期，第88页。

二、高速视听读训练的步骤与方法

"所谓高速视听读训练，就是尽可能快地用眼睛浏览图片或文字，同时用耳朵听录音，嘴里跟着念。这样就可以调动眼睛、嘴巴和耳朵一起记忆，也就是用整个身体来记忆。"①按照七田真博士在《超右脑开发训练》一书中的描述，除训练之前的冥想、呼吸和想象的环节外，正式的高速视听读训练包括以下六个步骤。

第一步：自己朗读文章。首先朗读一遍外语文章，熟悉一下文章的内容。不用逐字逐句精确地翻译出来，只要明白大意即可。

第二步：听四倍速音频。边看文字边听音频，即使遇到听不清的地方也不要停，只管听下去。这一步至少重复五次。

第三步：听二倍速音频并跟读。边看文字边听音频边跟着录音朗读。不要考虑文章意思，也别管发音是否标准，把注意力集中在速度上。这一步至少重复五次。

第四步：听正常速度朗读，并跟读。读得不好的地方做上记号，回头反复朗读10次。

第五步：捂住耳朵反复朗读。②不听音频，捂住耳朵，尽量大声地朗读。让声音回到体内，成为振动音。每天最少朗读5次，把声音记在大脑的最深处。

第六步：背诵下来。每天反复朗读，并试着背诵下来。③

三、高速视听读训练在口译教学中的作用

口译要求译员具备扎实的语言基本功、快速精准的口头表达能力和娴熟的转译技能。然而，这对于大学才开始接触一门新语言的学生来说，无疑是一件难事。本科阶段的口译课程一般在大三下学期或者大四上学期开设，"如果把外语专业四年的学习作为外语习得的完整过程的话，口译训练是在学生尚未完成外语习得的情况下开始的"④。于是不得不面对"高年级学生开始学口译时，大多数学生语言能力还不太扎实"⑤的现实，因此"口译教学中也应适当注意语言基本功的训练，如语言表达的流利程度、语言的规范性、语言表达的灵活性等"⑥。可见，扎实的外语功底是接受口译技

---

① 七田真：《超右脑开发训练》，袁静译，海口：南海出版公司，2009年，第63页。

② 这样做的理由是"捂住耳朵，声音就会回到体内，成为体内振动音。我们的喉咙、声带就会与体内振动音互相呼应，产生共鸣，于是我们就清楚地听到了自己的发音，就像是胎儿在母亲肚子里听到母亲的声音一样。这种声音会直接被记忆在大脑的最深处。因此，要尽可能地捂住耳朵出声朗读，同时还要对文字描写到的场景在脑海中进行想象"。（七田真：《超右脑开发训练》，袁静译，海口：南海出版公司，2009年，第61页。）

③ 七田真：《超右脑开发训练》，袁静译，海口：南海出版公司，2009年，第129-130页。

④ 鲍川运：《再议大学本科口译教学》，载《外语教育》，2008年，第4期，第2页。

⑤ 鲍川运：《大学本科口译教学的定位及教学》，载《中国翻译》，2004年，第5期，第29页。

⑥ 鲍川运：《大学本科口译教学的定位及教学》，载《中国翻译》，2004年，第5期。

能训练的必要前提，提高语言水平的训练应贯穿口译技能训练的始终。高速视听读训练不仅有提高语言水平的作用，在提高记忆力、听力理解能力，以及直觉能力方面也有诸多益处。

（一）改善语音面貌，提高语言表达能力

译员的发音语调和语言表达能力直接关系到口译的质量。刘和平在探讨语言进修方法时，提到"模仿"的练习方法，认为"模仿练习可以从语音、语调和讲话人的重音强调开始，尤其在口译前，应该纠正有可能影响听众理解的讲话习惯"[1]。高速视听读训练也属于模仿练习，模仿不仅有纠正不良话语习惯的作用，还会在点滴的积累和沉淀中让被动知识逐渐变为主动知识。高速视听读训练的六个步骤中，除了第二步是边听边看，其他五个步骤都要求大声朗读或跟读。跟读可以纠正发音，改善语调，培养节奏感，有助于形成地道、标准的语音语调。每一种语言都有自己的节奏，有时升有时降，有时快有时慢，抑扬顿挫，如同乐曲。如果译员产出的译语是这样一种充满节奏感的语言表达，对听众来说则是一种愉悦的享受。在缺少语言环境的情况下，跟读是一种既经济又好用的正音方法。此外，在第五步"捂住耳朵反复朗读"的过程中，声音通过声波振动到达内耳，信号与平时不同，转化成易被脑部接收的信息。声波穿过耳朵时，会让大脑平静下来。以这种方式来学习外语，只要坚持不懈，语言学习会变得非常轻松，而且语音语调会在日积月累中变得标准。

高速视听读训练除正音外，还有助于良好语感的形成，是提升语言综合能力行之有效的方法。语言学习是一个不断积累范例的过程，储存在记忆中的范例越多，越能在该语言的运用过程中得心应手。除第一步以了解大意为目的的朗读是一遍外，其余五个步骤都是不低于五遍的量。即使按照最少量五遍来算，每天也有25遍。这样大量的视听读训练，能够在短时间内让大脑储存大量的范例，这在提高汉译外的口译水平上效果尤其明显。很多经过训练的学生发现自己在翻译某些内容时竟然能够脱口而出，而以前则要经过紧张的思考才能说出来，还经常错误百出。笔者在布置任务时，一种训练材料练习两周，朗读次数总量在200遍以上，让学生在日积月累的反复朗读和背诵中，增强语感，提高语言表达能力。

（二）激活右脑，提高记忆力

众所周知，大脑分为左脑和右脑，二者各有所长，各司其职又相互联结。左脑主要负责语言、逻辑、分析等行为，是以部分到整体的方式处理信息，它是有序的、合乎逻辑的。而右脑则负责直觉、艺术、创造等活动，认知模式是由整体到部分，做整体性思考。脑科学研究表明，许多高级功能，如直觉思维能力、复杂关系的理解能

---

[1] 刘和平：《口译技巧——思维科学与口译推理教学法》，北京：中国对外翻译出版有限公司，2011年，第101页。

力等都取决于右脑。左脑是低速度工作的大脑，右脑是高速度工作的大脑。高速视听读训练的关键就在于高速，高速输入大量信息，可以有效地激活右脑。因为左脑处理信息的速度缓慢，当输入的信息超过它的能力范围时，自然会切换到右脑，派右脑来处理。右脑的功能是通过给它增加负荷使其得到锻炼而得到增强的，长期反复的训练（七田真博士建议这项训练至少要练习三个月）会让沉睡的右脑逐步被唤醒，这对于提高口译质量具有重要意义。

香港学者周兆祥博士在《左右脑兼用，翻译新境界——论专业口译为何要有"心"》中将译员口译水平分为以下五个层次。

层次	名称	翻译对象	使用
第1层	译形	字、句、段（讲话的字面意思）	左脑
第2层	译意（下）	话句、文本（讲话的具体意思）	左脑
第3层	译意（中）	语意丛、语篇（讲者表达的信息）	左+右脑
第4层	译意（上）	"志""情"[①]（讲者的内心状态）	右脑
第5层	译神	"存有"（being）（讲者的"实相"）	右脑

周兆祥博士将第一阶到第五阶的脑力活动分别界定为"绝对左脑""相当左脑""左右脑兼用""在左脑的基础上充分使用右脑""绝对右脑"甚至是进入变异意识状态。可见，随着口译层次的提高，左脑逐渐退居二线，换为右脑占主导地位。换言之，如果右脑不发达，将很难达到高层次的口译水平，右脑能力的开发有助于口译能力的发展。右脑在促进形象记忆、语篇理解、独有应激力、翻译灵活度方面发挥着极其重要的作用。[②]

七田真博士认为右脑有照相记忆、高速自动处理、共振共鸣、高速大量记忆四大能力。他认为左脑记忆是"语言性记忆"，属于浅层记忆，特点是"少量、低速、马上就忘"；右脑记忆是"图像性记忆"，属于深层记忆，特点是"大量、高速、随时再现"。大量、快速地输入信息，是提升右脑记忆的有效办法。高速视听读训练不是一项单一的听或者读的训练，而是调动眼、耳、口多重感官刺激记忆，在大脑保存的时间比较长，不容易遗忘。他把人的记忆分为颞叶记忆、海马记忆和间脑记忆。"颞叶记忆位于记忆阶层的浅层，比较容易遗忘；而海马记忆位于记忆阶层的深层，记得比较牢固；间脑记忆是更深层的记忆。"[③]大量、快速地输入信息，就是高频率刺激

---

① 即"诗言志"所谓的"志"，"有情天地"所谓的"情"（英文所谓的"statement"，"feel"）。（周兆祥，见参考文献）

② "如右脑的思维形象化有利于关键词的形象记忆；右脑对复杂事情快速处理的综合力有助于语篇的理解；右脑训练培养的独有应激力能让译员发挥其'急才'，右脑所擅长的创造性思维能有效发掘原话所表达的涵义，将其更灵活地译出，达到译情的境界。"宋亚菲、陈慧华：《脑科学与口译教学之关联理论的探讨》，载《福建论坛》（社科教育版），2009年，第4期，第85—86页。

③ 七田真：《超右脑开发训练》，袁静译，海口：南海出版公司，2009年，第20页。

海马体的过程，能够培养海马记忆，这是高速视听读训练第二步和第三步的功效。此外，第五步中的"捂住耳朵反复朗读"也非常关键，捂住耳朵并重复大声读出能够减弱颞叶记忆区域的活跃度，让声音通过体内振动音达到脑部深层区域，进而打开连接间脑记忆的通道。从某一程度上来讲，这些深层次的记忆可以看作是认知心理学记忆研究中提到的"内隐性记忆"，"有研究认为，恰恰是那些内隐性的、自动化的记忆因素可能对口译效果有更直接的影响，也更有可能对口译自动化操作过程进行更深入、更全面的解释"[①]。培养这种记忆力，有助于译员进入自动、无意识的状态，达到"译神"的境界。

（三）提高听力理解能力

前面也提到，在高速的刺激下，右脑变得活跃起来，而右脑的优势就是能够在瞬间把握整体。高速更容易让注意力集中在信息上，即句子或文段所表达的意义，而不是设法去听懂每个单词，弄清每个单词的含义。"教师的首要任务是让学员学会听意义，而不是听语言，这是口译训练成功的关键。"[②]

但是，习惯了听普通速度的人，在刚开始进行高速视听读训练时，可能会难以听懂多倍速的内容，眼耳口跟不上高语速。但只要坚持练习，就会逐渐适应高语速。这是一个从量变到质变的过程，当我们的眼耳口适应了快节奏，再听正常语速的朗读，就能轻而易举地听懂了。这一点在经过高速视听读训练的学生中也得到了证实。在几个月的训练后，几乎所有学生的听力成绩都有了飞跃性的进步。最显著的例证就是，他们在TOPIK考试中，听力部分的成绩与训练之前相比，有大幅度的提升，这不得不说是高速视听读训练的效果。

这项训练既可以锻炼听力辨音能力，也可以锻炼听力理解能力。而听是口译活动的第一个环节，为其后的记和译打下基础。能够轻松地听懂，可以大大减轻译员的心理压力，"据研究，当人处于身体极度放松，而精神非常集中的状态时，大脑中就会产生 α 波"[③]，在 α 波状态时，人更容易开启右脑，激发出创造力。对于口译译员来说，右脑的开启，则有助于达到更高的境界，产出更高质量的译文。

（四）提高注意力

第二个步骤是边听四倍速音频边扫视文字，四倍速的语速非常快，需要高度集

---

① Darò V. "Attentional, auditory, and memory indexes as prerequisites for simultaneous interpreting", in Tommola J, *Topics in interpreting Research*, *Turku*: University of Turku,1995, pp.3–10. McLaughlin B. "Aptitude from an information processing perspective", Language Testing, 1995, issue 3, pp. 370–387. 转引自张威、王克非：《口译与工作记忆研究》，载《外语与外语教学》，2007年，第1期，第46页。

② 刘和平：《口译技巧——思维科学与口译推理教学法》，北京：中国对外翻译出版有限公司，第41页。

③ 七田真：《超右脑开发训练》，袁静译，海口：南海出版公司，2009年，第28页。

中，才能保证文字与语音的对应。因为稍不留神，就不知道念到哪里了。同样，第三个步骤中的边看文字边听音频边跟着二倍速录音朗读，需要把注意力集中在声音和文字上。再者，贯穿在训练中的大声朗读，使脑神经处于兴奋状态，也有利于集中注意力。疯狂英语创始人李阳就曾经提到过大声朗读英语时，注意力会变得很集中。

注意力的高度集中是实现高速视听读的前提和基础。在学生全身心投入训练的过程中，他们的视觉和听觉的专注能力都会有所改善。口译的瞬时性特点，要求口译过程中必须要高度集中注意力。

四、高速视听读训练在口译教学中的应用

据了解，口译课堂课时不足、实战练习机会少是各大高校的普遍现象。因此，需要打持久战的高速视听读训练更适合作为课外训练来练习。为了提高课下学习任务的完成度，帮助学生培养自主学习的习惯，教师可以利用微信端的课程打卡小程序（如知识圈）构建"在线移动教室"，营造良好的学习氛围。这种打卡小程序有奖金激励、老师监督、同学鼓励交流和成长反馈等功能，可以起到很好的督学作用。教师以文本、图片、音频、语音等形式布置每日任务，学生按照要求，完成每日打卡。

具体来讲，步骤如下：第一步，教师在打卡小程序中创建训练营，设置训练营的周期、补卡次数、允许不打卡天数、打卡时间段等。第二步，生成邀请卡，邀请学生加入该训练营。第三步，学生自主完成更改昵称、设置打卡提醒时间等步骤。第四步，教师对学生进行科学的分组，以保证每个小组成员优良差基本平衡。小组成员的合理分布有助于小组之间形成良性竞争，相互监督，共同进步。第五步，教师明确打卡要求，每天固定时间发布任务。在这一步中，教师需要事先利用音频剪辑软件将原速音频分别转化成四倍速和二倍速，发布任务时以冥想音频和α脑波音乐，以及四倍速、二倍速、原速三种语音材料和对应的文本材料供学生练习。这里的冥想音频可以依照七田真博士在书中描写的步骤录制，他认为训练之前的冥想、呼吸和想象的训练非常必要。这样能较快让身心得到放松，较易进入到右脑状态，做好准备工作之后再开始训练才会有更好的效果。第六步，学生按照要求完成训练内容，并打卡。学生、小组之间可以互评，教师抽评，这样可以避免假评、乱评的情况出现。

训练营的课件以列表方式呈现，便于学生查找和练习。整个训练营的目的很明确，每日任务让学生有清晰的学习目标，让他们在日复一日的打卡中逐渐形成良好的学习习惯，最终达到提高学习效果的作用。

五、总结

综上所述，高速视听读训练是一项简单易行，但需长期坚持才能呈现效果的训练方法。该方法不仅可以改善发音、提高语言表达能力，而且能够激活右脑，提高记忆

力、理解力和注意力等综合能力，是辅助口译教学的重要训练手段。它作为提高语言能力的基本方法，可以在口译教学初期或之前引入，并贯穿至口译技能训练的始终。俗话说"大道至简，知易行难"。好的训练方法如果没有落实到行动中，也只不过是纸上谈兵。在这个读屏时代，选用微信端的课程打卡小程序来督促学生完成学习任务，既顺应了当代信息化潮流，又不失为一种简单、经济、高效的教学手段。

参考文献

鲍川运，2004. 大学本科口译教学的定位及教学［J］. 中国翻译（5）：29.

鲍川运，2008. 再议大学本科口译教学［J］. 外语教育（4）：2.

刘和平，2011. 口译技巧——思维科学与口译推理教学法［M］. 北京：中国对外翻译出版有限公司.

七田真，2005. 超右脑波动速读法［M］. 李菁菁，译. 海口：南海出版公司.

七田真，2009. 超右脑开发训练［M］. 袁静，译. 海口：南海出版公司.

冉永红，2013. 新形势下的本科口译教学［J］. 中国翻译（5）：45.

宋亚菲，陈慧华，2009. 脑科学与口译教学之关联理论的探讨［J］. 福建论坛（社科教育版）（4）：85-86.

夏雅君，2007. 浅谈复述在英语教学中的运用［J］. 景德镇高专学报（1）：89.

岳曼曼，2011. 论口译过程中的注意力与口译质量［J］. 湖北函授大学学报（3）：137.

张威，王克非，2007. 口译与工作记忆研究［J］. 外语与外语教学（1）：46.

张玉翠，2009. 口译中的短时记忆及其训练［J］. 常熟理工学院学报（教育科学版）（6）：88.

周兆祥，2020. 左右脑兼用，翻译新境界——论专业口译为何要有"心"［OL］. http：//blog. globalimporter.net/603-6815.htm.

浅析音乐在葡萄牙语教学中的运用

卢佳琦

（上海外国语大学 上海 200083）

摘要：音乐是人类的重要审美活动之一，与语言有着密不可分的关系，在语言教学中承担了重要的角色。本文重点论述了在葡萄牙语课堂中使用音乐教学的作用，并探讨了可行的操作方式。

关键词：音乐；葡萄牙语；语言教学

一、前言

音乐正如其他所有艺术形式一样，是人类发展史的一部分。自远古时期，人类已经开始通过有节奏的声音和符号进行交流分享。这些声音和符号随着时间的流逝，配合语言的进化逐渐演变。在新时代的教学背景下，教学工作者有必要探索更多的方法以通过不同的文本体裁来进行语言教学，而音乐不失为一个非常好的选择。

音乐辅助教学的观点起源于20世纪50年代由保加利亚精神治疗师洛扎诺夫创始的暗示法[①]。由音乐营造的轻松环境有助于学习者形成强烈的学习动力，音乐可以帮助人们寻找心灵平静的状态，在音乐中可以找寻到栩栩如生的或是已然逝去的回忆和时刻，这种特征在语言中也同样存在。将音乐用于教学中是一种常见的辅助教学手段，音乐能帮助学生理解语言，因为它通过曼妙的旋律在作者/作曲家/词作者，和读者/听众之间建立了一定的联系。在音乐被用作教学资源的情况下，较易对学生产生感染力，使学生能够自然地将从音乐中获得的自发的概念转化为科学的语言知识。

音乐存在于我们的日常生活中，在教学中，它是一种激发学生好奇心的工具。学生应当注重能力平衡发展，音乐能力与逻辑数学和语言技能同等重要，且可以互相作用发展。当我们在课堂上使用音乐进行葡萄牙语教学时，除了可以学习语言，学生还可以锻炼记忆力、口头交流能力、想象力等。

[①] 暗示法通过创造高度的动机，建立激发个人潜力的心理倾向，从学生是一个完整的个体这个角度出发，在学习交流过程中，力求把各种无意识结合起来。

二、音乐在葡萄牙语教学中的重要作用

音乐在语言习得和发展方面具有积极的作用。音乐往往具有节奏感、重复性等特征，使听众更易产生代入感，音乐的片段会在听众脑海中回旋，挥之不去，带来极其丰富的体验，加深听众对语言的印象。

（一）引起学生学习葡萄牙语的兴趣

教师在葡萄牙语课堂教学过程中引入音乐作为教学手段之一，这一新颖的教学方式可以激发学生的好奇心，引起学生的学习兴趣。众所周知，兴趣是最好的学习动力，这一方法尤其可以鼓励那些原本由于种种原因对这门学科不感兴趣的学生，或由于学习过程中遇到了困难而退却的学生重新回到语言学习的轨道，催生富有教学成效的课堂。

将音乐作为一种教学方法引入葡萄牙语课堂时，教师旨在通过混合教学的方式向学生展示一门语言，从而激发他们对葡萄牙语的学习兴趣。选择音乐作为教学手段是因为这一资源具有区别于传统教学材料的趣味性，可以为人们带来欢乐，更易带来轻松的学习体验。同时，由于音乐往往能使听众产生放松的情绪，对于师生而言，放松的课堂环境更易带来高效的教学输入与产出。

（二）帮助提高学生葡萄牙语听力水平

在葡萄牙语教学过程中使用葡萄牙语音乐可以帮助学生提高葡萄牙语的听力水平。对于锻炼葡萄牙语听力能力，最好的办法就是多听多练。如果能让学生沉浸在葡萄牙语的环境中持续地练习听力，能相对迅速地提升听力能力。例如，去葡萄牙语国家进行学术交流的学生，由于拥有沉浸式的语言环境，听说能力都可以得到大幅度提升。由于客观条件限制，尤其是在当前受疫情影响不便国际旅行的全球大环境之下，在非葡萄牙语环境中如何能让学生尽可能地达到提升听力水平的效果，音乐的确是非常好的辅助手段。

部分学生无法坚持使用葡萄牙语新闻等听力材料进行训练，对于这部分学生而言，可以尝试听一些葡萄牙语音乐。虽然也是被动地接受音乐中的葡萄牙语，但这种沉浸式的环境对于学生的听力能力提升无疑能起到一定作用。

（三）修正学生的葡萄牙语语音语调

在听力得到锻炼的基础上，保证口语输出能力的提升也是至关重要的。葡萄牙语是一门听音即可知拼写、见词即可知发音的语言，准确的葡萄牙语发音有助于学生提高葡萄牙语水平。标准的葡萄牙语发音既可以提升学生的听力水平，也可以为学生在

与他人交流时，带来强大的自信心。多听葡萄牙语音乐可以帮助学生修正自己的语音语调，培养学生的语感。

（四）告别高级课程枯燥的讲授

除了将音乐运用在基础课程教学，音乐也可被用在较难的语法教学环节。教师应当首先使学生真正了解语法的重要性，其用途，以及语法规则的必要性，同时，教师也应当明确除了传统的葡萄牙语教学方法，还有其他较为轻松的方法教授语法。在此基础上，教师可通过创新且富娱乐性的方式，用音乐为学生提供愉快而有趣的葡萄牙语学习方法。

根据波参蒂（Possenti）和特拉瓦利亚（Travaglia）的研究，学生对规范的语法没有较大的兴趣，因为传统的语法包括很多枯燥的概念及规则，在日常生活的人际交往中并没有太大的意义，即使没有掌握规范的语法，往往也并不会影响双方使用同一种语言进行交流。因此，语法的教授往往较为困难，学生不了解语法的运作方式，对于这门科目也并不十分重视。

熟练地运用葡萄牙语规范语法可以体现学生受过规范和标准的语言教育，即使学生在语言和语法学习上面临许多的困难，也应当明确掌握规范语法是非常重要的。葡萄牙语教学正在经历一个变革的时代，长期以来，规范语法的教学是教师和教育工作者关注的一项主要内容。教师在语法课堂上使用的教学方法需要创新，以提升课堂的生产力和互动性。从这个意义上讲，研究如何在葡萄牙语课堂上通过音乐来进行语法教学，也是非常重要的。

诗意的创作自由使曲作者有可能通过夸张的形式来编织音乐字母，因此，教师和学生都可以克服语法规则的限制。在葡萄牙语教学中运用音乐有助于学生更好地理解各种语法知识点。接受音乐辅助葡萄牙语教学的学生能够更加理智地思考、分析、理解和探讨葡萄牙语的各种记录形式。

（五）补充葡萄牙语日常用语知识

音乐中的日常化、口语化的歌词能让学生学到书本上没有的葡萄牙语常用语。为了符合一定的旋律性或句尾的押韵，歌词的部分用词相比教科书而言，会更加多样化，有时也会出现更为口语化的用语，还包括连读、简称等现象，这些是在教材上找寻不到的知识点，这一方面的知识将能够扩充学生的词汇量。

学习语言的最终目的是用其进行沟通交流，学会连读、简称有助于学生理解葡萄牙语母语者的发音。从严格的语法意义上来说，一些口语化的表达虽然有可能存在一定的不规范之处，但是从交流层面来看，只要是实际生活中可能会出现的表达方法，就有让学生学习的必要性。

（六）传扬语言对象国的文化知识

通过现代化教学手段运用音乐进行葡萄牙语教学得以在课堂中进行各种活动，从听力、文本分析、理解、诠释和演唱等方面，进行多样化的教学活动。通过音乐，教师可以探索诸如语音、语法、句法、词法、不同词性用法等各大主题。通过音乐的不同流派也可以揭示葡萄牙语国家特有的文化现象，除了常见的摇滚、流行、爵士、嘻哈等，葡萄牙语国家的音乐风格还包括法多、波萨诺瓦、桑巴等，无一不反映了独特的文化特质。歌词往往也反映了宝贵的文化信息，通过音乐进行葡萄牙语教学，可以使学生在学习语言的同时，加深对文化的认知。

音乐有一种神奇的力量，可以让学生对语言对象国的文化产生好奇与向往。当代年轻人对英语歌曲的喜爱使他们比先辈更愿意去了解西方文化，而中国流行音乐及古风音乐的兴起也让年轻人对探究中国传统文化产生了浓厚的兴趣。葡萄牙语的使用横跨多个大洲，其蕴含的文化底蕴，以及不同音乐风格所带来的文化冲击也一定能吸引部分当代年轻人，尤其是学习葡萄牙语的学生。当学生热爱上葡萄牙语文化，他们也会更加全身心地投入日常的葡萄牙语学习中去。葡萄牙语音乐对于开发葡萄牙语学生对文化的兴趣必定将起到极其重要的引导作用。

三、音乐在葡萄牙语教学中的具体运用

音乐是生活的一部分，在具体的葡萄牙语课堂教学环节，恰当地运用音乐会对教学起到一定的促进作用。

（一）选择葡萄牙语教学音乐的标准

要在课堂中使用音乐进行葡萄牙语教学，教师需具备一定的音乐素养，只有这样，学生才能在教师的指导下通过音乐更好地进行葡萄牙语学习。在选择课堂教学中使用的葡萄牙语音乐时，要注意参照一定的标准，才能保证教学活动的顺利开展，完成预定的教学目标。

1. 选择适合学生葡萄牙语水平的音乐

教师在选择葡萄牙语音乐作为教学材料时，需要注意歌曲的情况是否符合现阶段学生的葡萄牙语水平，歌曲的难度不应大大高于学生的语言水平和文化认知。对于不同阶段的葡萄牙语学习者而言，教师所选择的歌曲理应有所不同。葡萄牙语初学者聆听葡萄牙语音乐的主要目的在于艺术欣赏，葡萄牙语中级水平的学生则需要更多地对听力材料进行模仿，葡萄牙语高级水平的学生应当通过音乐发现并汲取相关的文化背景知识。

歌曲中可以适当包含一些陌生的单词和语法，但不宜过多，否则将会影响学生对

乐曲的感观。适当的学习难度能够提升学生的学习动力，难度过高，学生会学得非常痛苦，不理解歌曲想要表达的内容，比较容易产生放弃的想法，丧失学习的兴趣，影响学生学习的积极性；而难度过低，则对学生的学习效果帮助不大。

此外，教师应当尽量选择演唱者发音较为清晰规范的歌曲，尤其是对于葡萄牙语初学者而言，听力本就是较为困难的一个环节，若表演者带有独特的口音，则不利于教学。

2. 选择有助于葡萄牙语教学的音乐

在限定了歌曲难度的基础上，教师应当继续判断所选择的音乐是否有助于葡萄牙语教学。选择标准如下：歌曲应具有明显的节奏感、旋律朗朗上口；歌词应包括具有教学意义的词汇或语法表达；歌曲应包含一定的社会文化信息。

此外，用于教学的葡萄牙语歌曲应尽量选择积极向上的内容，使学生产生积极的心理反应，避免消极的歌曲对学生造成不必要的心理负担。

（二）葡萄牙语教学中常见的运用音乐的方式

1. 用音乐导入新课

在新课的热身环节，目前采用较多的是教师用葡萄牙语提问进行新课的导入，这种方式在遇到较为内向腼腆的学生时，往往会出现冷场的情况。使用音乐进行导入，不仅可以缓解师生的紧张情绪，也可以引起学生对新知识的兴趣，提高学生的学习积极性。教师可运用与教材或者相应的节日相关的音乐，导入新课，也可以选择那些学生早已耳熟能详的歌曲的葡萄牙语版本，增强学生对于音乐的熟悉度与亲密感，如《字母歌》《生日歌》《国际歌》等都是不错的选择。在数词、颜色、月份等单词教学环节，用合适的歌曲导入教学内容，也可以帮助学生增强记忆。

2. 用音乐进行复习与材料扩展

音乐除了可以用于课堂导入新课，音乐的重复性也有助于学生加强知识点的记忆，教师可以在复习课或者课后让学生自行利用音乐复习知识点，巩固所学的内容，达到理想的复习效果。补充材料也可以增强学生的自主学习能力，有利于培养学生良好的学习习惯。

3. 用音乐进行听力和口语教学

在传统葡萄牙语听力材料的基础上，使用音乐作为辅助材料，增加了听力材料的多样性，可以提升学生学习听力的积极性。在听力课堂上，常见的音乐教学手法包括：教师打印出歌词，并将其中部分歌词删除，让学生聆听歌曲并填写被删除的单词；教师可根据歌曲内容做出陈述，让学生在聆听歌曲后判断教师的陈述是否正确，并给出理由说明等。音乐并不能取代传统的听力材料，但可以为师生增添更多的选择。经过大量的听力输入训练，学生应当尝试将输入的内容转化为输出，进行适当的口语训练，巩固所学内容。

4. 用音乐进行语法教学

语法的学习是一个枯燥而漫长的过程，用音乐作为语法教学的辅助工具，可以为语法课堂增添趣味性，提升学生的学习积极性。

将音乐作为教学手段引入葡萄牙语语法课堂，授课教师可预先提供歌曲的歌词，在课堂中播放歌曲，并要求学生伴随歌词聆听歌曲。初读后，学生可共同分析歌曲文本。歌曲必然在一定程度上带有词作者的主观情感，这些情感影响着词作者对于语法用途的选择，教师可要求学生观察歌曲中的主观性，以达到帮助学生理解歌曲内容和相关语法的目的，以此促进学生的学习。

在通过音乐的方式进行语言学习之后，教师也可向学生发起一个创作提案，要求学生以个人或小组的形式创作一首受教学歌曲启发的歌曲，内容需包含相关的语法知识。如果该作业以小组的形式进行，将很好地促进学生的团队合作精神，让学生通过不同的分工进行丰富而愉快的活动。最后，可请每个小组向全班介绍他们的歌曲，并分发其文本的副本，以供每位学生评阅讨论。每学期还可精选一至两首歌曲让学生排练并表演，这样不仅可以提升学生的语言能力，还可以激发学生的表演潜能。

5. 用音乐进行文化教学

音乐是文化的一个重要组成部分，是文化传承的一个重要载体，也是一个国家、民族文化的重要标志。葡萄牙语的使用范围囊括了欧洲的葡萄牙，美洲的巴西，亚洲的东帝汶，非洲的安哥拉、莫桑比克、佛得角、几内亚比绍等多个国家和中国澳门等地区。每个葡萄牙语国家和地区都有自己独特的音乐和文化，即使是同一种音乐体裁，也可能反映了不同的社会文化内涵。

通过音乐，教师还可以进行诗歌与文学的教学。歌曲往往表现出抒情诗的形式特征，歌曲和诗歌都可以被赋予美学属性，从这个角度来看，歌曲和诗歌的结构成分趋于相似，彼此贯通，相辅相成。而在教授文学作品时，教师也可以选取根据文学作品创作的音乐，作为补充材料，让高年级的葡萄牙语学生课后自行进行音乐赏析，帮助理解文学作品。

此外，有些音乐作品的产生也伴随着历史事件的发生，对这类音乐作品进行赏析，不仅有助于加深学生对历史事件的印象，也可以帮助学生更好地理解消化历史事件。例如，葡萄牙歌曲"Grândola, Vila Morena"的首播即为1974年葡萄牙康乃馨革命①开始的一个重要信号。该曲由何塞·阿方索于1964年5月创作并演唱，1974年4月25日12时20分18秒，这首歌通过葡萄牙复兴电台的独立节目《极限》传播，以确认革命的开始。出于这个原因，它成为了革命的象征，也是葡萄牙民主开始的标志。

---

① 又称"四二五"革命，是葡萄牙首都里斯本于1974年4月25日发生的一次军事政变。在政变期间，军人以手持康乃馨代替步枪，康乃馨革命的名称由此而来。此革命推翻了20世纪西欧为期最长的独裁政权。

在葡萄牙语国家发展的历史长河中，音乐始终贯穿其间，承载着不同的社会文化，为人们展示着风土人情。运用音乐进行葡萄牙语教学，可以让学生领略葡萄牙语国家文化的风貌。

四、结语

总体而言，本文提出了以音乐作为教学手段的葡萄牙语教学可行方案，目的在于丰富葡萄牙语课堂形式，让学生在放松的状态下进行语言学习。通过不同于传统教学的方法，学生可以得到更好的发展，并且能够通过分析音乐及其歌词，较好地吸收葡萄牙语存在于音乐中的语言多样性。

在葡萄牙语课程中运用音乐辅助教学是非常必要的，教师对于音乐教学方法的认知决定了其是否可以完美地消化这一便利的教学方式。通过在教学过程中以音乐作为盟友，教师可以在一定程度上巩固学生的学习成果，并通过教学实践进行反思，总结教学过程中的经验教训，以此优化教学手法。

同时，在葡萄牙语教学过程中，音乐的运用需要适度。音乐仅仅是语言教学的辅助手法之一，是教师为了达到教学目的而借助的一种方式。教师应明确，用音乐进行葡萄牙语教学的最终目的依然是为了教授葡萄牙语，应合理利用音乐开展教学活动。只有在葡萄牙语教学过程中合理适当地运用音乐，才有助于培养学生的语言学习兴趣，提高学生语言学习的积极性，增强葡萄牙语教学效果。

参考文献

廖乃雄，2005. 音乐教学法［M］. 北京：中央音乐学院出版社.

CASTELO A，MORELO B，SOUZA J C D，2017.Sons da fala e sons do canto：música para ensinar Fonética do Português［M］.Macau：Instituto Politécnico de Macau.

GAINZA V H，1988.Estudos de Psicopedagogia Musical.3.Ed［M］.São Paulo：Summus.

MARTINS J E，2011.Impressões sobre a música portuguesa：panorama，criação，interpretação，esperanças［M］.Coimbra：Imprensa da Universidade de Coimbra.

POSSENTI S，1996.Porque（não）ensinar gramática na escola?［M］.São Paulo：ALD：Mercado de Letras.

SOARES M B，1998.Letramento：um tema em três gêneros［M］.Belo Horizonte：Autêntica.

TRAVAGLIA L C，2005.Gramática e interação：uma proposta para o ensino de gramática.10ª ed［M］.São Paulo：Cortez.

泰语口译课程的专题设置及语料选用①

蒙昭晓

（四川外国语大学东方语言文化学院 重庆 400031）

摘要：随着中泰两国合作交流不断深化，泰语口译人才需求也日趋旺盛。笔者基于仲伟合教授提出的"两板三线"口译教学模式，以四川外国语大学为例，通过对泰语口译课程定位、教学目标和泰语口译人才市场需求的分析，提出泰语口译专题设置及语料选用方面的思考，以期探索符合泰语专业的口译人才培养模式。

关键词：泰语口译；专题设置；语料选用；"两板三线"

一、引言

自2013年习近平主席提出"一带一路"倡议，到2020年区域全面经济伙伴关系协定（RCEP）正式签署，中泰两国交往日益频繁，在此背景下，培养各行业翻译人才便成了泰语教学的重任。相比大语种，泰语教学存在师资力量薄弱、教学资源欠缺、学生零基础起点、缺乏实践机会等制约因素，而由于口译是一门实践性很强的综合技能课程，目前尚未有公开出版的泰语口译教材，泰语口译的相关学术研究也相对短缺。

笔者在中国知网（CNKI）上通过搜索"泰语口译""汉泰交替传译""汉泰同传"等主题，搜索到近五年（2017—2021）有相关论文12篇。学者们主要针对泰语口译人才培养模式提出课程改革措施。如李碧提出通过教学内容面向区域经济发展需求，教学模式坚持"以学生为中心"，口译实践深化校企合作，师资团队"外引+内培"相结合等举措实现培养本土化应用型泰语口译人才的目标。②张倩霞提出坚持构建以国际化和本地化市场需求为导向的教学内容，加强泰语口译课程群建设的教学模

---

① 本文系2020年重庆市高等教育教学改革研究项目"新时代背景下泰语口译课程教学改革与实践"（项目编号：202328）及2020年四川外国语大学校级教改项目"新时代背景下泰语口译课程教学改革与实践"（项目编号：JY2062225）的阶段性成果。
② 李碧：《广西应用型本科院校泰语口译课程教学改革探索》，载《语言文学研究》，2020年第8期，第95–96页。

式，完善泰语口译教学评估方式等举措实现培养服务"一带一路"建设的泰语口译人才的目标。[①]此外，阳亚妮、何丽蓬侧重探讨了商务口译与语文素养的相关培养方案；杨娥、邱玉婷则通过分析真实语料探讨交替传译和同传口译的翻译策略。截至2021年3月，在中国知网（CNKI）上"泰语口译"相关主题的搜索结果也仅有20余条。笔者在本文中将着眼于教学内容设计，提出泰语口译专题设置及语料选用方面的思考，试图探索符合泰语专业的口译人才培养模式。

二、泰语口译课程定位和教学目标

在明晰泰语口译课程定位和教学目标前，需要先厘清两个概念："口译教学"和"教学口译"。其中，"口译教学"是视口译为一种职业化教育，让学生运用已获得的语言能力进行口译训练，目的是使学生习得双语思维的转换和口译技能；而"教学口译"是以口译手段提高外语水平的教学行为，目的是使学生获得外语听、说、读、写的交际能力。[②]前者侧重技能训练，后者侧重语言训练。应该如何取舍不仅需要参照口译人员的基本素养，还需对标学校的发展定位，并且满足服务国家政策及地方发展的需求。在口译人员的基本素养方面，按照中国翻译协会的相关规定，口译人员应具备使用源语和目的语的语言文字处理能力，跨文化交际能力，分析、获取和处理信息的能力，专业领域能力和技术使用能力；在学校发展定位方面，四川外国语大学自2018年起设立建设特色鲜明高水平应用研究型外国语大学的目标，为切合学校转型要求，泰语专业的培养目标也调整为具有双语运用能力、跨文化交际能力、国情研判能力的复合型泰语专门人才；在国家政策及地方发展方面，随着中泰两国合作交流的不断深化，重庆内陆开放型经济高地建设的不断推进，语言教学难以覆盖新兴产业，但技能教学可以培养职业"适应性"。由此可见，双语能力是成为一名合格译员的基本要求，而口译技能则是胜任口译工作的长久保障。因此，泰语口译课程的定位应为"口译教学"，即以口译技能为主，以语言强化和专题内容为辅。借鉴仲伟合教授提出的"两板三线"口译教学模式，泰语口译教学内容设计分为理论板块和实践板块两个顶层设计，贯穿"技能主线""语言辅线""专题辅线"三管齐下进行教学安排[③]。

泰语口译的教学目标应涵盖译员知识结构的三大板块，即语言板块、行业知识板块和技能板块，具体体现在以下三个方面。

知识目标：了解中泰两国乃至国际最新资讯和社会热点问题；掌握中泰两国政治、经济、社会、文化等方面的知识，扩大对专题理解的广度和深度；积累各领域专

---

① 张倩霞：《"一带一路"建设与泰语口译人才培养的创新与实践》，载《教学实践探索者》，2018年，第159–160页。
② 仲伟合等：《口译教学——广外模式的探索与实践》，北京：外语教学与研究出版社，2019年，第5页。
③ 仲伟合等：《口译教学——广外模式的探索与实践》，北京：外语教学与研究出版社，2019年，第21页。

业术语。

能力目标：掌握交替传译技巧，提升中泰双语综合运用能力、逻辑思辨能力、跨文化交际能力、判断力、反应力等，基本具备即席翻译能力。

素质目标：具备过硬的心理素质，培养职业精神、团队精神；培养中国情怀和国际视野，增强学生对自身文化的认同感。

三、泰语口译人才市场需求分析

在国家政策层面，2013年9月和10月，习近平主席出访中亚和东南亚时提出"一带一路"倡议，截至"十三五"规划（2016—2020年）圆满收官之际，"一带一路"建设已取得丰硕成果。泰国地处东盟中心，是"一带一路"倡议的重要节点，2019年泰国成为中国在东盟的第一大并购目的地和第三大贸易伙伴，双方建有铁路合作联委会、贸易投资和经济合作联委会等多个政府间对话合作机制。泰国政府于2016年提出的"泰国4.0"经济发展战略，于2018年提出"东部经济走廊"（EEC）计划，均在多方面实现中泰两国的政策对接，对中国企业参与当地基建有着极大需求。[1]2020年11月15日，《区域全面经济伙伴关系协定》（RCEP）正式签署，标志着全球规模最大的自由贸易协定正式达成，2021年3月22日，中国商务部已完成《区域全面经济伙伴关系协定》的核准，3月29日泰国商业部成立"区域全面经济伙伴关系协定中心"，成为东盟首个批准协定的成员国。

在地方发展层面，重庆作为"一带一路"倡议和长江经济带建设的联结点、西部大开发的重要战略支点，在国家区域发展和对外开放格局中发挥着重要作用，在积极融入"一带一路"建设过程中做出了可喜的成绩，除推动陆海新通道、中欧班列（重庆）沿线铁路、港口等基础设施的建设外，2019年、2020年东盟连续两年为重庆第一大贸易伙伴；2020年，重庆对东盟国家进出口贸易额达1121.7亿元，同比增长3.4%；重庆承接东盟服务外包业务已覆盖全部10国；截至2020年底，重庆实际利用东盟国家外资累计达125.1亿美元，工程承包业务拓展至越南、泰国、印度尼西亚、马来西亚等9国。[2]为了更好地融入RCEP建设，重庆市商务委员会于3月25日正式出台了《重庆市深化与东盟经贸合作行动计划（2021—2025年）》，研究如何利用西部陆海新通道，促进重庆与东盟经贸合作往来，扩大双向投资和进出口规模等。

随着中泰两国合作交流日益密切，各级政府部门和私营企业对相关领域的口译人才需求剧增，通过对各级政策愿景及合作重点（见表1）的对比分析，发现中泰产业经济存在多方面合作的可能，集中在文化、旅游、进出口贸易、医疗合作和科技合作等领域。因此，本课程在专题设置上将侧重对上述领域的口译训练。

---

① 顾春光、周兴会、翟崑：《新时代视野下"一带一路"模式升级研究——以东南亚区域合作为例》，载《中国软科学》，2018年第6期，第102页。

② 重庆市人民政府：《重庆出台深化与东盟经贸合作行动计划（2021-2025年）2025重庆与东盟货物贸易总额超200亿美元》，载《重庆日报》，2021-03-26.检索日期：2021-03-31。

表1 各级政策愿景及合作重点

政策	愿景	合作重点
"一带一路"倡议	打造"一带一路"沿线国家政治互信、经济融合、文化互容的利益共同体、责任共同体和命运共同体	据调查，广西、云南、四川、重庆等西部9省区市的文化、旅游、贸易、金融、交通、基建等产业将首先获益
"泰国4.0"发展战略	通过创新和技术应用发展高附加值产业，促进泰国经济转型升级，跨越中等收入陷阱，增强竞争力	十大目标产业包括传统产业（现代汽车制造、智能电子、高端旅游与医疗旅游、农业与生物技术、食品加工）和未来产业（机器人制造业、航空业、生物能源与生物化工、数字经济、全方位医疗产业）
区域全面经济伙伴关系协定（RCEP）	共同建立一个现代、全面、高质量以及互惠共赢的经济伙伴关系合作框架，以促进区域贸易和投资增长，并为全球经济发展作出贡献	据统计，2019年泰国外商直接投资行业主要集中在电气设备、计算机电子及光学产品、化品和化工产品、食品饮料、其他机械设备等行业
重庆市深化与东盟经贸合作行动计划（2021—2025年）	深度融入RCEP建设，全面拓展和不断深化与东盟国家的经贸合作	提出扩大与东盟国家的贸易规模、加强与东盟国家产业合作、畅通与东盟国家连接通道、拓宽与东盟国家合作领域、做优与东盟国家合作平台五大重点任务

四、泰语口译专题设置及语料选用

四川外国语大学泰语口译课程开设在大三下至大四上学期，教学时间为一个学年，周课时为二学时。学生经过两年半的专业学习，具备基本的听、说、读、写语用能力，但仍不足以应对专业技能较强的口译任务。因此，在课程的第一学期，笔者将侧重理论知识的融会贯通，重点培养学生的双语能力、行业知识和口译技能，使学生具备从事口译实践的初步意识和能力。

如表2所示，泰语口译（1）专题设置的设计思路是在课程伊始通过学生熟悉且感兴趣的话题展开影子跟读、口译记忆、笔记训练和数字训练等基本口译技能的训练。在这个阶段笔者以广外模式口译质量测评参数框架为评估标准，引导学生关注内容层面的准确度、完整性，表达层面的语言合宜性、流畅度，以及交际层面的逻辑连贯、有效沟通[1]，而尽可能少地指出语病问题。在后半学期，则通过情景模拟的方式邀请学生参与口译内容建设，由学生围绕专题内容自备双语发言稿，先进行组内汇报，再由组内推选具有代表性的文本进行交替传译示范。学生口译过程将通过多媒体技术、虚拟仿真技术等教学设备进行记录，在课上完成学生互评、教师点评，课下由译员结合

---

① 仲伟合等：《口译教学——广外模式的探索与实践》，北京：外语教学与研究出版社，2019年，第181页。

音视频记录完成自评报告。另外，专题的最后会进行小结，内容包括相关主题的口译特点、注意事项、高频术语及表达句式等，以"头脑风暴"的形式集思广益，最后生成共享文本。

表2　泰语口译（1）专题设置及语料选用

周次	专题内容	语料选用
第1～2周	导论：口译认知	1. 两两"视译"聊天软件中的对话内容 2. 以喜马拉雅APP中的"磨练耳朵|每天3分钟听懂泰语新闻""实战口译 林超伦"栏目的音频进行"影子跟读"训练
第3～4周	技能：口译记忆	1. 分组以"假期经历""难忘体验"等话题进行"滚雪球"记忆训练 2. 分组以"博主好物分享"为话题进行源语复述、无笔记交替传译训练
第5～6周	技能：口译笔记	1. 视频观摩国防部高翻速记 2. 节选"第一届中泰智库论坛"中泰学者的发言进行源语笔记训练
第7～8周	技能：数字口译	1. 总结泰语中数字的各种读法 2. 以中国商务部官网和泰王国驻华大使馆官网中的中泰经贸合作信息进行数字口译训练
第9～11周	专题：礼仪祝词	1. 外事礼仪、外事纪律培训 2. 泰国高校来访接待工作 3. 开学典礼、毕业典礼院校领导致辞 4. "一带一路·泰中经贸合作论坛"上泰国领导人致辞
第12～14周	专题：旅游观光	1. 重庆一日游口译实践 2. 曼谷一日游口译实践 3. 宴会接待口译实践
第14～16周	专题：会展活动	1. 展品促销口译实践 2. 会展陪同口译实践 3. 会展合同谈判口译实践

如表3所示，泰语口译（2）专题设置（见表3）的设计思路则是以中泰两国的合作交流、时事热点为主题，采取基于学习产出的教育模式（OBE），让学生在对相关主题进行双语汇报的同时掌握相关行业知识。课堂上选用中泰政府官方媒体发布的领导人演讲、访谈等真实语料进行口译实践，同时辅以情景模拟座谈会、节目录制、产品推广、新闻发布会、课堂助教等口译场景，扩大学生对专题理解的广度和深度，进一步积累各领域的专业术语和常用表达。

表3 泰语口译（2）专题设置及语料选用

周次	专题内容	语料选用
第1～3周	外交与国际关系	1. 展示：小组以"中泰关系史"为主题进行双语汇报 2. 会议：节选2019年习近平主席在第二届"一带一路"国际合作高峰论坛的主旨演讲 3. 新闻发布会："共建'一带一路'五年进展情况及展望" 4. 访谈：驻泰王国大使吕健谈香港局势和中美经贸摩擦 5. 时事：2019年泰国诗琳通公主荣获中国"友谊勋章"
第4～6周	经贸合作	1. 展示：以"中泰经贸合作史"为主题 2. 会议：中泰数字经济合作部级对话机制第一次会议 3. 座谈：2019年中泰水果贸易洽谈暨政策发布仪式 4. 时事：2019大湄公河次区域-泰国电子商务走廊·中泰社交电商合作论坛
第7～9周	文化交流	1. 展示：以"中泰文化交流史"为主题 2. 访谈：中国驻泰国大使吕健谈中泰文化外交 3. 节目录制：《陈情令》泰国粉丝见面会 4. 课堂助教：中泰职业教育联盟国际联合培训 5. 时事：《中国关键词："一带一路"篇》泰文版首发
第10～12周	科技交流	1. 展示：以"中泰科技合作"为主题 2. 会议：2021年极飞科技与泰国政府举办智慧农业高级别对话会 3. 产品推广：华为（泰国）公司在罗勇府东部经济创新走廊（EECi）旺占谷地区发展项目的智能运营中心（IOC）大楼开幕式上展示尖端创新技术 4. 时事：中泰能源合作促进区域互联互通
第13～14周	医疗合作	1. 展示：以"中泰医疗合作"为主题 2. 会议：习主席在2021年全国两会上强调医疗卫生工作的重要性 3. 访谈：泰国高等教育科研创新部部长表示将推动泰国成为拥有8大突出领域的"全球医疗中心" 4. 视频观摩：2021年泰国医疗产业投资新机遇双语研讨会
第15～16周	体育赛事	1. 展示：以"中泰体育赛事"为主题 2. 新闻发布会：2021年第三届亚洲青年运动会 3. 新闻发布会：2019中国-东盟国际汽车拉力赛

在泰语口译（2）课程中，从内容安排来看，虽以专题为线索展开课程内容，但需时刻谨记课程定位和教学目标，即以口译技能训练为主，以语言知识和专题知识为辅。这一阶段将着重训练学生的译前准备、公众演讲能力、职业准则和应变能力。从语言层面来看，这一阶段的语料多为书面交际的语篇材料，因此笔者通过情景模拟的方法让学生扮演发言人，根据提前准备的脚本编写口语交际语篇，进而对多个小组编写的版本进行口译训练。训练的重点不在于要求学生掌握该专题所涉及的全部内容，而在于通过口译实践，使学生习得即席翻译能力。此外，为了使学生更真切地了解职业化口译的程序和内容，练习语料最好是口译现场资料，因此，授课教师可将个人口译实战的资料作为"加餐"内容；可通过分享线上双语研讨会，邀请学生进行口译观摩；还可以选取英语口译教材中的真实语料进行训练，以增加口译实践的真实性。

值得注意的是，吴青教授曾指出，口译专题的设置虽然源自国家的需求和市场的呼唤，但不能只着眼于当下的市场，而要有前瞻性；本科阶段的口译教学，应将兴趣的激发、潜力的挖掘、意识的培养作为课程重点，使学生具备从事口译实践的初步意识和能力，能够合格地、独立地完成一般性的各类翻译任务。[①]因此，笔者在专题设置和语料选用方面，始终坚持贴近学生的生活，发挥学生的创造性；行业素养与语言能力两手抓，注重语料的正确立场及育人价值；通过专题小结，试图探索相关口译场景的口译图式，强化学生对主题的理解，培养对输入的预期。

五、对泰语口译课程存在问题的思考

四川外国语大学自2016年开设泰语专业以来仅仅走过五个年头，泰语口译作为一门高年级课程更是非常稚嫩，笔者的上述思考得益于泰语界同仁的学术研究、大语种口译教学的研究成果、外研社主办的多语种教师翻译教学研修班以及自身的教学经验，初步形成了较为系统的课程思路，但仍需不断摸索符合泰语特色的口译人才培养路径。笔者在践行上述教学设计过程中，发现主客观层面仍存在部分问题有待进一步修正。

师资方面，授课教师非翻译专业硕士（MTI）出身，未接受过系统的翻译训练，在教学理论和方法层面较为薄弱；授课教师的口译实践经验有限，在学生指导方面有所欠缺。这一问题可通过"外引"（MTI泰语人才进高校、优质翻译讲座进课堂等）和"内培"（授课教师到企业定岗实践、集体备课、以老带新、加强口译课程群建设等）相结合的方式解决。

学生方面，由于口译是一项需要通过大量的训练内化而成的技能，需要学生投入大量时间在译前准备和课后巩固上面，且学生在行业知识和语言知识两个板块都很薄弱，因此，学生容易产生畏难情绪和挫败心理，越到课程后期，口译水平就越呈两极分化。针对这一问题，笔者的建议是专题尽量生活化，语料尽量精简化，任务难度层级化，评估采取多元化。另外，由于重庆位于西南腹地，学生缺少口译实践机会，进而导致学习的"内驱力"不足。针对这一痛点，笔者的建议是给学生创设实践机会，除了课堂的情景模拟尽可能构建真实交际环境，还要以在实践周等活动中让学生担当外教的口译员，或者低年级学生主题讨论的译员，在领事馆或者泰国高校来访时让学生负责陪同翻译或者座谈翻译等任务，在观摩座谈会的同时进行影子跟读或者交替传译模拟，在企业设立实习基地，大学生创新创业项目进课堂；等等。

① 吴青：《本科翻译专业培养模式的探索与实践——谈北京外国语大学翻译专业教学理念》，载《中国翻译》，2010年，第2期，第39页。

六、结语

笔者通过分析泰语口译课程定位、教学目标和泰语口译人才市场需求，确立了以口译技能为主，以语言强化和专题内容为辅的课程定位；以培养语言知识、行业知识和技能为教学目标，以文化、旅游、进出口贸易、医疗和科技等领域为培养方向，进而提出在专题设置和语料选用方面的思考。泰语口译（一）阶段侧重理论知识的融会贯通，设置了礼仪祝词、旅游观光、会展活动等学生熟悉的专题，语料以学生准备的课料、口译现场资料为主，以达到训练口译记忆、口译笔记、数字口译等口译技能的目的。泰语口译（二）阶段着重训练译前准备、公众演讲能力、职业准则和应变能力等口译技能，设置了外交与国际关系、经贸合作、文化交流、科技交流、医疗合作、体育赛事等与国家、地方发展密切相关的专题，语料以网络媒体资讯、公开出版教材、口译现场资料为主，以达到熟悉口译程序和提升即席翻译能力的目的。但由于资料获取渠道有限及个人经验不足，在人才市场需求方面只能从宏观的政策指向进行分析，未能从用人单位获取数据，进而提出更细化的专题设置以及构建更真实的语料情景，笔者将在今后的教学实践中不断补充完善，在此也希望泰语界能早日出版权威的泰语口译教材以及举办更具针对性的泰语教师翻译教学研修班。

参考文献

顾春光，周兴会，翟崑，2018. 新时代视野下"一带一路"模式升级研究——以东南亚区域合作为例［J］. 中国软科学（6）：102.

李碧，2020. 广西应用型本科院校泰语口译课程教学改革探索［J］. 语言文学研究（8）：95-96.

吴青，2010. 本科翻译专业培养模式的探索与实践——谈北京外国语大学翻译专业教学理念［J］. 中国翻译（2）：39.

张倩霞，2018. "一带一路"建设与泰语口译人才培养的创新与实践［J］. 教学实践探索者：159-160.

仲伟合，等，2019. 口译教学——广外模式的探索与实践［M］. 北京：外语教学与研究出版社.

国别区域研究中心强化非通用语学生实践与科研能力的途径探讨

——以成都大学为例[①]

林艺佳 吴 浪

（成都大学 四川省泰国研究中心 四川省成都市 610000）

摘要： 国家大力推进高等教育改革和发展，强化实践育人，国别区域研究中心蓬勃发展。高校国别和区域研究中心如何提高人才培养质量，培养具有实践能力与科研创新能力的运用型人才，同时引导好外语学科学生为中心科研助力，是高校国别区域研究中心要思考解决的问题。因疫情影响外语学生难以出国交流，文章结合成都大学泰国研究中心与泰语系的实践教学，以中心培养学生实践科研能力的重要性为出发点，发现实践中存在的问题，总结强化学生实践科研能力的多元途径。

关键词： 泰语教学；国别区域研究；泰国研究中心运用型人才

为贯彻落实国家教育规划纲要和十七届六中全会精神，服务国家外交战略，促进教育对外开放，教育部在部分高校和研究机构建立了国别和区域研究基地，旨在加强中国的国别和区域研究，为国家制定发展战略、政策措施提供智力支持、决策咨询、理论探讨和实践分析。

"一带一路"倡议的推进，对外语人才、国别和区域研究人才的培养都提出了更多需求，复合型人才不足日益凸显，面对新冠肺炎疫情使得外语专业学生的语言实践能力得不到出国锻炼的困境，应充分结合2015年教育部关于印发《国别和区域研究基地培育和建设暂行办法》的通知，提出国别区域研究基地要扎实做好人才培养工作，借助国别和区域研究在众多高校中蓬勃发展的趋势，切实提升"外语+国别区域研究"复合型人才培养质量，主动服务国家对外战略。

一、疫情下非通用语学生的实践困境

培养学生要以就业为导向制定合适的人才培养目标以符合就业单位的需求。泰语

---

① 本文为"四川省省级一流本科专业成都大学泰语专业建设项目""大学生创新训练计划孵化培育项目（项目编号：CDUCX2022298）"成果。

专业学生人才培养目标主要是，对学生泰语听、说、读、写、译等进行良好的技能训练，学习泰国语言、文学、历史、政治、经济、外交、社会文化等方面的基本理论和知识，掌握一定的科研方法，培养学生具备从事泰语相关翻译、研究、教学、管理等工作的良好素质和较强的能力，毕业后有能力就业于政府机关、各涉外部门、国内外大型企业、科研教学单位、外贸进出口公司、新闻传媒机构等。

竞争激烈的就业市场对高校外语专业学生语言能力、实践能力都提出了更高的要求。对外语学生而言，出国学习交流是语言能力、实践能力提升的重要途径，通过出国留学交流，外语学生的语言专业技能可以得到锻炼，研究视野得到拓展。

2019年末新冠肺炎疫情突发，全世界都卷入了这场疫情之战，各国之间的交流或多或少都受到影响，尤其是出国留学交流项目的推进与实践被迫中断，使得外语专业学生不能够如期赴对象国学习交流。面对缺乏语言环境的学习与实践，又困于市场对人才语言运用、实践能力的要求，成都大学充分运用教育部国别和区域研究中心、泰国研究中心对人才培养的推动作用，将泰国研究中心作为2017级泰语班同学的实践基地，笔者作为实践指导教师，根据实践情况，对国别和区域研究中心强化外语学生实践与科研能力的途径提出些许看法与探讨，旨在加强学生语言运用能力、实践科研能力。

二、国别区域研究中心在培养学生实践科研能力方面发挥的重要作用

（一）有利于提高学生运用语言的实践能力

为实现泰语运用能力提高的目标，国别区域研究中心结合泰国研究中心官方网站中泰国主流媒体热点新闻追踪编译的实践，对学生开展泰语运用能力的培养，强化学生在官网新闻发布的参与度，使得学生泰语运用能力贴合实际，同时追踪编译泰国社会新闻也保证了学生泰语语言运用能力与其日常生活之间的贴合度。借助泰国研究中心实践教学，避免学生的泰语运用能力受到固化教学模式与陈旧教材的束缚影响，促使学生在短时间内感受到语言运用的实际情景，丰富语言体验感，彰显提高泰语语言运用能力的现实价值。借助泰国研究中心官网新闻追踪编译，经教师的修改反馈，有助于提高学生泰语的实际运用能力。

（二）有利于培养学生的科研思维与能力

在"一带一路"倡议下，中国与东南亚国家联系紧密，对泰国的基础研究也显得尤为重要，在泰语专业教育过程中，从本科阶段开始培养学生的科研思维和科研能力对于培养高素质复合型人才具有重要意义。泰国研究中心可以将科研活动作为培养学生科研素质和创新思维的重要途径，采取积极、有效措施为学生创造参与科研的机会

与条件，积极开展有利于培养学生科研能力的活动。同时，学生团队分组为泰国研究中心教育与创新人才培养、泰国艺术与跨文化传播、泰国政治与经济研究三个重点领域搜集相关泰语材料，本科毕业论文以中心研究方向为基点，中心研究员教授学生学习掌握运用现代技术检索文献和查询资料的方法，培养学生初步的科学研究能力，反之，泰语专业学生也能够更好地服务于中心的科研。

（三）有利于培养复合型人才

面对新形势下的人才需求，各用人单位对岗位能力有了更高的要求，更加需要多元化、复合型人才。泰语专业人才培养主要以符合时代需求的复合型人才培养为目标，要求培养学生具备扎实的泰语基础知识、综合人文素养，具有较强的实践能力和创新能力。高校国别区域研究中心构建课程实践平台，有助于提升学生的语言能力、实践运用能力、学科研究能力、科研创新能力，有助于强化学生的综合知识、复合能力和综合素质协同培养。

三、泰语系学生实践情况与存在问题

（一）泰国研究中心简介

2008年成都大学在四川省高校中首开泰语本科专业。2011年，泰国诗琳通公主访问成都大学并受聘为泰语专业荣誉教授。2013年四川省泰国研究中心成立，是国内第三家以泰国为研究对象的国别专门研究机构，入选省教育厅首批国别和区域重点研究基地，2017年入选教育部国别和区域研究备案中心。四川省泰国研究中心以"人文引领、文化融通、根植成都、立足西部、服务全国、面向世界"为指导原则，开展以泰国为主、辐射东盟地区的多学科、跨学科和问题对策研究。履行咨政服务根本职能，为国家、省市地方政府和企事业单位提供对策咨询服务。助力大学一流学科、专业建设和教育对外开放。在泰国教育与创新人才培养、泰国艺术与跨文化传播、泰国政治与经济研究三个重点领域，以及"国别通"泰语人才、"领域通"泰国研究人才、应用型泰国艺术人才培养方面具有广泛影响力。以校城融合开展中泰人文交流，服务中国西部国际化发展，努力建成西南地区领先、国内一流、国际有影响的特色新型高校智库。

（二）泰语系学生实践情况

泰语系实行"3+1"培养方案，其中一年赴泰国学习交流，包括课程实践。2017级泰语本科专业学生因新冠肺炎疫情影响不能如期赴泰国交流学习，其实践课程就由泰国研究中心与泰语系安排。学生被分为四个实践小组，每组6～8名学生不等，指定小组长负责制，泰语专业教师担任实践指导教师。

根据中心的实际情况，学生的实践内容之一主要为中心官网"今日泰国"热点时事报道，热点时事追踪外媒报道，泰国时事以泰国政治、经济、社会、新冠疫情为导向，学生分小组轮流完成板块追踪，将泰语新闻翻译为中文后提交泰语指导教师审核修改，后更新于中心官网。教师根据学生新闻选材与翻译的准确性给分。学生实践内容之二是国内近期"泰国研究"的论文推介，特别是刊登在核心期刊的论文推介，研究板块内容主要集中在泰国政治经济、泰国教育教学、泰国文学文化三个方面，经泰国研究中心行政教师审核，优秀的推介论文将汇编于泰国研究中心的季度简报中送呈政府机构部门。学生的实践内容之三是中心季度简报的格式整理，由泰国研究中心行政教师整理出需要汇编在简报上的新闻，再分配给各小组协作完成。

（三）学生实践中存在的问题

经持续五个月的实践课程，笔者作为实践指导教师，见证了学生们在实践翻译过程中泰语运用能力的提升，欣喜地看到学生们在实践过程中的坚持与团结协作，同时也发现并意识到实践过程中存在的问题。存在的问题一是同学们缺乏对中心的宏观认识，无论是中心的存在意义、主要任务，还是关乎国别区域研究的内容、研究方法论，中心均未配备专业研究人员为学生进行实践课程的输出，导致的不良后果是学生对中心认识的不全面、对国别区域研究的不熟悉、对实践课程的不重视等。存在的问题二是指导教师配比不足，实践课程起初所有的翻译新闻稿件交由同一名教师审核，导致教师与学生互动不足、反馈迟缓，学生积极性减弱。存在的问题三突出反映在学生的实践内容单一，学生最主要的实践集中在泰文新闻的编译，实践内容单一使得这更像一门翻译课的实践，会减弱学生的实践热情，使学生产生乏味感。笔者将问题做了简要与疏浅的归纳，以期后续在国别区域研究中心的平台助力下外语学生语言实践能力得到提升，同时更注重实践课程的质量。

四、国别区域研究中心强化学生实践与科研能力的途径

针对疫情期间泰语专业学生在泰国研究中心的实践情况以及存在的突出问题，笔者从国别区域研究中心的需求及学生的人才培养计划两方面考量，探讨强化学生实践与科研能力的途径。

（一）国别区域研究课程化，实践与教学相结合

2015年教育部《关于印发〈国别和区域研究基地培育和建设暂行办法〉的通知》第十四条提出："高等学校和培育基地要鼓励和和支持研究人员开发和建设课程体系，并在每一学期开设至少一门研究对象国或者地区的必修或选修课程，制定实施覆

盖本科和研究生阶段的国别和区域研究人才培养方案，培养能熟练掌握对象国语言、具有复合型专业背景的人才。"

设置国别区域研究课程，有别于传统的泰语专业课程，教学内容不再是传统的语言文学，而是涉及泰国的政治、经济、文化等内容，范围广泛。课程对泰国概况进行介绍，课程学习期间要求学生分组阅读与中心研究团队方向契合的相关研究论文，思考选题。课程设置以中心研究方向为主导，由中心研究员进行团队授课，每一名研究员负责自己擅长研究领域的讲座，课程的教学设置的2/3用于讲座，其余时间留给学生进行集中项目汇报。遵循过程导向和结果导向，独立学习模式和合作学习模式、语言和内容相融合，课程成果以论文、文献综述或报告形式呈现。实践课程教授过程中，要注意重视培养学生的科研能力，帮助学生学习研究方法和研究规范。

（二）教学内容规范化，实践内容模块化

泰国研究中心实践与理论教学相结合，理论教学类课程学时占比少，内容涉及面广，缺少制度化和规范化管理；实践类课程是学生语言能力、运用能力锻炼提高的主渠道和主阵地，具有其他专业理论课不能取代的地位，教学内容规范化建设对学生实践有切实的指导性作用。

教学内容以中心研究方向为主要教学导向，分为"泰国教育与创新人才培养""泰国艺术与跨文化传播""泰国政治与经济研究"三个专题，以讲座的形式开展教学，使学生认识泰国研究重点领域。建议增设科研指导相关课程，帮助学生形成初步的学术思维，有助于进一步培养有意向、有潜力的学生进入研究生阶段学习，并为泰国国别区域研究培养储备人员。学生实践要以规范化制度化建设为重点，加强实践内容模块化教学管理，根据中心需要与学生培养的双重目标，创设科学、合理的实践项目，确定实践专题，明确实践重点，规范实践。通过教学实践的规范化建设有利于进一步提升实践质量，更好地达到人才培养方案所制定的目标。形成模块化实践内容，以泰国主流媒体追踪热点时事编译、泰国研究中心区域国别研究领域的最新泰国研究动态、泰语资料的翻译、泰国研究的方向研究综述（研究报告）等为实践模块，对本课程教学和研究有着实质性意义。

（三）生师比合理化，形成良好互动与反馈

学生实践指导教师直接影响教学实践的课程质量，合理的生师比是保证人才培养质量的前提，合理调控生师比，加强优质师资配置，可显著提高学生实践指导质量，提升学生语言运用能力、科研能力。建立符合学生差异化发展的实践指导，满足不同水平的学生群体针对性指导实践教学。配备指导教师不但要关注教师数量，还要关注优化教师队伍结构，如教师平均年龄、职称，指导教师群体中的青年教师、中年教师、资深教师要合理占比。同时要关注教师的科研能力，教师的科研能力影响学生科研创新能力的培养，推进导师制在泰国研究中心的实行，引进科研能力突出的教师群

体作为研究中心学生实践课程的指导教师，加强师资队伍建设，无论是学生的翻译新闻稿件，还是学生科研的阶段性成果，都能够得到指导教师及时有效地指导，形成师生间良好的互动，学生及时收到反馈更有助于提高学习实践效果。

（四）实践成绩评定标准化，多维度综合考量

制定科学合理、简便易行且公正客观的实践成绩评分方法，是学生实践类课程的重要环节。制定对学生理论知识的掌握、知识的运用、文献的查阅方法、实践能力等指标进行综合评价的标准，评分项目不宜过多、过细，实践内容评分由泰国研究中心评定，评分标准量化监控考核，实践课程成绩主要由国别区域研究课程成绩、泰语主流媒体新闻翻译成绩、对泰研究文献综述成绩和实践总结汇报成绩等部分构成，其中课程成绩考核具体包括课堂参与情况与评价、课程出勤、小组团队活动的记录与汇报、课程成果的展示等，多样化多维度考核评分，真实反映学生的实践情况，建立并形成简便、科学及规范化的学生成绩评价体系，对学生实践课程做出客观公正的评价，进而起到促进学生对实践课程的重视、提高实践课程教学质量作用（见表1）。

表1　实践成绩评定标准表

序号	项目	优（≥90分）	优良（80~89分）	中（70~79分）	及格（60~69分）	不及格（<60分）
1	课程	全勤，认真听讲，积极参与课堂，回答问题准确	迟到15分钟以内，听讲，偶尔参与课堂，回答基本准确	迟到30分钟以内，不能回答问题，	请假，课后补课程讲义，开小差，讲小话	缺席或请假，未补课程讲义
2	新闻翻译	选材好，翻译正确，格式规范	翻译正确，格式规范	翻译基本正确、格式基本规范	翻译错误较多，经指正后改正	翻译错误较多，经指正后仍不改正
3	文献综述	能仔细阅读相关文献，形成完整的文献综述，格式规范	能认真阅读相关文献，形成规范的文献综述，格式基本规范	能阅读相关文献，形成文献综述，格式基本规范	文献综述不全，格式不够规范	不按时交文献综述或文献综述太简单
4	实践报告	实践内容完整，报告整洁，有条理	实践内容相对完整，报告较整洁，有要点	实践内容基本完整，报告基本整洁，有分点	报告不完整，报告的整洁与条理度不够	报告不完整。不按时提交报告或报告太简单，无条理。
5	其他	……	……	……	……	……

五、小结

随着我国"一带一路"倡议的推进，与东南亚各国交流互助日益密切，各类外语

人才的需求也相应增加，泰语人才作为中泰两国关系维系发展的使者，肩负着重要的责任。在因新冠疫情外语专业学生出国交流学习受阻的情况下，国别和区域研究中心发挥着人才培养实践教学的重要作用。国别区域研究中心与外语系在开展实践教学时应主动了解教学方法与作用，并及时纠正实践教学在实际运用中出现的问题，让国别和区域研究中心在外语教学实践中真正发挥作用，在提高学生外语水平的同时，激发和培养学生的科研创造力，切实让外语类学生为国别区域研究中心的发展助力。

参考文献

常俊跃，刘扬，2020. 基于CIPP评价模式的项目依托区域国别研究课程评价研究［J］. 外语研究
　　（3）：52-59+112.

高考指南编委会，2015. 2015年高考指南文科（上册）［M］. 成都：高校招生杂志社：88-89.

教育部，2015. 教育部关于印发《国别和区域研究基地培育和建设暂行办法》的通知［Z］.

四川省泰国研究中心［EB/OL］.http：//sprits.cdu.edu.cn/.

新冠疫情期间缅甸语专业本科生线上
学习调查与思考

高　萍

（云南师范大学　昆明　650092）

摘要： 为了了解云南师范大学2018级缅甸语专业学生疫情期间缅甸语专业学科线上学习的实际情况，笔者针对就读云南师范大学2018级缅甸语专业的52名学生展开了不记名问卷调查，围绕学习动力、学习方式、满意程度、教学反思等几个方面进行了调查数据分析，集中反映出学生在学习过程中遇到的迫切需要改进的问题。为下一步线上教学设计、教学重点难点的把握、教学方法的改进以及建立线上教学课程评价体系提供最真实、最直接的理论指导，为探索缅甸语专业相关课程线上线下混合式教学模式提供新思路。

关键词： 缅甸语；线上学习；问卷调查；教学反思

面对新型冠状病毒肺炎疫情，全国上下聚力抗击，作为一名大学教师，我们教学的战场就在线上。云南师范大学作为云南省内首批开展线上教学的高校之一，在原定的春季学期开学日这一天全面展开线上教学，切实做到了"停课不停学"。开展全面线上教学一个月的时间里，群策群力，全方位监管评估，线上教学有条不紊，顺利开展。及时回顾线上教学的优势与不足，能使接下来的教学工作事半功倍。语言类相关学科的线上教学工作顺利开展需要依托形式多样、功能丰富的教学软件，教师与学生快速适应新的教学方式，营造优质的教学环境才能让学生体验到传统课堂应有的语言环境及学习乐趣，且需要配合一定强度的课堂会话练习、纠音练习，以及课后翻译强化练习来巩固课堂教学内容。针对学习者线上学习情况的调查分析，将有助于我们直观清晰地了解到学习者对现行线上教学方式、教学平台、教学强度的满意程度与学习喜好。

一、问卷调查简介

（一）调查对象

此次调查研究的对象为云南师范大学云南华文、国际汉语教育学院在校的2018级缅甸语专业共52位学生，填写问卷的时间为全日制学生在校学习的第二学年下学期。所有调查对象在线学习缅甸语的时间为每周不少于12个学时，线上学习的科目为基础缅甸语4、缅甸语阅读2以及缅文微机操作，接触的授课教师有本专业三位教师，三位教师均为35岁以下的青年教师，平均教龄在七年以上。

（二）问卷设计

问卷设计有13个题目，其中10题为单选题，两题为多选题，一题为主观问答题。单选题的设计宗旨是需要得到具体的数字，计算百分比，能够直观地帮助分析；主观题的设计宗旨为不设有备选答案，不局限学生的回答范围，多为实际情况概述题，例如具体建议之类的主观回答。

（三）问卷发放

此次问卷的发放及回收统计依托问卷星App来进行，此次收回问卷52份，有效问卷52份。教师在发放问卷之前及问卷备注中都已经强调了此问卷为不记名问卷，且不作为对任何个人和组织考察考核的依据，要求被调查人如实填写。

二、问卷调查汇总分析

本问卷设计之初就是想从学生对缅甸语线上学习动机、学习方式、学习难易点以及满意度几个方面入手调查，问卷设计及回收数据如下。

针对云南师范大学18级缅甸语专业学生线上学习调查研究

第1题　线上教学与线下教学相比您的学习积极性是：［单选题］

选项	小计	比例
增高了	4	7.69%
一样	27	51.93%

续表

选项	小计	比例
变低了	21	40.38%
本题有效填写人次	52	

第2题　你认为使用感最佳的线上学习直播软件为：［单选题］

选项	小计	比例
腾讯课堂	2	3.85%
钉钉	1	1.92%
ZOOM会议	49	94.23%
超星	0	0%
其他	0	0%
本题有效填写人次	52	

第3题　目前，您在缅甸语相关课程的线上学习方式主要是：［单选题］

选项	小计	比例
直播	12	23.08%
录播	0	0%
资源包	0	0%
直播+录播	5	9.62%
直播+资源包	12	23.08%
录播+资源包	0	0%
直播+录播+资源包	23	44.22%
其他	0	0%
本题有效填写人次	52	

第4题　比起线下教学，线上学习期间您对下列哪个教学环节的学习积极性提高了？［单选题］

选项	小计	比例
词汇讲解	4	7.69%
语法讲解	5	9.62%
课文主体讲解	11	21.15%

续表

选项	小计	比例
问答环节	17	32.69%
课后习题讲解	15	28.85%
本题有效填写人次	52	

第5题 您认为线上教学过程中哪个教学环节亟须提升？［单选题］

选项	小计	比例
词汇讲解	9	17.31%
语法讲解	14	26.92%
课文主体讲解	10	19.23%
问答环节	6	11.54%
课后练习讲解	13	25%
本题有效填写人次	52	

第6题 您对目前缅甸语线上教学的满意程度为：［单选题］

选项	小计	比例
很不满意	0	0%
不满意	0	0%
一般	14	26.92%
满意	33	63.46%
很满意	5	9.62%
本题有效填写人次	52	

第7题 线上学习期间您对以下哪个方面最为满意？［单选题］

选项	小计	比例
教师工作态度	29	55.77%
教师工作能力	17	32.69%
教学效果	3	5.77%
教学平台	3	5.77%
本题有效填写人次	52	

第8题　今后如果开展线上线下混合教学，您认为哪些教学环节更适合放在线上？
［多选题］

选项	小计	比例
语法讲解	28	53.85%
课文主体讲解	29	55.77%
问答环节	17	32.69%
课后习题讲解	29	55.77%
词汇讲解	27	51.92%
本题有效填写人次	52	

第9题　线上教学期间，词汇听写这一环节缺失，您觉得这对于您记忆单词有影响
吗？［单选题］

选项	小计	比例
影响很大	13	25%
有一点影响	29	55.77%
没有影响	9	17.31%
完全没有	1	1.92%
本题有效填写人次	52	

第10题　您认为理想的学习缅甸语的学习方式是［单选题］

选项	小计	比例
线上线下混合式教学	27	51.92%
传统课堂	25	48.08%
完全线上学习	0	0%
本题有效填写人次	52	

第11题　您认为以下哪些科目更适合开展线上教学？［多选题］

选项	小计	比例
基础缅甸语系列	11	21.15%
缅甸语阅读系列	11	21.15%
缅甸概况	31	59.62%

选项	小计	比例
缅甸语视听说	13	⬤▬▬▬▬ 25%
缅甸语语音纠音	7	⬤▬▬▬▬ 13.46%
中缅关系	33	⬤▬▬▬▬ 63.46%
缅甸语中级听力	18	⬤▬▬▬▬ 34.62%
缅甸语中级口语	8	⬤▬▬▬▬ 15.38%
本题有效填写人次	52	

第12题　线上学习过程中您最担心的问题是？〔单选题〕

选项	小计	比例
网络卡顿	22	⬤▬▬▬▬ 42.31%
课程效果不佳	11	⬤▬▬▬▬ 21.15%
做错的习题无法及时纠正	3	⬤▬▬▬▬ 5.77%
口语难以提高	2	⬤▬▬▬▬ 3.85%
注意力不集中	14	⬤▬▬▬▬ 26.92%
本题有效填写人次	52	

通过我们对上述客观题各个选项占比的整理之后，从以下四个方面做出分析。

（一）学习动机

从问卷的汇总可以看出，学生通过近一个月共计48课时的线上学习之后，在线上学习与线下学习相比，在学习积极性方面，40.38%的学生认为降低了，51.93%的学生认为无变化，只有7.69%的学生认为积极性提高了。

在调查学生自主学习特别是词汇记忆这一板块中，认为线上学习过程中"词汇听写"这一板块缺失，对自己记忆单词影响力的占比情况如图1所示。

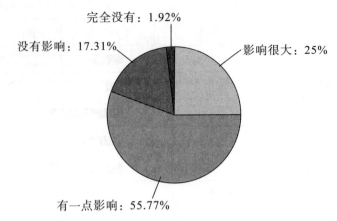

图1　线上学习期间，无"词汇听写"板块对词汇记忆的影响占比情况

通过对上图的分析可看出，选择完全没有影响的人最少（1.92%），选择有一点影响的最多（55.77%）。由此看出，线上教学期间，学生的主观能动性发挥较差，还是习惯于强迫式、过程性评价分数挂钩式的学习方式，这要求授课教师在线上教学期间更加注重对学生学习的过程性评价，细化平时成绩考核方式，实时了解学生的学习效果，及时调整授课方式，突出教学重难点。词汇记忆是语言学习的根基，在线上教学期间，授课教师应更加注重词汇的教学以及课后巩固，及时寻找新的教学手段来强化学生对词汇的学习，提高学生记忆词汇的有效性和积极性。

在调查"线上学习期间哪一个教学环节学习积极性有所提高"时，占比情况如图2所示。

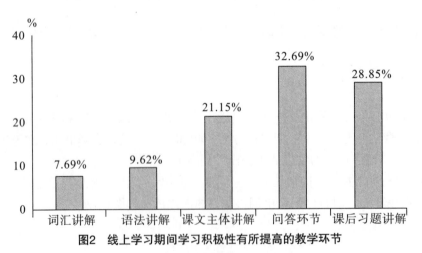

图2　线上学习期间学习积极性有所提高的教学环节

由图2我们可以看出，选择问答环节学习积极性提高的人数最多（32.69%），语境对话、问答是语言教学的主体环节，是学生将理论与实践结合的必经之路，选择这一环节的人数最多表明了本阶段线上教学过程中我们在选择线上直播软件以及线上教学手段方面是成功的。优秀的线上直播软件成功还原了线下教室授课氛围，或者说是优于线下教学的课堂氛围，这一点对语言教学中的听、说、译等环节尤为重要；在教学

手段方面，选择了直播而非录播的方式，这有助于活跃课堂氛围，教师能够第一时间发现学生在发音、语法方面的问题，及时给予帮助，这是双向的教学而非学生单向的吸收。选择在课后习题讲解环节积极性提高的第二多，回顾教学过程，这要取决于直播软件中屏幕共享这一功能的使用。线上教学期间，学生书面作业讲解的组织方式，由原来线下教学期间教师批改后由学生自主改错后再讲解的形式，转换为线上教学期间由每位同学将事先完成的电子版作业在课堂中作为课件屏幕共享后，轮流讲解五道题目，教师及时给出修改意见的形式。前者整个过程周期较长，不便于在第一时间发现问题解决问题，而后者几乎是在批阅的同时进行更正讲解，且错题解析是共享的，不是个体的。更灵活、更现代的习题讲解法，充分调动了学生的主观能动性，得到了学生的认可。选择词汇讲解与语法讲解环节的百分比较低，均不过10%，这一点需要引起任课教师的重视，教学反思之后应从教学设计以及丰富教学模式方面下手尽快提升改进。

（二）学习方式调查

学习方式在一定程度上直接决定了线上学习的效果，脱离了原有的传统教学模式，学生和老师不再依托教室、多媒体，而是在相互隔绝的空间里通过线上学习软件、直播平台来完成教学，这就要求在线学习软件是高效便捷的，应包含签到、讲解、板书、问答、投屏、作业发布、上传、批阅等功能。因此我们首先对现行的线上学习方式做了调查，占比情况如图3。

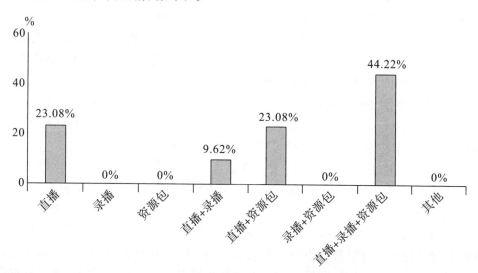

图3　现行线上学习方式占比情况

由图3可知，目前缅甸语线上学习的学习方式主要为直播+录播+资源包（44.22%），其次为直播（23.08%）和直播+资源包（23.08%），百分比排名前三的三种学习方式中都涉及直播，这是由语言教学的特殊性决定的。对直播软件的选择就显得尤为重要，直播平台的流畅性、功能性以及体验感将影响线上教学的效果。于是，接下来我们对较为常用的线上学习直播软件受喜爱度进行了调查，占比情况如图4。

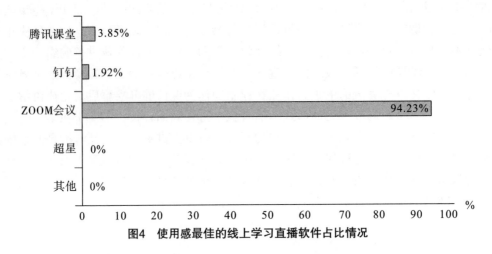

图4　使用感最佳的线上学习直播软件占比情况

ZOOM会议直播软件（94.23%）高居第一位，其次是腾讯课堂（3.85%）。ZOOM会议直播软件的优势在于：参与者能够全员视频互动；屏幕共享功能可满足音频、视频、PPT等所有电脑内所含资料的实时共享；参会者随时可举手问答；流畅度佳，无杂音；等等。

（三）学习满意度调查

我们主要从以下四个方面对线上学习满意度进行了调查。

对目前缅甸语线上学习的满意程度，选项百分比由高到低依次为满意（63.46%）、一般（26.92%）、很满意（9.62%）、不满意（0）、很不满意（0）。可以确定的是特殊时期里我们的线上教学工作得到了学生的肯定，选择很不满意和不满意的均为0。整体来看，满意度较高（63.46%），但是很满意（9.62%）的百分比不高，这对于我们后续教学来说既给予了鼓励也提出新的挑战。我们亟须了解需要保持的和需要改进的分别为哪些？于是我们有了进一步调查。

线上学习期间对哪个方面最满意？答案百分比由高到低依次为：教师工作态度（55.77%）、教师工作能力（32.69%）、教学效果（5.77%）、教学平台（5.77%）。授课的三位教师均为初次实践线上教学的专职教师，能在短时间内完成全套与线上教学相关的教学设计、教案准备、教学手段选择、线上教学软件熟练使用等工作并受到学生的肯定，这离不开学院注重对专职教师在线上教学方面的相关培训，多次以院内讲座、委派外出参会培训学习等方式为专职教师提供学习机会；同时也离不开授课教师的自学提升。教师工作态度受到最高评价，是对学院以及授课教师极大的鼓舞。但是教学效果以及教学平台的百分比较低，这是我们下一步需要去了解并及时改进的重点。

我们进一步调查线上哪些教学环节亟须改进的过程中，总结各选项百分比情况如图5所示。

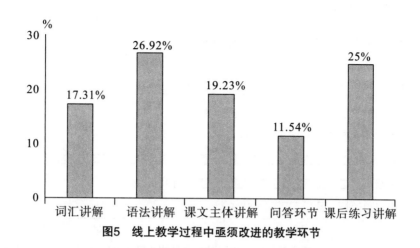

图5　线上教学过程中亟须改进的教学环节

由上图可知，在各教学环节中，亟须改进的环节为语法讲解（26.92%），其次是课后练习讲解（25%）。语法的讲授要做多不乏味、生动、讲授方法多样性，这是我们下一步需要努力的方向。而课后练习的讲解方面，在前面的调查中"与线下教学相比，线上教学哪个环节的学习积极性变高"这一题干的选项中，选择课后习题讲解的百分比高达第二（28.85%），显然在线上学习期间，课后习题讲解的教学设计、教学方式已经有所优化，且被学生认可，但是强度不够，还未达到学生的预期，这一点仍需努力。

在调查线上学习过程中学生最担心的问题时，我们看到，选择网络卡顿的多达（42.31%），成为学生们最担心的问题。其次是注意力不集中（26.92%）、课程效果不佳（21.15%）、做错的习题无法及时纠正（5.77%）和口语难以提高（3.85%）。线上教学与线下教学的一大区别就是师生脱离了原有的教室环境，相互隔绝，特别是录播课程，更加考验学生的学习动机、主观能动性的发挥以及自制力，再次建议录播课程的教师在课程设计中应加入相应的课程效果检测手段，例如，课程播放过程中加入提问、抢答等环节，以检测学生对知识的掌握情况，实时了解学生对录播课程的学习情况，调动学生发挥主观能动性。直播课程的教师则应尽量选择流畅性高的直播软件，开启实时视频功能，掌握学生的学习情况，帮助学生在线学习期间集中注意力，提升学习效率。

（四）教学反思

线上线下混合式教学模式是一种趋势，也是现代化教学的集中体现。对这一模式的探索需要我们综合考虑线上线下的优势互补，选择适当的教学手段、教学内容，经过精心地教学设计之后，充分利用现有经验及资源，完成新时代的教学转型。在调查学习者心目中学习缅甸语最佳的学习方式时，选择线上线下混合式教学的最多（51.92%），其次是选择传统课堂的（48.08%），选择完全线上学习的为0。进一步询问学习者在接触过的缅甸语专业科目中，哪些科目适合开展线上线下混合式教学时，我们获得的数据如图6所示。

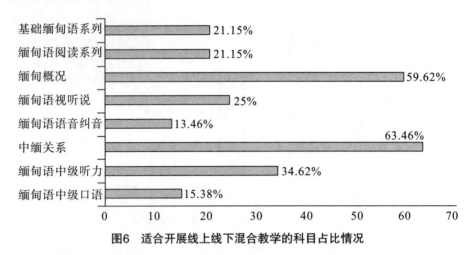

图6　适合开展线上线下混合教学的科目占比情况

由上图可知，学生们认为中缅关系（63.46%）和缅甸概况（59.62%）这两门课程较适合开展混合式教学，选择缅甸语语音纠音（13.46%）这门课程的最少。这为我们在探索混合式教学模式课程设置过程中提供了理论依据。接下来，我们进一步调查了在各个教学环节中，学习者认为最适合在线上进行的教学环节时，选项百分比最高的是课文主体讲解（55.77%）和课后习题讲解（55.77%），其次是语法讲解（53.85%）、词汇讲解（51.92%）和问答环节（32.69%）。

三、结语

通过对问卷的分析，我们对下一步教学的开展提出以下几点建议。

（1）鉴于学生对目前线上学习的整体满意度较高，故可坚持使用现有的教学方式，优先考虑"直播+录播+资源包"的教学类型，尽快熟练掌握好评度较高的线上学习软件的操作方法，提升平台使用能力，继续在营造良好课堂氛围方面不断努力，维持或增加现有课堂教学中口语问答环节的时长，以保证语言学习的良好语境。保持现有的工作态度和工作能力水平，陪伴学生度过线上学习的特殊阶段。

（2）面对学生提出的亟须改进的教学环节，要引起高度的重视，及时改进线上教学过程中语法讲解、词汇讲解以及课后习题讲解等环节的教学方法，丰富教学手段，及时发现不足，依照学生们期望的教学形式做出相应的改变。

（3）对混合式教学模式的构思可在借鉴现有的线上教学经验的基础上，优先选择学生选择度较高的讲授环节中缅关系与缅甸概况等类似的理论性较强的课程开展混合式教学，其余专业必修课程可考虑将学生选择度较高的课文主体讲解、课后习题讲解环节优先放于线上教学，对选择度较低的口语问答环节则考虑置于线下传统课堂进行教学。

（4）鉴于学生在线上学习期间主观能动性的发挥有待进一步提升的问题，这就需要授课教师更加注重实施课程学习过程性评价，使评价体系更为动态更为多元化，充分调动学生的学习积极性，为线上教学期间的学习质量提升奠定基础。特别线上教学方式为"单一录播方式"的教师，在教学环节设计过程中一定要穿插随机提问评分、抢答等环节，以提高学生积极性，同时检测学生对所学章节重难点的掌握情况。

参考文献

陈君，2018．初中英语教师慕课使用情况调查研究［D］．镇江：江苏大学．

洪炜，2020．混合式教学模式在高职大学英语课程中的应用［J］．佳木斯职业学院学报，36（3）：65–66．

黄梅媚，黄紧德，2019．"互联网+"时代下大学计算机基础课程教学改革探讨［J］．大学教育（4）：109–111．

毛雪松，郑木莲，徐晓建，2019．翻转课堂教学方法在《路基路面工程》教学中的接受度的调查与分析［J］．教育教学论坛（10）：169–170．

王小平，马婷，2020．浙江省疫情期间中学线上教学情况调查研究［J］．中小学数字化教学（3）：66–69．

魏念，2019．关于英语慕课课程的教学调查与反思——以"Know Before You Go：趣谈'一带一路'国家"为例［J］．西部素质教育，5（13）：112–113．